BIBLIOTHÈQUE
DE PHILOSOPHIE CONTEMPORAINE

PAGES SOCIALES

PAR

EUGÈNE D'EICHTHAL

Membre de l'Institut.

DES BASES DU DROIT SOCIALISTE
LE LENDEMAIN DE LA RÉVOLUTION SOCIALE — L'ÉTAT SOCIALISTE
ET LA PROPRIÉTÉ — LE SOCIALISME A L'ŒUVRE
SOCIALISME ET SYNDICALISME — SOLIDARISME, SOLIDARITÉ
ET DÉVOUEMENT SOCIAL — THÉORIES SUR L'ÉTAT
ET LA DÉMOCRATIE — PHILOSOPHIE DES SCIENCES SOCIALES
ET SOCIOLOGIE — LA FRANCE MORALE ET QUESTION RELIGIEUSE
ESTHÉTIQUE SOCIALE

PARIS

FÉLIX ALCAN, ÉDITEUR

LIBRAIRIES FÉLIX ALCAN ET GUILLAUMIN RÉUNIES

108, BOULEVARD SAINT-GERMAIN, 108

1909

PAGES SOCIALES

PAGES SOCIALES

PAR

EUGÈNE D'EICHTHAL

Membre de l'Institut.

DES BASES DU DROIT SOCIALISTE —
LE LENDEMAIN DE LA RÉVOLUTION SOCIALE — L'ÉTAT SOCIALISTE
ET LA PROPRIÉTÉ — LE SOCIALISME A L'ŒUVRE —
SOCIALISME ET SYNDICALISME — SOLIDARISME, SOLIDARITÉ
ET DÉVOUEMENT SOCIAL — THÉORIES SUR L'ÉTAT
ET LA DÉMOCRATIE. — PHILOSOPHIE DES SCIENCES SOCIALES
ET SOCIOLOGIE — LA FRANCE MORALE ET QUESTION RELIGIEUSE —
ESTHÉTIQUE SOCIALE

PARIS

FÉLIX ALCAN, ÉDITEUR

LIBRAIRIES FÉLIX ALCAN ET GUILLAUMIN RÉUNIES

108, BOULEVARD SAINT-GERMAIN, 108

—

1909

AVANT-PROPOS

—

Je réunis dans ce petit volume des études relatives au socialisme et à la question sociale qui, en général, n'avaient paru qu'à l'état d'articles ou étaient restées inédites. Exceptionnellement, j'ai emprunté, pour les reproduire ici, quelques pages à mon livre *Socialisme et problèmes sociaux*, actuellement presque épuisé et qui ne doit pas être réimprimé. L'évolution du socialisme va vite de nos jours. Ce qu'on donnait comme dogme incontesté ou forme définitive n'est plus même discuté et s'est évanoui, soit sous la pression des faits et de l'expérience, soit sous les polémiques des partis et des sectes.

Considérer comme vieillies des études critiques sur le socialisme dit *scientifique*, ou sur le socialisme électoral et politique, c'est peut-être le meilleur moyen de constater que le premier est presque mort et que le second, dans sa lutte contre le

« syndicalisme » est en train de subir une transformation profonde qui l'oblige à modifier, sinon son esprit, du moins ses moyens de propagande et d'action sur les masses. Nous avons rappelé cette transformation dans quelques pages qu'on lira plus loin.

« La question sociale, disions-nous dans notre préface de 1899, est bien plutôt une question de faits qu'une question de principes ; on peut poser de ces derniers tant qu'on en voudra — et on n'y manque pas ; ils seront plus ou moins justes par leur point de départ ; ils n'auront d'intérêt au point de vue pratique que s'ils s'accordent avec les nécessités de la production industrielle. » — « La doctrine de Marx (sur la concentration de la propriété) était forte, lisions-nous récemment dans un intéressant écrit de M. E. Fournière[1] ; mais les faits étaient autrement forts... Ce satané progrès industriel montrait dans sa démarche les mouvements les plus déconcertants ; il multipliait les industries nouvelles, faisait surgir autour des industries concentrées des myriades de petits établissements... Dans l'agriculture, c'était bien autre chose : la prédiction de K. Marx ne se réalisait pas du tout. »

Des faillites de prophéties, c'est ainsi qu'on pourrait définir l'histoire du socialisme doctrinal

____

1. *La Dépêche,* 20 janvier 1909.

depuis trois quarts de siècle : nos pères en ont vu
se produire quelques-unes, nous en avons vu plusieurs s'effectuer sous nos yeux ; nos enfants en
verront probablement d'autres sans que nous puissions baptiser d'avance les systèmes qui fleuriront
quelques jours, puis s'écrouleront. Il n'est pas
inutile, pour éclairer leurs illusions, de rappeler
que les échecs du socialisme contemporain sous
ses diverses formes ont été annoncés d'avance par
des observateurs impartiaux, accoutumés à l'analyse des phénomènes sociaux et qui avaient constaté
un écart trop grand entre les utopies ou les sophismes socialistes et les conditions normales de
l'existence humaine et sociale. Nous avons signalé
ici et combattu quelques-unes de ces utopies ou de
ces sophismes que nous n'avions pas touchés dans
notre précédent volume. C'est ainsi que nous avons
notamment analysé et critiqué les idées de A. Menger
sur le *Droit au produit intégral du travail* et sur
la propriété et l'État en régime socialiste, celles de
M. Kautsky sur *le lendemain de la Révolution sociale*,
celles de M. G. Renard et de ses amis sur une sorte
de socialisme *fabien* qu'ils voudraient acclimater
en France ; nous avons critiqué le *Solidarisme* que
ses fondateurs cherchent à opposer à la *Solidarité*
toute simple, le *Syndicalisme* dont ses chefs prétendent faire la formule nouvelle et définitive du

socialisme. Nous avons analysé plusieurs ouvrages sur l'État, sur la sociologie, sur la morale sociale, en les réfutant dans certaines de leurs conclusions.

Telles sont les principales des études qui forment en quelque sorte la partie critique de notre Essai. Nous y avons ajouté d'autres pages d'un caractère moins négatif.

« Rien n'est plus différent (écrivions-nous dans notre Préface de 1899) de la véritable science sociale que la métaphysique sociale. Celle-ci vit d'abstractions et refait le monde pour le conformer aux désirs ou aux exigences des cœurs et des cerveaux. Celle-là se fonde sur l'observation des faits et tire ses conclusions exclusivement de l'observation. Est-ce à dire que pour être prudente dans ses affirmations, en vertu même de sa méthode, elle repousse *a priori* le progrès social et fasse de l'espérance des réformes humanitaires un mythe ? Ce serait prouver qu'elle est infidèle à son principe. Une impartiale observation des faits, soit dans le passé, soit dans le présent, conduit déjà la science sociale, si loin qu'elle soit de son achèvement, à des conclusions absolument opposées au pessimisme qu'on a si amèrement, et souvent injustement, reproché à certains maîtres de l'économie politique. En se défendant de l'utopie, la science sociale constate dans l'histoire de l'évolution humaine une série de circonstances propres à lui faire envisager un avenir relativement satisfaisant pour la société, si celle-ci comprend ses véritables destinées et se défend à la fois de l'impatience qui compromet le progrès et de l'indifférence qui l'immobilise. La civilisation est la réalisation successive des merveilles produites par la coordination des efforts humains, coordination qui n'a pas toujours été libre, ni équitable, ni même bien appropriée aux aptitudes ou aux aspirations de chacun, qui a été subordonnée à bien des nécessités fatales résultant d'un système général organisé en vue de la guerre offensive ou défensive, mais qui tend, en suivant les progrès de la civilisation elle-même, à se réaliser dans des conditions plus favorables à la liberté, à la justice, à la solidarité bien comprise... »

« Ce sera, ajoutions-nous, la gloire du siècle d'avoir, par les progrès de la science, perfectionné la planète au point de réaliser des miracles qui, il y a cent ans, auraient paru impossibles. Je ne partage pas du tout le mépris de certains docteurs pour l'industrie qui nourrit, qui vêt, qui transporte des millions de nos semblables, dans des conditions de bien-être relatif qu'ont ignorées les plus opulents parmi nos ancêtres. Je bénis les bienfaits de la production, non seulement pour l'aisance qu'elle répand, mais pour les qualités d'initiative et d'énergie, de combinaison et d'invention qu'elle développe dans les individus : mais je nie qu'à elle seule la création des richesses puisse engendrer dans une société la satisfaction soit individuelle soit collective. Elle est une lutte et ne peut être féconde qu'à condition de rester une lutte ; c'est ce que démontre l'économie politique qui, tout en voulant la loyauté et la franchise dans cette lutte, lui conserve les caractères de toute compétition vive, mieux propres à surexciter l'être humain qu'à le contenter. Dans ce domaine, l'économie politique est plutôt une triomphante réfutation d'erreurs et de préjugés qu'une doctrine affirmative au point de vue du but de la vie. Elle part d'un postulat : la recherche du bien-être comme l'un des objectifs principaux de l'existence terrestre et démontre que la plupart des moyens artificiels qu'on a inventés pour réaliser le bien-être parmi les hommes sont entachés d'illusion ou de leurre, qui se traduisent tôt ou tard par un accroissement des maux qu'on a voulu guérir. Elle ramène les hommes à l'observation exacte des faits en les dépouillant des sophismes dont on les a enveloppés, ou des apparences où une étude superficielle les laissait engagés. Elle les met face à face avec les nécessités qui découlent de la nature des choses et de la nature des hommes tels qu'ils sont. Elle est une analyse de faits plus qu'une règle de conduite, ce qui ne diminue pas les services qu'elle rend aux hommes, mais laisse la place à l'étude d'autres mobiles et d'autres foyers d'activité que ceux dont elle s'occupe de préférence.

Ce n'est pas le socialisme contemporain qui peut fournir ces mobiles ni ces sources de volonté. Le socialisme, sous sa forme positive actuelle, part du même postulat que l'économie politique, et à ce point de vue il ne peut pas lui faire de reproches : car l'insuffisance de leur point de départ est égale. Seulement la divergence croît vite entre elles ; à l'hypothèse originelle qui lui est commune avec la doctrine adverse, le socialisme ajoute immédiatement un grand nombre d'hypothèses qui n'ont aucun fondement dans la réalité des faits, pas plus dans l'histoire que dans le présent. Pour donner quelque caractère de certitude à ses conjectures, il est obligé de supposer la nature des hommes autre qu'elle n'a été et n'est actuellement, d'admettre des combinaisons sociales factices portant des fruits de bonheur et de justice qu'elles n'ont jamais, d'une façon un peu générale, portés dans le passé, qu'elles ne portent pas davantage sous nos yeux quand nous les réessayons. Si le socialisme était resté — ce qu'il est encore pour beaucoup d'esprits peu cultivés, et ce qui constitue son principal prestige — une vision d'avenir lointain, une sorte de rêve apocalyptique de félicité terrestre, réalisée grâce à un épanouissement merveilleux à la fois de la richesse publique et des vertus individuelles, grâce à un développement inattendu du sens de la justice parmi les hommes et de l'esprit de paix parmi les nations, il pourrait représenter, et il a parfois représenté pour certaines âmes dépouillées de leurs anciennes croyances, un réservoir précieux d'espérances et de chaleur de cœur. Mais le socialisme contemporain, par son impraticabilité s'appliquant à des choses pratiques, renferme en lui-même un venin mortel. Dépourvu, comme but principal, d'idéal désintéressé, il est fait pour susciter d'horribles conflits à la suite des convoitises qu'il sème et des déceptions qu'il prépare[1]. Il ne contient ni un principe de justice réalisable, ni une source d'assouvissements personnels capables de désarmer la haine et l'envie. Prêché actuellement aux masses, en dehors d'un principe d'autorité propre à les contenir et à les modérer, il se tourne trop souvent en appétit de meute, ce

---

1. « Il ne faut pas se le dissimuler : ce qui a été jusqu'ici dans le socialisme faible jusqu'à la nullité, c'est la morale. Le socialisme a-t-il eu d'autre philosophie qu'une philosophie de la jouissance? » Ed. Berth, *Mouvement socialiste*, janvier 1909, p. 51.

qui n'a jamais été et ne sera jamais un moyen ni de pacifier les hommes ni de les contenter. »

Pour les pacifier et les contenter, il faut qu'un idéal social plane sur leurs désirs individuels et c'est ce qu'après tant d'autres, nous avons cherché à montrer dans quelques-unes des pages qu'on lira plus loin.

Ceux qui ont confiance dans le développement de cet idéal social tirent leur confiance de l'essor même qu'a pris de nos jours un sentiment dont les racines dans l'humanité sont anciennes, mais qui acquiert chaque jour sous nos yeux une intensité nouvelle ; je veux parler de cet amour du *bien* ou du *mieux* collectif qu'on a revêtu du terme assez barbare d'*altruisme* ; on le retrouve à l'état d'instinct souvent mal compris dans les tendances socialistes de tant de nos concitoyens et il en forme, même lorsqu'il va jusqu'à l'erreur, la seule partie vraiment digne d'intérêt et de sympathie : et on le retrouve à l'état de principe vital, défiguré souvent par des exagérations ou des déformations contestables, dans les études de nos sociologues.

« ... A la recherche de motifs de vivre, qui vaillent la peine de vivre, » c'est ainsi qu'on pourrait définir le souci perpétuel de ceux qui songent à l'avenir des sociétés ; qui, dans l'épuisement ou l'affaiblissement des anciennes sources d'espérances religieuses, sont effrayés des tendances que déchaînerait la convoitise des biens matériels, si elle n'était guidée ou contenue par des mobiles de catégorie différente. Ceux-là ne trouvent ni dans l'économie politique pure, ni dans le socialisme, de quoi suppléer aux impulsions morales ou sentimentales, indispensables aussi bien que l'amour du lucre à la vie des sociétés ; ils sentent la nécessité de contre-balancer celui-ci dans quelques-unes de ses manifestations, si le monde ne doit pas devenir une simple mêlée d'intérêts et d'ambitions où l'impatience de nouveaux succès ou de nouvelles acquisitions, à tous les degrés de l'échelle sociale, détruirait à tout jamais la paix et la joie. Pour nous, il nous a semblé apercevoir dans la *socialité,* ou l'esprit de dévouement social, une de ces sources de devoir et de satisfaction, d'apaisement et de vie, indispensables à l'humanité de demain.

Est-il possible qu'un idéal de ce genre se rattache par quelques côtés à l'ancien idéal religieux incarné pour tant de croyants dans la figure mystérieuse et consolatrice de Jésus ? J'ai essayé de concevoir comment, en se rappelant les transformations que cette douce figure même a subies dans l'imagination ou la foi des hommes, on pourrait y constater comme un reflet de l'évolution qui s'est faite dans les idées des générations successives, et par suite

la rapprocher de notre conception actuelle de l'u-
nivers et de la vie. Il ne faut pas, dans des tentatives de ce genre, apporter trop de rigueur logique.
Donner au sentiment des satisfactions sans le mettre
en contradiction flagrante avec la raison, c'est
fournir à celle-ci des forces nouvelles. Il n'est pas
indifférent pour certains cœurs que leurs aspirations aient un représentant à la fois traditionnel
et en quelque sorte personnel ; mais ce représentant aura d'autant plus d'efficacité solide qu'il sera
lui-même la figure poétique, mais vraie par ses
traits essentiels, de notre idéal moral et social présent. Par sa conformité même avec cet idéal, il
détachera peu à peu ses croyants de bonne volonté
de leur croyance individualisée pour les amener à
une notion plus générale de l'amour et du dévouement. Il les déchristianisera en quelque sorte pour
les humaniser. En attendant ce serait déjà un grand
progrès s'ils pouvaient apercevoir dans leur image
vénérée comme un précurseur de l'idéal humain.
Ils pourraient passer ainsi sans trop de déchirement
d'une croyance mystique à une foi plus terrestre et
réelle. Et ils y apporteraient cette chaleur de cœur
qui est nécessaire pour réchauffer les conceptions
sociales aussi bien que les créations de l'imagination. Nouveaux Lazares revenus d'un monde mystérieux d'où la raison les a renvoyés à la réalité

humaine, ils reprendraient l'existence, dépouillés de quelques illusions, mais ayant compris le geste de résurrection du Sauveur qui les a tirés de la mort pour les remettre dans la lumière.

Il existe une autre source de religiosité dans l'amour et dans la pratique du beau. Là encore des observateurs attentifs peuvent découvrir pour l'humanité un renouveau d'émotions bienfaisantes à la fois pour l'individu et pour la collectivité. La « religion de la beauté », écrivions-nous en 1899, ce n'est pas simplement un titre séduisant, c'est une vérité qui devient saisissante si l'on se pénètre des conditions dans lesquelles l'art, digne de ce nom, se produit et se popularise, des merveilles que son passé nous a léguées et dont l'admiration rattache déjà un grand nombre d'hommes dans une commune ferveur, des promesses de son avenir qui, à mesure que l'art contemporain se rapproche de la nature et que la civilisation générale augmente, lui préparent un culte plus universel. S'il est vrai qu'une élite d'hommes, ou même simplement une catégorie d'hommes suffisamment préparés par leur éducation, quelques-uns n'ayant que des loisirs restreints, jouissent profondément des œuvres d'art sous leurs différentes formes, mettent au niveau ou au-dessus de leurs autres jouissances celles qu'ils puisent dans la pratique ou simplement dans le contact des productions artistiques, et en même temps trouvent dans cette pratique ou ce contact un perpétuel réchauffement de sympathie pour les hommes et les choses dont l'art est le miroir et comme l'écho vibrant, pourquoi ne pas admettre que cette influence bienfaisante ira grandissant et s'étendant au fur et à mesure que s'étendra et grandira la civilisation ?

C'est par là que l'art touche à la sociologie. Celle-ci restreindrait beaucoup trop le champ de ses investigations et aussi de ses espérances légitimes, si elle excluait de son domaine l'art. Plusieurs penseurs récents en ont eu le sentiment profond : il nous a paru intéressant de montrer ici de nouveau, en reprenant quelques pages de mon volume *Socialisme et problèmes sociaux*, comment se trouvent réunis dans une poursuite commune, tout en ayant l'air d'ignorer leurs efforts respectifs, des esprits tels que Ruskin en Angleterre, Guyau en France, Tolstoï en Russie, et de les suivre, fût-ce brièvement, dans leur culte de la beauté, entrevu comme un nouvel idéal à la fois social et religieux.

PAGES SOCIALES

DES BASES DU DROIT SOCIALISTE [1]

« Travail et produit du travail, écrit un historien du socialisme dont nous nous occuperons plus loin un peu longuement, sont en fait les deux séries de causes dans lesquelles se réalise la vie de l'humanité. Au point de vue économique, l'idéal du droit serait atteint si l'organisation du droit juridique pouvait faire que chaque ouvrier obtînt le produit intégral de son travail, chaque besoin son entière satisfaction, dans la mesure où le permettent les moyens existants. »

C'est là évidemment un idéal très désirable pour l'humanité. Le socialisme contemporain, sous la forme nouvelle qu'il a prise dans certains milieux intellectuels, à savoir celle de doctrine d'État juridique, prétend pouvoir réaliser cet idéal par une

---

1. Lu à l'Académie des sciences morales et politiques (1900).
Quelques fragments des trois premières études qu'on va lire ont été insérés dans mon volume : *La Formation des richesses et ses conditions sociales actuelles.*

réforme législative, et c'est sa confiance sous ce rapport qui attire vers lui aujourd'hui tant d'esprits mécontents ou d'âmes généreuses. Une question sociale, a-t-on dit, est la transformation d'un idéal moral en un idéal juridique. On tient alors pour exigible, même par contrainte, ce qui est juste. Les nouveaux socialistes-juristes constituent aux hommes, par un raisonnement logique, ce qu'ils appellent « des droits économiques fondamentaux » qu'ils voudraient adjoindre aux droits politiques fondamentaux, qui ont été comme le résumé des grands mouvements politiques du xviie et du xviiie siècles, et dont les *Déclarations des droits de l'homme* ont été en quelque sorte l'Évangile. On voudrait que le socialisme s'appuyât sur une *Déclaration des droits économiques* de l'homme, qui fait défaut dans nos déclarations politiques, ou qui même vient s'y heurter à une consécration de la propriété individuelle qu'on doit, disent les socialistes, considérer comme un obstacle infranchissable à toute justice sociale réelle. Réformant ou complétant cette base de notre organisation civique et politique, on voudrait que le nouveau système à la fois social et économique eût pour fondement un principe juridique qui joignît, pour chaque être humain, à la capacité d'acquérir telle qu'elle résulte de notre législation actuelle et qui prétendent-ils, reste un droit abstrait pour la plus grande portion de l'humanité, « un droit concret à la jouissance de la nature extérieure ». « Les doctrines socialistes, écrit M. Ch. Andler dans son ouvrage sur *Les origines du socialisme d'État en Alle-*

magne, sont celles qui estiment pouvoir abolir la misère par une réforme du droit [1]. »

Ces idées se sont beaucoup répandues.

« La socialisation des moyens de production et d'échange, ainsi s'exprime l'auteur d'un article de la *Revue socialiste* [2], ne vaut que par le principe juridique qui lui sert de base... La matière économique est neutre : elle n'est ni socialiste, ni aristocratique, ni autocratique. Tout dépend du principe juridique qui sera à la base. » Sans ce principe juridique, dit-on, le socialisme resterait ce qu'il a été longtemps : un résumé des protestations plus ou moins émouvantes d'un grand nombre d'êtres humains contre l'état social existant, un tableau séduisant pour l'imagination et le cœur, d'améliorations philanthropiques désirables, ou l'indication d'un certain nombre de souffrances économiques devant résulter fatalement des relations actuelles du travail et du capital sous le régime de la concentration industrielle et de la concurrence indéfinie. On n'y trouverait pas un principe d'organisation légale, justement armée par la loi, de puissance coërcitive : la conquête des pouvoirs publics, tant prônée par les collectivistes, n'aboutirait pas légitimement à la réforme d'État qu'ils envisagent comme le but principal de leurs efforts. Les nations ne se décideront jamais à une expérience sociale profonde, — ainsi s'exprime un historien récent du

---

1. Page 6.
2. M. J. Sarraute, *Revue socialiste* de mars 1900.

socialisme, — si on n'a pas construit d'abord une théorie de droit public socialiste.

Mais peut-on édifier cette théorie de droit public socialiste sur un système juridique bien lié, et quels seront les fondements philosophiques du nouveau droit ?

Un juriste étranger bien connu s'est attaché à approfondir cette question, et à ce point de vue il a été un précurseur. Sous forme d'une étude historique sommaire [1], M. Antoine Menger, professeur de droit à l'Université de Vienne, a entrepris de passer en revue les systèmes socialistes les plus importants en les groupant en quelque sorte suivant leurs racines juridiques, voulant faire par là, pour ainsi dire, la genèse du droit public et privé nouveau.

Il est résulté de cette étude un volume que l'auteur annonçait devoir être suivi d'un second, et qui, après avoir eu plusieurs éditions allemandes, a été traduit par M. A. Bonnet et présenté au public français par M. Ch. Andler, maître de conférence à l'École normale, sous le titre de : *Le droit au produit intégral du travail* [2]. L'auteur du livre et celui de l'introduction sont tous deux favorables au socialisme, mais ce sont des esprits juridiques et phi-

---

1. La première édition est de 1886. Le titre allemand : *Das Recht auf den vollen Arbeitsertrag*. M. A. Menger est également l'auteur d'un ouvrage sur : « Le droit civil et les classes laborieuses » (*Das bürgerliche Recht und die besitzlosen Volks-Klassen*, 1890), écrit à propos du projet du nouveau Code civil allemand. M. A. Menger est mort récemment.

2. M. Andler a souvent recours dans sa préface au second ouvrage de M. Ant. Menger sur *Le Droit civil et les classes laborieuses*.

losophiques : tous deux apportent à l'examen des thèses socialistes leurs habitudes d'analyse logique, et par là ils aident ceux qui veulent voir clair à faire pour eux-mêmes un peu de lumière dans des matières parfois bien embrouillées par le sentimentalisme des uns et les sophismes des autres. Tous deux d'ailleurs ne sont pas toujours d'accord sur la valeur respective des formules rivales entre lesquelles ont hésité les auteurs socialistes à la recherche d'une base pour y appuyer le socialisme juridique. Les divergences ou les compromissions des deux commentateurs dans l'analyse de ces formules sont intéressantes à suivre : elles marquent les difficultés profondes auxquelles viennent se heurter, sur ce terrain séduisant et délicat de la justice sociale, le logicien et le jurisconsulte, comme s'y sont d'ailleurs heurtés les inventeurs de systèmes socialistes, qui n'ont pas voulu seulement déposséder une classe au profit d'une autre, mais qui ont essayé d'organiser, au moins sur le papier, un nouvel ordre de société incarnant une justice définitive au point de vue économique. Désirer une pareille justice est facile, et tous les cœurs généreux en ont fait le rêve : mais la définir dans des termes qui la rendent praticable parmi les hommes, est plus malaisé.

I

Tout d'abord, est-il besoin de le dire, cette justice définitive n'a aucun rapport, pour un socialiste, avec le droit social actuel : car celui-ci repose uniquement sur la force. Dès que les hommes se rencontrent, dit M. Andler, résumant les idées de M. A. Menger qui concordent avec les siennes propres — et on croirait entendre Hobbes ou J. J. Rousseau, mais s'acharnant au détail des institutions, au lieu de les condamner en bloc — l'injustice est entre eux. Les plus forts ou les plus rusés s'emparent des terres et, au lieu de travailler, contraignent autrui à travailler. Les puissants s'organisent et se coalisent pour durer. L'accoutumance est venue aux opprimés avec l'impossibilité de la révolte. Cette *coutume*, faite de la domination accapareuse des uns et de l'asservissement résigné des autres, est la forme spontanée de ce que nous appelons le *droit*. Ce que nos codes expriment sous le nom de justice n'est pour une grande part que la formule savante de la primitive oppression des faibles par leurs conquérants. « Il y a des classes opprimées et des classes qui oppriment... On oublie cela dans le calme apparent des relations juridiques d'aujourd'hui... Mais ce n'en est pas moins un cliquetis de chaînes qui sort de tout l'appareil de notre justice... »

La chaîne politique a été rompue sur certains points par les révolutions, parce que, là, l'intérêt des classes possédantes les plus nombreuses exigeait l'alliance avec les non-propriétaires pour briser le joug de l'aristocratie : mais la chaîne du droit privé reste entière. « Le droit privé qui a survécu à la tourmente révolutionnaire, c'est M. Menger et M. Andler qui le disent, n'est au fond que celui des classes qui possèdent : il exclut pour toute leur vie du bien-être et de la liberté que permettrait la civilisation moderne les neuf dixièmes des citoyens. »

Nous ne recherchons pas ici, après d'autres qui l'ont fait avec profondeur, si ce n'est pas là un portrait singulièrement déformé de notre état social, s'il n'y a pas eu à l'évolution de la civilisation, s'il n'y a pas au maintien de plusieurs de ses institutions fondamentales, des raisons plus satisfaisantes pour l'humanité, se conciliant mieux avec l'amélioration progressive du sort des plus nombreux, que la simple force brutale des uns et la faiblesse physique des autres.

Constatons seulement à la décharge de nos auteurs — qu'à la lumière des faits on pourrait aisément convaincre d'erreur ou d'étroitesse de point de vue — que leur jugement sur l'état passé et l'état actuel de l'humanité est, à tort ou à raison, le point de départ et comme le postulat des principaux écrivains socialistes, passés ou présents, aussi bien des Saint-Simoniens que de K. Marx ou d'Henry George. Seulement les premiers apercevaient nettement, et ils l'enregistraient comme une espérance et une indication d'avenir, un progrès historique continu dans les rapports des *oisifs* et des *travailleurs* : ils pensaient que les réformes nouvelles devaient poursuivre, comme guidées par une courbe écrite d'avance dans ses premières données, une évolution dont, à chaque période de l'histoire, ils marquaient les phases successives [1]. Pour leurs successeurs col-

____

1. Cf. l'analyse des doctrines économiques de Saint-Simon et des Saint-Simoniens par M. Élie Halévy (*Revue du mois*, 1908).

lectivistes, au contraire, les progrès réalisés dans
le passé sont si peu de chose auprès de l'énormité
du mal qui subsiste, ou même l'ancien état économique a été aggravé dans des proportions si
considérables par les transformations industrielles
récentes, qu'il faudra nécessairement une révolution, une crise « catastrophique », contenue d'ailleurs implicitement dans les éléments mêmes du
régime capitalistique actuel, pour remettre les
choses dans un ordre conforme à la véritable justice sociale.

Mais celle-ci reçoit dans les écrits des socialistes
plusieurs définitions qui ne s'accordent pas entre
elles aussi bien que les condamnations prononcées
par le socialisme contre l'injustice capitaliste. On
peut, avec M. Menger et M. Andler, ranger ces définitions sous les trois rubriques suivantes qui reposent sur trois postulats du socialisme :

1° Puisque toutes choses sont appropriées par des
droits dès longtemps acquis et par la force publique,
le droit actuel ne garantit à personne la possibilité
de travailler pour vivre ;

2° L'organisation du travail étant aux mains des
propriétaires est dirigée manifestement de façon à
assurer le maximum de jouissance à ces propriétaires,
tandis que les invalides ou les infirmes, ou même les
travailleurs, vivent dans la privation de ce qu'exigent
les besoins les plus urgents ;

3° Quand même l'ouvrier trouve du travail et que
son travail le fait vivre, il n'en est pas moins vrai
que la force de la situation acquise permet au patron

de le frustrer, par un salaire trop bas, d'une part de son propre produit.

De cette triple injustice se déduisent trois systèmes de socialisme qui en effet ont été formulés historiquement, le plus souvent en se combinant ou se contredisant dans certaines de leurs parties avec les systèmes voisins. Tous les trois prétendent rétablir la justice par la revendication d'un droit, — et pour cela le premier réclame le *droit au travail* ; le second réclame le *droit à l'existence* ; et le troisième réclame *le droit au produit intégral du travail*[1].

II

M. A. Menger n'a consacré aux deux premières formules du socialisme juridique que quelque pages de son livre, se réservant d'y revenir plus longuement dans un volument subséquent et qui d'après l'auteur, sera à proprement parler une analyse des écrits communistes.

Mais il ne dissimule pas, dès à présent, les difficultés auxquelles il est trop aisé de voir que vient se heurter tout d'abord la formule du « droit au travail », qui a cependant, tout le monde le sait, joué un rôle capital dans les revendications sociales.

Plusieurs constitutions ou législations — notamment le Landsrecht prussien de 1794 que Bismarck citait un jour à la tribune du Reichstag — ont pro-

---

1. M. E. Halévy (*op. cit.*) a bien montré que la formule des Saint-Simoniens: « A chacun suivant ses capacités, à chaque capacité suivant ses œuvres » n'a pas résolu la question.

clamé que « la Société doit la subsistance aux citoyens malheureux en leur assurant du travail ».

L'Angleterre, sous la forme des lois pour les pauvres, et des workhouses ; la France, pendant la première Révolution et pendant celle de 1848, ont essayé d'appliquer le principe du droit au travail.

Les lois demandées par les socialistes pour réglementer la journée de travail ont visé, comme l'un de leurs objets principaux, la faculté de fournir du travail à ceux que le labeur trop intense des ouvriers occupés en privait. Encore aujourd'hui ce principe est l'une des premières revendications des partis socialistes fidèles à la tradition de Fourier, de Louis Blanc et de Proudhon. Il est évident cependant qu'il ne fournit pas à lui seul une solution de justice : car en dehors des difficultés pratiques qu'il soulève en supposant l'État ayant toujours à sa disposition du travail à procurer aux bras oisifs, comment exiger de ceux-ci, sans tenir compte des inégalités naturelles de forces et d'aptitudes, des infirmités ou incapacités physiques, l'égalité de labeur qui devrait procurer l'égalité de subsistance nécessaire ? Si la rémunération est proportionnée au produit réel du travail, elle sera souvent insuffisante à assurer l'existence des travailleurs dont un grand nombre seront dans un état physique inférieur au point de vue de la capacité de production, quoique égal au point de vue des besoins de consommation — et si on la hausse au niveau des moyens de subsistance, elle sera une pure générosité de l'État, qui, en favorisant les uns, nuira, par la concurrence des ouvriers d'ateliers nationaux, aux travailleurs libres munis de leurs forces naturelles. On aura donc réalisé non la justice, mais une œuvre d'assistance nécessaire, indispensable dans certains cas, grosse cependant de conséquences dangereuses au point de vue social, et qui aboutit fatalement à quelques-uns des résultats qu'on déduit du principe plus général du « Droit à l'existence ».

La formule du droit à l'existence soulève par sa généralité vague des objections encore plus graves que tout le monde aperçoit et sur lesquelles il est inutile d'insister longuement.

Cette formule implique, dit justement M. Menger, que chaque bien doit appartenir à celui qui en a le besoin le plus pressant. « Il est impossible de ne pas voir que les besoins de l'individu sont beaucoup trop indéterminés, subjectifs et changeants, pour qu'on puisse y rattacher la plus importante de toutes les conséquences juridiques, la répartition des biens. Ce n'est que dans de petites communautés, unies par les liens de la plus étroite affection (par exemple dans la famille) que ce principe de répartition peut être véritablement établi. »

Comment, en effet, hors de ces conditions exceptionnelles, supposer une entente telle, ou une autorité si judicieuse et respectée que soit possible, pratiquement, le système social propre à assurer « à chaque membre de la Société les biens et les services nécessaires à la conservation de son existence avant qu'il ne soit donné satisfaction à des besoins *moins urgents* des autres membres de la Société » ?

Comment, en tout cas, si on lui confère la responsabilité des moyens d'existence, refuser à l'État un droit de contrôle sur le nombre des bouches qu'il aura à nourrir, autrement dit le droit de limiter la population en réglementant les mariages et les naissances ? Comment ne tirerait-il encore de cette responsabilité le droit d'imposer à chaque co-partageant une somme de travail déterminée dans sa nature et sa quantité, comme moyen pour chaque individu d'acquérir les vivres et le couvert et les autres satisfactions des besoins de la vie journalière ? Est-ce là le régime juste que le socialisme pourrait envisager comme désirable pour l'humanité ? Il aboutit fatalement au communisme pur, destructeur de toute liberté individuelle [1].

Au premier abord, la troisième formule, celle « du droit de l'ouvrier au produit intégral de son travail », qui a fourni à M. A. Menger le titre de son ouvrage, et qui est à proprement parler le principe générateur du socialisme dit scientifique, paraît conduire à des conséquences moins graves au point de vue social, et s'accorder mieux avec les données essentielles de la justice.

M. Menger l'a tout d'abord envisagé au point de vue historique, et cette partie historique de son livre est d'un intérêt tout particulier. L'auteur y établit en effet entre les idées et les doctrines des socialistes scientifiques une filiation qui dément plusieurs des

1. Ces conséquences du droit à l'existence en ce qui concerne le rôle de l'État sont bien indiquées dans l'article déjà cité de M. Sarraute dans la *Revue socialiste*, mars 1900.

résultats que beaucoup considéraient comme acquis dans l'histoire du socialisme. Par là, lors de sa publication, son ouvrage souleva des polémiques aiguës. Sous la plume de l'auteur, la part de K. Marx et en général des précurseurs allemands dans l'élaboration du collectivisme scientifique se rétrécit singulièrement. Les Anglais d'abord, dit-il, Hall, William Thompson, Owen ; puis les Saint-Simoniens, surtout, Enfantin dans le *Producteur* et Bazard dans l'*Exposition* de la doctrine (6ᵉ et 7ᵉ séances), avaient, en condamnant le *revenu sans travail,* qui comprend l'intérêt du capital et la rente de la terre, posé les principes fondamentaux de la doctrine, avant Lassalle, Rodbertus et Marx : « Ceux-ci, affirme-t-il, se sont accusés mutuellement de plagiat, sans dire qu'ils avaient puisé eux-mêmes à une source commune : Thompson et les Saint-Simoniens... Toute cette dispute sur la propriété, qui n'est pas exempte d'un certain comique, n'aurait jamais pu naître si Rodbertus et Marx n'avaient pris l'un et l'autre tant de soins de ne pas faire connaître au public les sources de leurs opinions. »

Ici M. Andler intervient pour faire de Sismondi le véritable initiateur auquel tout le monde aurait fait des emprunts : mais il ne parvient pas, à mon avis, à relier nettement l'auteur des *Nouveaux principes* au socialisme, dont, malgré ses vives critiques de l'école classique, Sismondi a été toujours fort éloigné[1].

---

1. Lui-même le déclare à plusieurs reprises dans ses ouvrages. M. Aftalion, dans sa thèse sur l'*Œuvre économique de Simonde de Sismondi,* me paraît avoir donné sur ce point la note à peu près juste. Cf. l'étude déjà citée de M. E. Halévy, et Denis, *Hist. des sciences écon.,* t. II.

M. Andler ajoute d'ailleurs, et ceci est plus grave, que d'après lui, ni Marx ni Rodbertus n'admettaient réellement le droit au produit intégral du travail, « mais que chacun des adversaires s'est mutuellement attribué cette doctrine, ce qui une fois de plus prouve l'erreur où ils vivaient l'un sur le compte de l'autre ».

On comprend que, dans ces conditions, les questions de priorité soient difficiles à résoudre d'une façon un peu certaine. Je ne voudrais pas y insister pour le moment, malgré l'intérêt qu'elles ont pour l'évolution du socialisme, et je voudrais revenir brièvement au principe lui-même. Depuis la fameuse phrase d'Adam Smith sur « le produit entier du travail qui, dans l'état primitif qui précéda l'appropriation des terres et l'accumulation des capitaux, appartenait à l'ouvrier, sans qu'il eût ni propriétaire ni maître avec qui partager », Dieu sait ce qu'on a fondé de réclamations sociales et bâti de théories plus ou moins collectivistes sur ce droit naturel du travailleur à recueillir le soi-disant produit intégral de son travail.

Que reste-t-il de cette formule simpliste tant qu'on ne la corrige pas par une série de considérations additionnelles ? Un assemblage de mots vides. Ce qui pouvait avoir quelque signification dans un état primitif du travail où l'agriculteur par exemple devait tirer de son champ la totalité de sa subsistance, n'en conserve plus aucune pour peu que la division, même rudimentaire, des opérations agricoles et industrielles, mette le travailleur en face du produit qui, tel qu'il est sorti de ses mains, est impropre à être consommé par lui. En pareil cas, l'intégralité du produit, tout le monde l'a reconnu, est une pure fiction, puisque, s'il n'est pas complété par des opérations supplémentaires ou par l'adjonction d'autres produits partiels, il ne sera d'aucun secours pour celui qui l'aura créé.[1] Dans un état quelconque de civilisation historique, décrétez tout à coup que chaque travailleur restera seul possesseur de la totalité des objets qu'il aura créés dans le cours de l'année : chacun avec son atelier plein d'objets inconsommables, mourra de froid, de faim, de soif et de misère, et cependant il aura eu l'intégralité du produit de son travail. Que faudra-t-il pour que chacun de ces organes partiels reprenne une valeur réelle pour celui qui le possède? Il faudra un échange entre les possédants. Ceux qui détiendront les objets les plus voisins de l'état de consommation les vendront à ceux qui n'ont que des produits moins voisins de leur achèvement, et de cette façon tout le marché actuel de la main-d'œuvre et des avances du capital sera reconstitué avec ses péripéties. Dans cet échange incessant de services où fixer un état de justice? En tout cas, le droit à la soi-disant intégralité du produit n'en fournit pas les données : car, encore une fois, cette intégralité ne se définit pas elle-même. Marx, on le sait, et d'autres, avant ou après lui, exploitant une analyse incomplète de la production, due à des économistes réputés (et no-

---

1. Cf. mon volume sur la *Formation des richesses*, t. I, ch. II : *Les biens à différents degrés.*

tamment à Ricardo), ont essayé de régler la question par la notion de la quantité de travail « socialement utile » qui a été employée à constituer le produit échangeable.

M. A. Menger résume ainsi l'ensemble du système de droit qu'on pourrait, dans ces conditions, déduire du droit au produit intégral du travail, sans tenir compte d'ailleurs d'aucune question d'organisation pratique de la production. Nous sommes ici sur le terrain du droit pur et nullement sur celui des faits : « Un bien est-il produit par le travail d'une seule personne, il doit appartenir à celle-ci seule. Le bien est-il produit par la collaboration contemporaine ou successive de plusieurs personnes — ce qui est la règle de beaucoup la plus générale sous un régime de division du travail — chacun de ces ouvriers ne doit recevoir, sur la valeur d'échange du bien, que ce qu'il y a ajouté par son travail. Comme d'après ce principe de répartition le produit du travail est tout entier réparti entre les ouvriers, le revenu sans travail (rente foncière et profit du capital) et sa cause juridique, la propriété, sont impossibles. » Quant à la répartition entre les ouvriers, elle se fera en proportion des heures de travail socialement utile de chacun, évaluées suivant divers systèmes sur lesquels il est inutile d'insister pour l'instant.

A cette formule de droit simpliste, M. Andler adresse avec raison le reproche d'être « viciée par une économie politique fausse ». Mais sa démonstration de la fausseté économique du système reste incomplète et fragmentaire et ne touche pas à quelques-uns des points essentiels du sujet : car s'il s'aperçoit avec raison qu'il est contraire à la réalité que la valeur d'échange, même si on l'admet par postulat exclusivement liée aux frais de production, (ce qui est inexact dans un nombre immense de cas), dépende uniquement de la quantité de travail socialement utile incorporée dans le produit, s'il établit qu'elle dépend en tout cas, pour une partie, des matières premières que renferme ce produit, il laisse de côté, parmi les éléments constituants des frais de production, bien des faits indépendants du travail manuel, et que l'économie politique, sagace observatrice des phénomènes réels, a, dans de longues discussions sur la valeur, successivement mis en relief[1].

Même si, dans une société hypothétique, le capital (avances de fonds et de matières, machines, ateliers, etc.) ne devait pas être rétribué, et si on sup-

---

1. Des socialistes récents, moins simplistes que leurs prédécesseurs, ont dû admettre d'importantes modifications à la théorie marxiste de la valeur. Engels a été obligé de reconnaître que « la loi de la valeur marxienne a régné durant cinq à sept mille ans en Babylonie, en Égypte, etc., mais n'est plus exacte depuis l'avènement de la production capitaliste ». M. Bernstein, qui cite ces paroles d'Engels, déclare que la « valeur de travail de Marx n'est autre chose qu'une image idéologique, que la démonstration de l'auteur du *Capital* (sur la plus-value) faiblit à un moment donné, et que cette défaillance est devenue fatale à presque tous ses disciples ; enfin, que la théorie de la plus-value de travail (*mehr-werth*) n'établit pas plus de norme pour la justice ou l'injustice de la répartition du produit du travail que la théorie des atomes n'en établit pour la beauté d'une œuvre de sculpteur. M. Kautsky, le défenseur le plus récent du marxisme, admet lui-même que la théorie de la valeur de Marx est incomplète sur certains points. Cf. les derniers chap. du *Collectivisme* de M. F. Leroy-Beaulieu, 4e et 5e édit., et Bourguin, *Systèmes socialistes*.

posait la production industrielle possible dans ces conditions, la rétribution due à l'inventeur, au directeur, à l'organisateur des moyens de travail et des débouchés commerciaux, en un mot de l'entrepreneur, n'en serait pas moins un droit, et un droit de première importance, si on considère leur rôle réel dans la production, rôle qui est fondamental, bien que les écrivains socialistes n'en tiennent généralement pas compte, ce qui est le vice capital et mortel de leurs raisonnements[1]. Or ce droit doit être prélevé sur l'ensemble du prix du produit ; ceux qui ne font pas état de ce droit dans l'attribution des fruits de la production aboutissent à une première spoliation juridique qui n'est guère d'accord avec l'idéal de justice sociale qu'ils ont posé.

Ils s'exposent à un second danger de spoliation dans la répartition même entre les ouvriers des fruits du travail, en prenant pour base le travail fourni par chacun. Soit qu'avec les uns on considère simplement la quantité de travail individuel, même corrigée par la formule marxienne (socialement utile), soit qu'avec d'autres (M. Andler est de ceux-là) on admette un privilège pour la qualité du travail, il est facile d'apercevoir que le principe qui a fourni à M. Menger le titre de son ouvrage n'est pas apte à réaliser la justice parmi les producteurs de la main-d'œuvre, même si ceux-ci devaient recueillir l'intégralité du produit. Comment, en effet, répartir

---

1. Voir l'excellent article de M. Fouillée sur « le Travail mental et collectivisme matérialiste », *Revue des Deux Mondes*, 1er mai 1900.

ce produit entre eux? Suivant son sexe, son âge, ses forces physiques, son adresse, son intelligence et bien d'autres circonstances indépendantes de son zèle et de sa bonne volonté, chaque travailleur, dans la confection du produit, se rapprochera plus ou moins de la moyenne de la quantité de travail « socialement utile », et il sera avantagé ou lésé dans sa rémunération pour des motifs qui sont hors de la sphère de son activité et de son effort personnels. La quantité et la qualité du travail individuel pourraient donc, si on les supposait pratiquement déterminables, fournir une base de fait pour l'appréciation des rémunérations dans l'atelier social : mais on ne peut y apercevoir une base de répartition juste.

Celle-ci ne serait vraiment juste qu'à deux conditions irréalisables : 1° Toutes les sources naturelles de richesses seront, dans des *conditions égales,* mises à la portée de tous les travailleurs, non seulement d'une commune ni d'un pays, mais du monde entier, car sans cela l'inégalité renaîtra de groupe à groupe, les uns étant, dans l'échange des produits, plus favorisés que les autres par le climat, le sol, la proximité des mines, des chutes d'eau, des ports, des lieux de consommation ou des moyens de transport, — et le revenu sans travail ou avec moins de travail se reproduira, accompagné de ses privilèges et de ses inégalités. 2° Tous les producteurs du monde entier seront également bien doués par la nature en force, intelligence, adresse, esprit de combinaison, etc., de façon que l'*effort* de cha-

cun soit comparable au point de vue de la rémunération. Si cette double égalité n'est pas réalisée,
égalité de ressources matérielles extérieures à l'individu, égalité de puissance productrice inhérente à
l'individu, il faut, pour réaliser la justice, corriger
par un coefficient déterminé chaque infériorité des
individus qui ne dépendra pas de leur volonté, comme
dans un *handicap* on attache des poids supplémentaires aux coureurs, suivant des règles fixées d'a-
vance. Quelle est la puissance centrale souveraine,
congrès ou jury, concile ou syndicat, prête à accomplir dans les conditions d'équité souhaitables cette
besogne de redressement de la nature elle-même ?

Et si cette puissance n'intervient pas, comment
répondre à cette objection exacte d'un économiste
moraliste : « La supériorité intellectuelle ou physique constitue par elle-même un privilège suffisant
et n'a pas besoin d'être aggravée par un nouveau
privilège : à savoir le droit de revendiquer une plus
forte part des biens matériels [1] ».

Dans ces conditions, il est difficile de nier l'efficacité de la propagande de la théorie du droit au
produit intégral du travail, dans ce que M. Menger
appelle justement « le sens négatif » de cette formule, c'est-à-dire « dans ses attaques contre la légitimité de la rente foncière et du profit du capital » ;
mais il est également difficile de voir en elle le fondement d'un système positif d'organisation sociale
vraiment juste.

1. Ch. Gide, *Principes d'économie politique,* p. 456.

M. Menger cherche à établir comment la formule pourrait se réaliser *approximativement* dans les faits en supprimant toute rétribution en dehors du travail au moyen de l'institution de la propriété commune à certains groupes de producteurs, avec jouissance privée des produits laissés aux membres de l'Association ; mais il ne résout pas les deux objections que nous avons résumées en ce qui concerne la répartition entre les ouvriers eux-mêmes. La première, celle de l'injustice de la répartition entre les co-producteurs, sans tenir compte de leur supériorité ou de leur infériorité naturelles, est passée par lui sous silence. L'autre, qui touche aux rapports des groupes producteurs entre eux, est définie avec netteté : « Le revenu sans travail, écrit l'auteur, ne disparaîtrait que dans les rapports intérieurs des Associations ouvrières et des communes (dans le genre des *mirs*), mais non pas entre ces collectivités elles-mêmes ; dans cet état social, les Associations ou les communes puissantes extorqueraient peut-être un revenu sans travail aussi élevé que le fait la propriété foncière et capitaliste actuelle » (p. 218). C'est dire que la soi-disant injustice sociale serait simplement déplacée, et d'individuelle deviendrait corporative.

III

En terminant son analyse du livre de M. A. Menger, M. Andler cherche à réconcilier, dans une synthèse trinitaire, les trois systèmes auxquels se sont attachés les écrivains socialistes, les uns en les confondant, les autres en s'inspirant de préférence de l'une des trois formules. M. Andler déclare que, prise isolément, aucune de ces formules ne conduit au but d'obligation poursuivi par les partisans du socialisme juridique. Suivant lui, la justice sociale future donnera raison pour une part — qu'il ne détermine pas d'ailleurs — à chacun des trois systèmes du socialisme traditionnel. « Le droit au travail, introduit par la Convention, repris par Fourier et Louis Blanc, aura sa part ; mais il faudra faire sa part aussi au droit de vivre préconisé par les communistes depuis les Quakers jusqu'aux disciples de Cabet. La culture intellectuelle supérieure et le luxe permis de la vie sociale future dépendront du labeur de chacun, et la vieille pensée saint-simonienne, qui donnait à chacun suivant ses œuvres, à son tour revivra. »

Mais à cet essai de synthèse conciliatrice, M. Menger a répondu d'avance :

« Il est évident, dit-il, qu'aucun droit patrimonial socialiste, quelque utopistes que puissent être ses postulats, ne peut atteindre en même temps ces deux buts : le droit à l'intégralité du produit du travail, et le droit à l'existence, parce que dans aucune société le travail et le besoin ne peuvent coïncider exactement. Ces deux idées fondamentales conduisent dans leurs conséquences à des résultats divergents[1]... Tout système socialiste qui proclame

1. Le fameux programme de Gotha (Congrès du 23 mai 1875) a cependant tenté de les concilier sans y réussir. Ce programme pose comme principe fondamental que « le travail est la source de toute

le droit au produit intégral du travail repose sur l'égoïsme humain, et à un degré plus prononcé que ne le fait l'organisation juridique actuelle ; car, dans le premier système, chacun ne travaille que pour soi, et dans le second en partie pour soi, en partie pour le revenu sans travail. Au contraire, tout système social dont le but dernier est la reconnaissance du droit à l'existence repose sur le sentiment de l'amour du prochain et de la fraternité. »

C'est dire, et c'est ce que ne veulent pas voir les partisans « des droits économiques fondamentaux », c'est dire qu'il transporte l'homme sur un terrain tout autre que le terrain juridique, qu'il le fait passer du domaine des obligations à proprement parler positives dans la sphère des obligations morales, où, sous le nom plus légitime de solidarité, quelques-uns des sentiments que le socialisme prétend incarner reprennent des droits dans l'ensemble de la sociabilité humaine, en imposant à celle-ci des devoirs de dévouement et d'abnégation des plus favorisés envers les moins bien partagés ; ou dans le domaine de l'utilité sociale, de l'*expediency* suivant le mot anglais, où la recherche de la meilleure répartition des richesses, jointe à celle des stimu-

richesse, et que le produit total du travail — le travail utile en général n'étant possible que par la société — appartient à la société, c'est-à-dire à tous ses membres, étant donnée l'obligation pour tous de travailler, par droit égal, et doit revenir à chacun suivant ses besoins raisonnables ». (Menger, p. 143.) Celui-ci fait observer que « les partis socialistes actuels ne sont pas arrivés à se mettre d'accord d'une façon nette sur le principe fondamental du socialisme, à savoir si la base de l'organisation sociale future doit être le droit au produit intégral du travail ou le droit à l'existence ».

lants profitables à la production des richesses, pousse les esprits libres vers l'étude constante des réformes (et elles sont nombreuses) propres à produire ce double résultat, intimement lié l'un à l'autre, duquel dépend en somme le bien ou le moins mal de l'organisation sociale.

Or jusqu'ici l'expérience des faits, des faits sans cesse et partout renouvelés sous nos yeux, a prouvé qu'aucune de ces réformes ne serait féconde qui d'une façon un peu générale supprimerait, paralyserait, ou même ralentirait l'initiative individuelle. Le devoir de ne toucher qu'avec précaution aux moyens sanctionnés par la pratique des siècles comme propres à susciter celle-ci, est une des premières préoccupations du sociologue réfléchi [1]. C'est là une considération capitale qui doit toujours être présente à l'esprit en matière de réforme sociale, sous peine, en la négligeant, de voir s'aggraver des maux qu'on voudrait de tout cœur guérir ou adoucir. Elle nous revenait à la mémoire en lisant, à la

---

[1]. « L'hérédité directe ou par testament est nécessaire à l'excitation au travail, *premier moteur social*, lit-on dans un projet de socialisme belge, présenté par M. Vandervelde dans la *Revue socialiste* du mois d'avril 1900 ». L'auteur, il est vrai, demande un impôt de 25 pour 100 sur les successions même directes. D'autre part, M. Menger fait remarquer avec raison (p. 237) « qu'il faut que la législation s'inspire de ce principe fondamental qu'on doit éviter toutes les mesures qui créent artificiellement le revenu sans travail ou qui augmentent celui qui existe déjà... Les cas dans lesquels l'État crée facticement des revenus sans travail sont très nombreux... Ainsi les droits protecteurs pour les produits industriels et agricoles, en tant qu'ils ont pour but d'augmenter la rente foncière et le profit du capital ; la création de siécures et de fonctionnaires à traitements exagérés... » L'héritage collatéral, *ab intestat,* soulève également des objections qui peuvent être discutées.

fin de la préface mise en tête du livre de M. Menger, les trois ou quatre petites phrases suivantes par lesquelles l'auteur de ces pages confie à l'État de redoutables fonctions : « Une justice, dit-il, qui ne se préoccupe que de l'échange des quantités égales de travail est boiteuse. Il faut que l'échange des quantités égales de travail se complète par une *tarification* des matières premières qu'ensuite *on* répartira proportionnellement au travail fourni par chacun. Toute espèce de rente attachée au sol et à la propriété des matières premières aura ainsi disparu. Une quantité définie des produits du sol consommables sera attribuée à tout homme en échange d'un travail *dont il faudra convenir*. Mais il y aura une rente *attachée* à la qualité du travail... »

Que de choses graves dans ces quelques propositions ! L'État y apparaît sous forme d'un petit mot redoutable : *on*, — non comme une réalité vivante et tangible, incorporée dans des hommes en chair et en os, mais à l'état d'entité métaphysique, telle qu'une sorte de Providence équitable, omnivoyante, omnisciente, infaillible, qui va tout à coup jaillir du sein des sociétés pour réglementer l'atelier social. Et quand je songe que c'est par le suffrage universel que la collectivité nouvelle qu'on veut constituer est, de par ses principes démocratiques, réduite à recruter la troupe d'anges ou de demi-dieux qui sera le grand Conseil, au besoin le Syndicat, doué de toute science et de toute justice, chargé de régler des questions aussi simples que la « tarification » de toutes les matières premières (y compris le sol) du globe, ou la détermination de la rente attachée à la qualité du travail dans l'atelier cosmopolite, je ne puis pas ne pas m'étonner de la confiance que certains écrivains socialistes, d'ailleurs quelques-uns doués d'une grande puissance d'esprit, conservent dans l'efficacité de leurs formules. A en juger par les fruits actuels du suffrage universel dans ses diverses applications et dans tous les pays du monde, ils devraient bien s'apercevoir que nous sommes loin du jour, s'il arrive jamais, où des urnes populaires pourra sortir le tribunal apte à appliquer ou plutôt à créer le système juridique socialiste de l'avenir. Il y faudrait, pour trancher des mérites, des œuvres et des besoins, un clergé comme celui qu'avaient rêvé les Saint-Simoniens, doué de qualités supérieures à celles des habitants de notre planète et s'imposant au reste de l'humanité par une sorte d'autorité incontestée entraînant l'adoration des fidèles, — ou un Pape infaillible représentant sur la terre, et pour y arbitrer des intérêts temporels, la justice divine omnipotente. Je ne vois pas la démocratie sociale croyant d'abord, se résignant ensuite, à des organes de justice sociale de cette origine et de ce caractère.

Or sans eux la justice sociale formelle, telle que les nouveaux juristes du socialisme voudraient la déduire de formules contradictoires, n'existe pas : car seuls ces juges infaillibles pourraient et devraient à chaque moment trancher entre ces principes contradictoires et au fur et à mesure créer le droit. Si un jour la terre possédait ces merveilleux distributeurs de justice, pourquoi ne pas leur confier tout simplement le soin de régler le droit entre les divers collaborateurs de l'œuvre industrielle, sans formule ni code préalable, comme le fait le bon père de famille entre ses enfants, ou le bon tyran hypothétique entre ses sujets, en pesant les véritables *mérites* de chacun ? En attendant ces organes d'une justice sociale vraiment juste, tenant compte à la fois des efforts et des besoins, et qui restent bien chimériques, le terrain juridique absolu me paraît se dérober sous les pas du socialisme aussi bien que le terrain économique proprement dit. Pas plus sur l'un que sur l'autre il n'est capable, dans l'état actuel de l'humanité, d'atteindre ses visées, souvent séduisantes d'apparence, ayant, ici comme là, contre lui, tout simplement la nature réelle des choses.

LE LENDEMAIN DE LA RÉVOLUTION SOCIALE [1]

Peu d'écrivains vraiment collectivistes se sont occupés sérieusement du « lendemain de la Révolution sociale ». « Je ne formule pas de recettes pour les marxistes de l'avenir », s'était écrié Marx lui-même. Interrogés sur le même point, Liebnecht et Engels répondaient à peu près de semblable façon, en rappelant le mot de Blanqui : « Il y a des gens qui voudraient savoir par qui seront vidés les vases de nuit ! » La plupart des programmes collectivistes pratiques qu'on a lus, sont dus à des romanciers (Bellamy, W. Morris, etc.) ou, émanés de plumes socialistes, sont restés dans le vague (Bebel, G. Renard, Jaurès, Brissac, G. Renard, etc.). C'est donc avec un vif sentiment de curiosité que nous avons vu apparaître, précisément sous le titre de « Le lendemain de la Révolution sociale », un écrit d'un des derniers marxistes les plus autorisés et les plus compétents, M. Kautsky, qui, malgré beaucoup de concessions, soutient en Allemagne, contre Bernstein

1. 1903.

et son école, le marxisme orthodoxe défaillant[1]. Il est intéressant de le suivre dans le tableau qu'il trace des conséquences probables d'un jour de victoire qui, disent même certains partisans du socialisme, contiendrait peut-être bien des germes de défaite.

« Admettons donc, dit M. Kautsky, que le beau jour vient de naître qui apportera tout d'un coup tout le pouvoir au prolétariat. Qu'en fera-t-il ? Je ne dis pas : que va-t-il en faire en s'appuyant sur telle ou telle théorie, mais que sera-t-il forcé de faire sous la pression de ses intérêts de classe et de la nécessité économique ? »

Est-il besoin de le dire ? L'auteur pense que le prolétariat victorieux devra commencer par un grand coup de balai, qui consistera à expulser ce qui reste de la féodalité et à faire une vérité du programme démocratique, par l'introduction du suffrage universel dans toutes les corporations, par la liberté absolue de la presse et des réunions, la séparation complète de l'Église et de l'État, l'autonomie des communes, la suppression du militarisme « en armant toute la nation ou en procédant au désarmement ». « La politique exige l'armement de la nation, les finances exigent le désarmement. » Le peuple aura à concilier les deux systèmes : il cherchera « à armer la nation, tout en cessant de renouveler l'armement : on ne fabriquera pas de nouveaux fusils,

---

1. Cet écrit de M. Kautsky, paru sous le titre : *Am Tage nach der Revolution* (Berlin, 1902) a été traduit dans le *Mouvement Socialiste*, 1er, 15 février et 1er mars 1903, par G. Polack.

de nouveaux canons, de nouveaux cuirassés ; on ne construira pas de nouveaux forts ». — Nous verrons plus loin ce que deviendront les impôts. Quant à l'école, elle aura pour but d'arracher aux classes riches le monopole de l'éducation. L'auteur pense que le budget de l'Instruction publique devrait atteindre un milliard et demi, peut-être même deux milliards, presque le double du budget de la Guerre : « De telles sommes, écrit-il gravement, ne peuvent être consacrées aux écoles que là où la chose publique est aux mains d'un prolétariat que le respect des gros revenus ne paralyse pas. »

C'est que le prolétariat, par « l'expropriation des expropriateurs » que réclamait Marx et dont l'annonce a fait, en grande partie, le succès de sa doctrine auprès des masses, le prolétariat est devenu maître de la fortune publique. C'est là le fait primordial dont tout le reste dépend, d'où tout le reste découlera avec une telle facilité au point de vue des réformes politiques, qu'à ce gigantesque coup de balai de destruction qui suivra l'expropriation, et malgré son énormité même, M. Kautsky ne consacre que quelques pages. « Ce n'est pas le problème politique, dit-il, qui est difficile à résoudre, c'est celui de la production. » Mais il faut, avant tout, que l'expropriation ait lieu. Comment et sous quelles conditions se produira-t-elle ?

Ici, l'auteur avoue qu'il est dans une certaine perplexité : L'expropriation sera-t-elle une confiscation ou un rachat ? Les propriétaires actuels seront-ils dédommagés ou non ? « A cette question nous ne sommes pas en état de répondre dès à présent. Ce n'est pas nous qui serons chargés d'effectuer cette révolution : on ne peut pas prévoir quelles seront les circonstances, ni de quels poids elles feront pencher vers l'une ou l'autre solution. » On verra tout à l'heure comment l'auteur s'arrange pour que l'une et l'autre soient à peu près équivalentes au point de vue des expropriés, et comment il leur reprendra d'une main — au moins à ceux de quelque importance — ce qu'il leur aurait donné de l'autre, dans le cas qu'il prévoit « où le régime prolétarien préférerait la voie du rachat ».

« Et il le préférera probablement, dit M. Kautsky, par cette simple raison qu'une confiscation devrait porter sur toutes les propriétés, aussi bien les petites que les grandes, et que, à procéder de cette façon, le prolétariat se confisquerait lui-même, ce à quoi il ne consentira pas facilement. » Supposons, au contraire, le rachat contre transformation de la valeur des propriétés en rentes sur l'État ou les communes. Premier avantage : le capital ne peut plus produire de rente nouvelle ni augmenter l'exploitation de la classe laborieuse (Par contre, ce que l'auteur ne dit pas, l'aléa de l'entreprise industrielle serait transformé en rente sur l'État, ce qui pourrait ne pas déplaire à certains entrepreneurs). Second avantage : — et ici apparaît le plan machiavélique de l'auteur — dès que la propriété capitaliste aura pris la forme d'une dette inscrite, il sera possible d'établir un impôt progressif sur les revenus, tel qu'il aboutira à une confiscation des revenus élevés. Aujourd'hui, la chose est difficile à réaliser, parce que la richesse menacée se dérobe ou s'échappe. Mais la situation change du tout au tout si toute la propriété capitaliste est transformée en dette publique. Cette propriété qu'on a de la peine à évaluer actuellement sera mise en pleine évidence par l'inscription au nom de chaque citoyen de ce qui lui est dû comme revenu. L'impôt sera simplement retenu sur ce revenu. « Dans ces conditions, écrit l'auteur, il sera possible d'élever l'impôt progressif autant qu'il le faudra. En cas de besoin, cette élévation ressemblera fort à une confiscation des grandes fortunes. » Et voilà pourquoi nous disions plus haut que le point d'interrogation que posait l'auteur : Confiscation ou rachat ? n'avait pas, pratiquement, pour les futurs expropriés, grande importance.

Au surplus l'auteur déclare ne s'arrêter à cette question de l'expropriation des moyens de production que parce qu'elle est une des principales objections des adversaires du socialisme, et non parce que la solution présente de grandes difficultés. « L'expropriation, dit-il, est relativement le plus simple des grands changements qu'entraînera la révolution sociale. Pour l'opérer il suffit d'avoir la puissance nécessaire. Les difficultés du régime prolétarien ne sont pas du domaine de la propriété, mais de la production. » Autrement dit, de politique (nous n'osons dire de juridique, car le mot ne s'appliquerait guère ici aux procédés recommandés), le problème devient économique. Suivons pour un instant M. Kautsky sur ce nouveau terrain.

Une fois le régime capitaliste supprimé, il faut que la production soit continuée. L'auteur le proclame. Il reconnaît qu'elle ne peut pas s'arrêter, fût-ce quelques semaines, sans que la société périsse. C'est donc, déclare-t-il, un devoir urgent du prolétariat victorieux d'assurer la continuation de la production en dépit de tout ce qui peut la troubler, de ramener aux ateliers les ouvriers qui leur tourneraient le dos et de les y maintenir.

Par quels moyens pourra-t-il y parvenir? L'auteur rejette tout d'abord, et c'est naturel, le recours aux moyens coercitifs, à l'aiguillon de la faim, etc. Mais d'ailleurs comment le régime prolétarien pourrait-il y recourir? De quelles forces disposerait-il? D'où tirerait-il son autorité pour imposer le travail comme règle sociale? « La discipline du prolétariat, proclame l'auteur, n'est pas la discipline militaire... C'est la discipline démocratique, la soumission volontaire à une direction élue et aux résolutions de la majorité des compagnons. »

Pour assurer la continuité du travail, M. Kautsky compte sur plusieurs mobiles; d'abord l'habitude : « Le capital, dit-il, a accoutumé l'ouvrier à travailler du matin au soir; il ne saurait rester sans rien faire. Il s'ennuierait ». Cependant l'auteur avoue qu'on ne peut compter sur ce seul stimulant « le plus faible de tous ». Il a confiance dans la soumission volontaire des ouvriers à leurs syndicats. Dans certains cas où une organisation bureaucratique est nécessaire, « comme les chemins de fer », les ouvriers éliront des délégués qui formeront une sorte de parlement ayant pour mission de régler le travail. Dans d'autres cas les corporations elles-mêmes s'organiseront et se recruteront en tâchant de rendre le travail attrayant, par l'abréviation de la journée de travail, la transformation hygiénique des ateliers, la suppression de tout ce qui peut être pénible ou répugnant dans le labeur journalier.

L'auteur reconnaît cependant qu'il sera difficile de rendre attrayants par eux-mêmes certains travaux comme ceux des mines ou de plusieurs fabriques. A ces travaux-là il réserve un attrait supplémentaire, celui d'un sursalaire. M. Kautsky, en effet, contrairement à beaucoup de ses confrères en collectivisme, conserve les salaires, les salaires en argent, dans son organisation prolétarienne. Il explique bien que ce sera tout autre chose que dans le capitalisme. Au lieu d'être le prix de la marchandise-travail, qui dépend de la loi de l'offre et de la demande des bras, ce sera le quotient de la quantité des produits à répartir parmi les ouvriers. Seulement ceux-ci auront plus ou moins de ces produits sous forme de salaires, suivant qu'ils auront consenti à entrer dans des industries moins encombrées de bras ou qu'ils auront persisté à rester dans celles où les bras surabondent, de sorte que l'on ne voit pas bien clairement la différence qu'il y aura entre l'offre et la demande en régime prolétarien et l'offre et la demande actuelles en régime capitaliste.

Qu'importe, dit M. Kautsky, si la révolution se traduit par une augmentation générale des salaires, et si cette augmentation est le véritable attrait qui retiendra les ouvriers au travail et permettra la continuité de la production ? Mais d'où proviendra cette augmentation ? On pourrait croire au premier abord qu'elle sera due à la confiscation des revenus des capitalistes qui viendront augmenter la part des travailleurs : mais l'auteur fait judicieusement remarquer que ce serait là une illusion. Ayant établi que pour l'Angleterre, en 1891, les revenus des ouvriers se sont élevés à 700 millions de livres sterlings et ceux des capitalistes à 800 millions, on pourrait croire qu'il suffira de donner aux premiers les revenus des seconds pour doubler leur lot. Erreur, dit avec raison M. Kautsky : si nous exproprions le capital, il faudra que nous nous chargions de ses fonctions sociales. Une de celle-ci est l'accumulation des capitaux en vue d'étendre la production. Un régime prolétarien devra procéder de même et mettre de côté une partie des revenus du travail. De plus l'impôt, chargé d'assurer les services publics, toujours mieux dotés, instruction publique, assistance, assurances diverses, absorbera une part toujours croissante de ces mêmes revenus. « Nous voyons, conclut M. Kautsky, que même si nous confisquons tout le capital d'un coup, il ne restera pas beaucoup du revenu des capitalistes à consacrer à la hausse des salaires. Il en restera encore bien moins, si nous voulons indemniser les capitalistes. Il sera donc absolument nécessaire pour pouvoir élever les salaires, de produire plus qu'on ne l'a fait jusqu'à présent... Le prolétariat victorieux devra se hâter de développer la production, s'il veut être à la hauteur des nombreuses exigences auxquelles le nouveau régime aura à satisfaire. »

Pour augmenter la production, M. Kautsky vise tout d'abord les procédés employés par les *trusts*. Ceux-ci actuellement servent constamment d'arguments et d'exemples aux écrivains socialistes, comme si la concentration libre des industries sous une initiative individuelle décuplée ou centuplée par les forces qu'elle arrive à réunir dans sa main, avait un rapport fondamental quelconque avec les grandes masses ouvrières régies par des délégués élus et passagers, à la façon de petits parlements, que rêvent les collectivistes. Il y a là une erreur d'observation aussi grossière que celle qui a conduit Marx et ses premiers disciples à toute espèce de prophéties touchant l'avenir de l'industrie capitalistique, que l'événement n'a nullement justifiées. On pourrait dire, qu'au point de vue de ses principes de direction et d'impulsion, le *trust* est l'antithèse même de l'organisation collectiviste, comme une armée hiérarchisée est l'antithèse d'une foule. Il y a, dans les deux cas, réunion nombreuse d'hommes ; mais, ici, au-dessus des hommes plane une volonté qui les organise et les dirige (dans les *trusts* cette volonté touche presque au paradoxe tant elle est voisine de la toute-puissance, et constitue même par son excès l'un des périls du nouvel organisme) : — là, l'autorité passe de l'un à l'autre, suivant les impulsions du moment, les entraînements des groupes, les ententes des meneurs. Conclure de ce qu'un procédé d'organisation réussit dans un *trust,* que ce même procédé réussira entre les mains d'une corporation ouvrière parlementarisée, c'est vouloir faire gagner une bataille de Napoléon par des gardes nationales non commandées.

L'un des procédés que M. Kautsky croit pouvoir emprunter aux *trusts* est celui qui consiste à éliminer de la production les établissements mal outillés, à éviter ainsi des frais généraux inutiles, et à concentrer la production dans les grandes fabriques bien aménagées. Le *trust* des sucres, dit-il, a, il y a quelques années, utilisé un quart seulement des raffineries qu'il possédait, et a produit autant de sucre dans ce quart de ses usines qu'on en produisait auparavant dans toutes les sucreries. Il en a été de même pour les distilleries. Le prolétariat devra procéder de la même façon. Cela lui sera d'autant plus facile que les fabriques privées auront été expropriées et qu'il n'aura pas à les acheter comme les fondateurs de *trusts*. Oui : mais ceux-ci ont des façons d'agir vis-à-vis des ouvriers qui ne seront peut-être pas du goût des électeurs des délégués au Gouvernement prolétarien. Le *trust*, déclare M. Kautsky, ne se soucie nullement des ouvriers. Il abandonne tout bonnement ceux qui deviennent superflus dans les industries où il y a trop de bras, ou dans les établissements mal outillés qu'il veut délaisser. Voilà des procédés qui, évidemment, ne seront pas de mise en régime prolétarien — et au point de vue de l'humanité on devrait s'en féliciter. — Le prolétariat victorieux, déclare l'auteur, agira tout autrement. Il enverra aux exploitations en activité les ouvriers devenus superflus là où l'exploitation a cessé ; au besoin, il fera travailler dans une exploitation, les unes après les autres, plusieurs équipes d'ouvriers... Et l'auteur se lance dans des calculs merveilleux sur ce que pourra produire l'industrie ainsi débarrassée des petits établissements vieillis comme agencement et affaiblis par leur dispersion même, et concentrée dans un petit nombre d'usines géantes. Il n'y va pas d'ailleurs de main morte dans ses projets d'élimination. Sur deux cent mille exploitations de l'industrie textile par exemple, en Allemagne, il pense fermer toutes celles qui comptent moins de deux cents ouvriers : et il en restera huit cents! Et gravement il énumère les économies qui résulteraient de ce « coup de balai du régime prolétarien » : économies de transports, de frais de direction, de commis voyageurs, de frais de réclame, etc. Il oublie une seule chose : c'est d'établir qui osera et pourra tenir le manche du balai dans cette opération gigantesque destinée à bouleverser la vie sociale et économique de toute une nation laborieuse, à transplanter des milliers et des millions d'individus, à les faire changer de métiers et d'habitudes, de latitude et d'entourage, opération gigantesque que n'oserait pas tenter un Gengis Khan ou un César industriel, et qu'il faudra réaliser en agissant par persuasion sur des électeurs qui tiennent dans leurs mains la source des pouvoirs des réformateurs. Et ce n'est pas seulement les ouvriers inutiles qu'il s'agira de supprimer ou de déplacer : ce sont tous les employés et intermédiaires parasitaires qu'il faudra déposséder de leur emploi stérile et faire rentrer dans les cadres de la production active réorganisée (c'est à peu près un million de personnes en Allemagne, dit M. Kautsky). Les gouvernants du futur régime prolétarien ne manqueront pas de besogne, on le voit : reste à savoir si on en trouvera qui veuillent s'en charger, et surtout si ceux qui pourraient s'en charger seront élus par ces millions de futurs déplacés ou éliminés. Mais les questions de réalisation ne gênent pas M. Kautsky.

Il a réglé sur le papier la reconstitution des moyens de production ; il n'est pas plus embarrassé pour régler la production elle-même, son intensité, sa répartition entre les diverses usines, l'équilibre des différents produits qui représentent ce qu'il appelle la circulation, équilibre « que le prolétariat peut et doit fixer et maintenir s'il veut assurer la marche continue de la production et consolider son régime ».

Le problème n'est-il pas insoluble dans un grand État moderne, veut bien se demander l'auteur (il faudrait dire dans l'organisation économique mondiale) ? « Qu'on se représente l'État en Allemagne dirigeant la production de deux millions de fabriques et chargé comme intermédiaire de la circulation de produits... qui doivent être fournis à 60 millions d'habitants, dont chacun a des besoins particuliers et variables. La tâche semble écrasante... elle est la plus difficile de celles qui incomberont au régime prolétarien, et elle lui donnera plus d'une fois du fil à retordre... » L'auteur ne veut pas, cependant, qu'on exagère la difficulté : il serait trop long de le suivre dans la série de déductions par lesquelles il cherche à prouver que ce que les organismes privés et intéressés font actuellement à peu près, les pouvoirs publics le feront beaucoup mieux en usant de procédés analogues, mais sans les frottements, crises et banqueroutes, effets ordinaires de la loi de la valeur. C'est toujours la même erreur de conclure du succès d'un outillage mû par un moteur connu et séculairement pratiqué, à celui d'une machinerie tiraillée en sens divers par des efforts non coordonnés et soumise à l'impulsion de volontés non réglées. Toutes les assimilations entre les organisations commerciales actuelles et les organisations purement d'État sont faussées par cette méprise fondamentale. C'est dans un autre ordre d'idées et de faits qu'il faudrait chercher des exemples encourageants pour le collectivisme, dans les œuvres de pur dévouement religieux et philanthropique, ou dans les entreprises complètement administratives déjà anciennes et non contenues ou guidées par la concurrence d'entreprises commerciales analogues : mais, malgré la grandeur des résultats obtenus dans les premières, à certaines époques et même de nos jours, on sent combien la base de ces nobles tentatives d'abnégation et de sacrifice est exceptionnelle, et concorde peu, dans les dispositions actuelles de l'humanité, avec la notion d'un but industriel, d'un gagne-pain, à poursuivre par le labeur quotidien. Quant aux entreprises purement administratives, elles ont porté jusqu'ici des fruits tellement médiocres (quand ils n'ont pas été franchement mauvais) qu'on n'ose pas trop y recourir comme type à proposer à l'imitation des sociétés futures. Et encore, quand on cite celles qui n'ont été que passables, omet-on le plus souvent de faire remarquer que la plupart ne sont que la continuation d'entreprises individuelles déjà organisées, qu'elles sont entourées d'autres entreprises privées qui les maintiennent, par crainte d'écarts trop criants dans les prix de revient, en des pratiques relativement raisonnables, que le ton général industriel est encore donné par des chefs d'industrie responsables et intéressés, et que rien de tout cela ne subsisterait le lendemain de la fameuse expropriation universelle.

C'est en vain que ce jour-là M. Kautsky suppose qu'il suffirait, pour continuer leur œuvre de discipline et de direction, de faire appel à « ceux des employés actuels du capital qui ont le talent de l'organisation, et qu'à cause de cette facilité, le capital estime fort et paye largement... » « La production capitaliste, dit M. Kautsky, transplante dans l'industrie la tâche d'organiser de grandes masses d'hommes... Nous ne condamnerons pas à l'inaction les directeurs des fabriques ou des *trusts*. » Non, mais vous les transformerez en fonctionnaires-politiciens et, du coup, vous leur enlèverez leur qualité principale, la volonté indépendante, et leur force réelle, l'autorité due, non à une désignation d'élection, mais à leur puissance de fortune ou de tempérament. On le voit trop par la politique. L'élection populaire rapetisse presque tout ce qu'elle touche. Elle pousse forcément à la recherche de la popularité, ce qui ruine l'autorité. Le salut de la démocratie serait de la confiner là où elle est le contrepoids nécessaire d'une omnipotence dynastique ou personnelle dangereuse pour la liberté de la nation ou les droits individuels des citoyens : mais la laisser s'étendre au domaine industriel serait introduire dans celui-ci le germe de l'impuissance et de la mort certaines. Or, toute nationalisation des grands services productifs ou des grands moyens de production, qui est actuellement la visée des socialistes politiques, serait un pas dans cette voie déplorable. Malheureusement, la logique interne du principe d'élection universelle y pousse les nations. Sauront-elles y résister ? Un tableau, comme celui que trace M. Kautsky, des conséquences extrêmes du système s'appliquant peu à peu à la généralité des entreprises industrielles, devrait les aider à réagir contre l'étatisation, et à ce point de vue les adversaires du collectivisme auraient tout intérêt à populariser ce tableau. On verrait ce qui réside sous les grands mots des réformateurs révolutionnaires ; comment, s'ils veulent maintenir une organisation disciplinée, ils devraient, sans responsabilité effective, sans contrôle, multiplier, dans des proportions effrayantes, les duretés de l'existence industrielle actuelle ; comment, si le régime prolétarien ne tourne pas à la dictature, il tombera fatalement dans l'anarchie et la stérilité productive, source de toute misère. Je sais bien que M. Kautsky pose en guise de conclusion de son étude que, grâce au socialisme « il se formera un nouveau type de l'homme qui surpassera tous ceux que la civilisation a produits jusqu'à ce jour... un surhomme, si l'on veut, mais qui sera la règle, non l'exception. » Ici, nous sommes dans le domaine de la poésie ou du mysticisme, et non plus sur le terrain des réalités sociales. Mais, jusqu'à ce jour, aucune religion poétique ou mystique, propre à transformer la nature humaine, à la déprendre en quelque sorte d'elle-même, n'est partie d'une « conception matérialiste » de l'existence, comme celle qui, depuis Karl Marx, sert de base à toutes les déductions collectivistes. En tout cas, il faudrait créer ces « surhommes » avant de renoncer au mobile de l'intérêt personnel et de l'acquisition de la richesse individuelle comme moteur habituel et central de l'activité productive des sociétés humaines. Sinon, on tombe dans le pur rêve ou verbiage. Je ne pense pas que la dernière description un peu détaillée qui nous a été donnée du « Lendemain de la révolution sociale » ait échappé à ce double péril.

L'ÉTAT SOCIALISTE ET LA PROPRIÉTÉ[1]

« Le contrat (entre individus ou groupes d'individus) distingue principalement notre époque des générations précédentes par la place qu'il y occupe, en substituant de plus en plus les arrangements bilatéraux aux contraintes d'autorité. » En même temps que Sumner Maine définissait ainsi l'ère contemporaine, Herbert Spencer l'opposait comme une période relativement pacifique, industrielle et libérale, aux régimes militaires et despotiques du passé. Il montrait l'individu ou l'association libre gagnant ce que perdait le despote ou la caste. Pourvu que l'État démocratique ne reconstituât pas l'autorité tyrannique du passé au profit d'un groupe politique, il apercevait l'affranchissement universel se réalisant par le travail et l'échange. Mais la menace de l'État tyran était pour lui, comme pour d'autres observateurs sagaces, l'immense péril toujours urgent qui naîtrait pour l'humanité des tendances des démocraties vers l'absorption de toutes les forces sociales par le pouvoir

1. (1905).

gouvernemental ; il analysait ces tendances, il les critiquait, il en saisissait sur le fait les inconvénients et les dangers.

L'illustre philosophe, s'il avait vécu, aurait vu ses défiances contre l'*Étatisme* singulièrement justifiées par la forme que revêt actuellement la théorie de l'État dans certains récents écrits à tendances socialistes. On ne plaide plus pour lui les circonstances atténuantes, on ne l'introduit plus à titre exceptionnel comme arbitre ou protecteur, dans certains cas, des intérêts individuels ; on veut en faire la source unique des contrats, ou plutôt anéantir sous son action celle des contrats individuels ; on vise à confondre le droit privé avec le droit public, celui-ci dominant et absorbant celui-là, de façon à n'en laisser subsister que ce qui lui paraît conforme à l'intérêt général, c'est-à-dire au bien de la majorité. « La pensée et le pouvoir de la collectivité doivent incessamment contrôler la conduite économique et juridique de chacun ; en sorte que les moindres actes, aujourd'hui justiciables du droit privé, seront grevés d'une obligation et d'une sanction de droit public... c'est peut-être la formule la plus nette du nouveau socialisme d'État. » C'est ainsi que M. Ch. Andler résume, dans une préface, la pensée maîtresse d'un nouveau livre de M. Anton Menger, le jurisconsulte autrichien bien connu, livre qui a fait grand bruit en Allemagne[1], et il opine que la conclusion logique du système sera la transfor-

---

1. Traduit en français par M. E. Milhaud, sous le titre : Anton Menger, L'ÉTAT SOCIALISTE.

mation du pouvoir judiciaire de l'État chargé de trancher entre des intérêts individuels contentieux, en *pouvoir administratif* universel ayant pour objet de les régir dans tous leurs détails : juste l'opposé de l'idéal indiqué par Summer Maine et Herbert Spencer !

Ce n'est pas là, on le voit, une mince réforme sociale, et il peut être intéressant de suivre, dans ses conceptions, un des principaux auteurs qui ont tenté de la formuler en termes juridiques.

C'est ce que cet auteur appelle « élaborer les éléments positifs, la part organisatrice du socialisme. » — « Le socialisme, ajoute-t-il, a bien fait de soumettre à une critique pénétrante le régime social actuel ; c'était le seul moyen qu'il eût de gagner à ses fins de larges milieux populaires ; depuis le commencement du xviiie siècle, une littérature immense, essentiellement critique, y a pourvu. A présent que l'idée socialiste approche chaque jour davantage de sa réalisation, il est temps de s'attacher plus qu'on ne l'a fait jusqu'à ce jour à la face positive du problème. »

I

M. A. Menger l'aborde en savant qui ne veut pas sortir de son cabinet et de sa bibliothèque pour regarder le monde vivant, sonder ses principes d'action, examiner les tendances réelles de son évolution, et en tirer des pronostics sur son avenir social. Il s'enferme dans l'érudition livresque et extrait ses vues de l'État socialiste futur, non de l'étude des hommes et des choses telles qu'elles ont été et telles qu'elles sont devenues, mais des écrits de ses prédécesseurs en utopies dont il prétend condenser, dans ce qu'elles ont de mieux réalisable, les tentatives de constructions socialistes[1]. L'auteur puise ses résumés dans une très vaste érudition et fournit ainsi au public une bibliographie riche et étendue. Ces indications historiques sont un des grands mérites du livre, mais elles rendent malaisée la tâche de discerner les idées propres de l'écrivain de celles qu'il analyse. Lui-même, souvent, n'a pas pris soin de marquer la distinction. En tout cas, on peut dire qu'il a comme écrémé et condensé la littérature socialiste positive, et on peut supposer qu'aucune conception, jugée par lui importante, des différentes écoles, ne lui a échappé.

Une de ces conceptions fondamentales, celle qui sert de point de départ à M. Menger, et qu'en tout cas il précise avec beaucoup de netteté, si elle ne lui est pas personnelle, est celle qui consiste à identifier sur le papier, — sans justifier d'ailleurs l'identification par les faits, — l'État dit « l'État individualiste moderne » avec « l'État ancien de la force », l'État despotique militaire qui emploie la contrainte à défendre « les équilibres de force déjà établis au profit d'un petit nombre de privilégiés. »

« Tous les régimes juridiques qui ont existé jus-

---

1. « L'objet de ce livre est de donner une vue d'ensemble des propositions pratiques faites par le socialisme pour transformer notre société. » (*Avant-propos.*)

qu'ici, écrit-il dans ses *Remarques préliminaires,* ont eu pour fondement dernier la force... servant la petite minorité des puissants aux dépens des masses populaires... Sans doute, la Révolution française et les mouvements qui se rattachent à elle ont aboli la dépendance personnelle des masses vis-à-vis de personnes déterminées et ont fondé l'ordre économique sur le système de la liberté des contrats ; mais, comme cette liberté n'est qu'apparente et que riches et pauvres, puissants et humbles, sont en antagonisme, il se trouve que les non-possédants, malgré l'abolition de la dépendance personnelle, sont restés, en leur qualité de classe populaire, assujettis aux riches tout comme auparavant... Un système juridique poursuivant le bien de la masse et non celui de la petite minorité des possédants est encore à créer, en théorie et en pratique. »

Quel sera le fondement de ce système juridique nouveau ? La recherche du bien public, répond M. Menger, et voici ce qu'est le bien public. L'entretien et le développement de l'existence individuelle, la propagation de l'espèce, la sécurité de la vie et de la santé, une nourriture suffisante, une demeure habitable, des vêtements convenables, la satisfaction des besoins intellectuels, une vie de famille régulière... voilà ce que chacun de nous cherche et doit chercher à atteindre. Si le *bien public* ou *général* doit se trouver quelque part, c'est dans ces fins essentielles de chaque individu... Il faut considérer comme un vice fondamental de notre société que pour elle ces fins, les plus importantes et les plus générales de toutes, soient du domaine des affaires privées, que chacun règle selon ses seules forces et à ses propres risques. L'État populaire du travail, — c'est ainsi qu'est désigné l'État idéal futur, — devra refondre radicalement le régime des contrats. Actuellement, l'organisation sociale, dans le domaine des affaires privées, consiste en ce que tel citoyen s'engage vis-à-vis d'un autre, par contrat, à un service, soit que l'arrangement ait pour objet immédiat un travail (contrat de salaire) ou qu'il ait pour objet une chose dans laquelle du travail humain est incorporé (achat, échange, prêt). L'État demeure indifférent en présence de cette organisation privée du travail social : c'est seulement lorsque les clauses du contrat ne sont pas convenablement exécutées qu'il intervient par les tribunaux. Là portera la grande transformation d'avenir. L'État populaire du travail verra dans le relèvement de la vie économique des masses à un niveau vraiment humain la plus importante de toutes les fins de l'État, le véritable bien public, et il supprimera l'organisation privée du travail social et la remplacera par une organisation publique. A ce moment, il n'y aura plus, en général, d'obligations entre particuliers, mais seulement entre l'État ou les autres organisations publiques, d'une part, et les particuliers de l'autre. Sauf un domaine très restreint (dont nous parlerons tout à l'heure), le régime actuel des contrats disparaîtra et l'organisation du travail social sera essentiellement une fonction de l'autorité publique.

Naturellement, un pareil bouleversement entraîne

des transformations profondes, soit dans la constitution de l'État, soit dans les rapports des personnes,
entre elles, avec les choses, ou avec l'État. C'est un
sujet immense, et où l'on aurait droit d'exiger d'un
auteur qui préconise ces révolutions profondes, à la
fois beaucoup de détails et beaucoup de précision
dans ses indications sur les constructions futures
appelées à remplacer le monde présent bouleversé
dans ses fondements contractuels. Ici, au contraire,
nous nous trouvons en face de données extrêmement
succinctes sur les choses essentielles. L'auteur semble
nager en pleine candeur d'érudit et de philosophe
abstrait, qui, pour comble d'ingénuité, se figure qu'il
respecte avant tout, dans ses plans d'élaboration sociale, les grandes lignes de la nature humaine, ce
qui doit rendre relativement aisée l'évolution qu'il
propose.

Il déclare, en effet, ne pas viser, comme d'autres
réformateurs religieux ou sociaux, tout d'abord à
transformer les hommes dans leur caractère, leurs
instincts, leurs désirs, leurs répugnances, leurs habitudes mêmes. Pour prévoir et régler les formes possibles du socialisme futur il compte, dit-il, sur les
mobiles les plus connus de l'âme humaine et non sur
une régénération intégrale de la moralité individuelle
et publique. Bornons-nous à rechercher comment
tout cela s'accorde dans les traits même essentiels
et fondamentaux, de la principale de ses conceptions
économiques et juridiques, la seule que nous voulions
étudier ici en ce moment : celle qui touche à ce que
M. Menger appelle d'ailleurs, lui-même, « le point

central du débat entre les partisans du régime actuel
et ceux de l'ordre nouveau », la propriété —: et de
ce point central nous conclurons au reste.

II

L'heure est venue, dit l'auteur, où l'intérêt des
classes non possédantes commande une transformation profonde de la propriété, plus profonde que celle
que les trois derniers siècles ont fait subir à cette
institution juridique. En quoi consistera cette transformation?

L'auteur l'appuie fondamentalement sur une distinction essentielle qu'il croit pouvoir établir entre
les diverses natures de biens. Jusqu'ici, sous le régime
de la force qui a présidé à la répartition des richesses,
ce sont les différences politiques plutôt que les différences économiques qui ont été, pense-t-il, prises
en considération dans la fixation des régimes de propriété. L'État populaire du travail devra au contraire
diviser les richesses d'après leur caractère écono-
nomique. En se conformant à ce criterium, M. A.
Menger aperçoit trois grands groupes de biens, et
veut constituer pour chacun d'eux un système juridique spécial.

Le premier de ces groupes comprendra exclusivement les « biens consomptibles » (Verbrauchbare
Sachen); ce sont ceux qui ne peuvent pas procurer
la jouissance qu'ils sont destinés à fournir, sans une
entière destruction, ou du moins sans une diminution
sensible de leur substance ; par exemple des aliments,

des matériaux de chauffage et d'éclairage, ou des vêtements.

Le second groupe est celui des biens qui procurent à l'individu une utilité immédiate, mais sans que l'usage qui en est fait entraîne une destruction ou même une diminution sensible de leur substance ; ce sont les « biens d'usage » (Benutzbare Sachen). L'auteur y comprend les maisons d'habitation, les meubles, parcs, jardins, livres, objets de parure, etc. Il reconnaît cependant que la limite entre biens consomptibles et biens d'usage « n'est pas toujours fixe et nette ».

Le troisième groupe embrasse les « moyens de production » (Produktionsmittel). Leur destination normale est de produire, avec ou sans la coopération de l'homme, de nouvelles richesses, ou de permettre la répartition des richesses existantes. On comprend dans cette catégorie « les fonds de terre, les mines, fabriques et usines, chemins de fer et bateaux à vapeur, les matières premières ».

Le fait que ces trois catégories de biens sont soumises dans les systèmes de droit privé de tous les peuples à un régime identique, montre clairement, pense l'auteur, à quel point le droit privé actuel néglige les conditions économiques et se borne à refléter un état de choses issu de la force. Il n'en sera pas de même, est-il besoin de le dire, dans l'État socialiste. Il y aura trois systèmes juridiques de propriété.

Le premier tiendra compte de ce fait que les biens du groupe des biens consomptibles ne peuvent pas fournir leur utilité normale sans que leur substance subisse une modification profonde, et qu'il est impossible de leur faire subir une semblable modification si l'on ne possède sur eux un empire absolu. D'où la conclusion que la propriété privée est pour la répartition des biens consomptibles entre les citoyens la forme juridique la plus convenable, et qu'il faudra la conserver pour cette catégorie de biens dans l'État populaire du travail. Nous verrons à quoi en réalité elle se réduit.

Pour les biens de la seconde catégorie, biens d'usage, comme l'utilisation normale de ces biens ne s'accompagne pas d'une action sensible sur leur substance, ce qui fait qu'ils peuvent être utilisés soit simultanément, soit successivement par plusieurs personnes, la propriété exclusive de ces biens n'est ni nécessaire, ni désirable. Pour ces biens-là, il est opportun de substituer à l'approbation privée un droit limité, qui sera « un droit d'usage » (Benützungrecht) et la propriété des biens eux-mêmes sera réservée à l'État et aux autres organisations publiques.

Enfin, en ce qui concerne les biens du troisième groupe, les moyens de production, le fait même d'être moyen de production entraînera pour une chose cette conséquence que la législation ne devra jamais reconnaître à un individu un droit spécial sur elle : par suite, le droit de disposer ou d'user des moyens de production devra être réservé intégralement et exclusivement à l'État ou aux organisations publiques.

Voilà le principe de la nouvelle législation. Il est d'une simplicité apparente saisissante, comme beaucoup de réformes que les auteurs socialistes ont réalisées... en théorie. Mais est-il besoin de dire qu'il soulève, au point de vue de l'application, toute espèce de difficultés et d'objections? De ces difficultés et de ces objections, M. Anton Menger paraît apercevoir quelques-unes, mais il les indique brièvement et passe outre avec une désinvolture vraiment déconcertante. Prenons la première de ces catégories : celle des biens consomptibles. Il en conserve la propriété privée « dans ses dispositions essentielles » ; mais la notion même de propriété, il le reconnaît lui-même, comprend deux droits. En premier lieu un droit d'usage, en tant que le propriétaire peut utiliser la chose possédée à son gré, ou la laisser inutilisée ou même l'anéantir ; et, en second lieu, un droit de disposer, en vertu duquel le propriétaire peut vendre la chose, la donner en nantissement, la donner gratuitement. Comment le nouvel État populaire va-t-il régler ces deux faces du droit de posséder? M. Menger pense que le droit d'usage pourrait être maintenu sans changements ; et, cependant, dit-il, l'État aurait un intérêt considérable à ce que les biens consomptibles fussent convenablement employés, puisque c'est lui État qui est responsable de la conservation et du bien-être des individus. Mais on admet que « l'exercice du contrôle public sur ce point mêlerait trop intimement les organes de l'État aux menus détails de la vie privée » ; et l'auteur compte pour combattre aisément le gaspillage des biens consomptibles sur « une sage réduction des périodes de répartition ». Ce n'est pas très clair, mais nous tâcherons d'entrevoir plus tard ce qu'on entend par cette expression. Par contre, je me déclare, dès à présent, incapable de comprendre ce que l'auteur a voulu dire en définissant comme suit le « droit de disposition » sur les choses consomptibles : « Ce droit devra subir une limitation pour cette raison que, dans l'État populaire du travail, les relations de créancier à débiteur ne sauraient exister qu'entre l'État et les différents citoyens et non entre ceux-ci. Le propriétaire légitime d'un bien consomptible pourrait assurément le donner ou l'échanger, mais seulement de telle sorte que le don ou l'échange ne créât ni pour lui, ni pour la partie prenante, une obligation. » Qu'est-ce qu'un don ou un échange qui n'oblige pas les personnes qui le réalisent ? J'ai beau me reporter au chapitre des « obligations » auquel l'auteur nous renvoie pour compléter sa pensée, elle ne m'apparaît pas beaucoup plus claire. Là, M. A. Menger veut rétablir, dans de certaines limites, « la vertu obligatoire du contrat » qu'il a supprimée quelques pages plus haut ; mais voici comment il entend ces limites : ceux-là seuls parmi les contrats seraient juridiquement valables qui pourraient être pleinement exécutés séance tenante, et qui n'assujettiraient pas pour l'avenir la volonté d'un citoyen à celle d'un autre. Le don d'un bien, un service rendu gratuitement ou immédiatement rémunéré, un échange de biens effectué au moment même de la conclusion du contrat : voilà des actes qui devraient être admis. Au contraire, les contrats de crédit, et en particulier les contrats de prêts seraient nuls dans tous les cas, puisqu'il est de leur essence de créer pour l'avenir une obligation des débiteurs. De même, seraient frappés d'invalidité, dans le plus grand nombre des cas, les contrats de société poursuivant un but lucratif, parce qu'ils ne peuvent presque jamais être exécutés sur-le-champ.

On voit à quoi se réduit, dans la théorie qu'on nous apporte, si peu claire soit-elle dans ses détails, la propriété — si on peut encore employer ce terme — des biens consomptibles. C'est une ombre, un simulacre de propriété.

Celle des biens d'usage appartient exclusivement à l'État, nous l'avons vu, et l'auteur règle en quelques lignes le droit d'usage qu'il laisse aux individus. Il n'est pas même embarrassé par la difficulté, qu'il a cependant signalée, d'établir, dans nombre des cas, ce qui est bien consomptible et ce qui est bien d'usage, ou moyen de production. Et, cependant, la distinction n'est pas aisée, il le constate lui-même. Dans les biens d'usage il institue deux groupes ; le premier, ceux qui comme les rues, places, parcs publics, ponts, ports, peuvent être utilisés en même temps par un nombre indéterminé de personnes sans qu'elles se gênent les unes les autres. Pour ces choses, l'octroi à des individus d'un droit particulier n'est pas nécessaire. Il suffit d'un règlement public pour en déterminer le mode d'utilisation par tous.

Un second groupe est celui des objets qui de par leur nature ne peuvent servir qu'à des individus ou des familles, séparément et successivement : ce sont les logements, y compris les jardins, meubles, livres, objets de parure, etc. « Le droit d'usage concernant ces choses devrait toujours être octroyé à l'individu, d'une manière spéciale, par l'État ou les autres organisations publiques, et ne saurait avoir trait qu'à l'usage et non à la jouissance de récoltes, parce que le bien d'usage, en tant qu'il fournit des fruits, doit être considéré comme étant de la catégorie des moyens de production. » Ainsi on pourra se promener dans son jardin et y cueillir peut-être des fleurs, mais non des fruits. L'auteur le dit textuellement : « on ne doit pas approuver les communautés socialistes qui permettent à leurs membres de s'approprier les produits des jardins fruitiers et potagers rattachés à leurs maisons d'habitation ».

Les moyens de production, nous l'avons vu, ne sont susceptibles ni d'un droit de propriété, ni d'un droit d'usage pour l'individu. L'auteur, il ne faut pas l'oublier, y implique non seulement la terre, l'outillage en général, les moyens de transport, mais encore les matières premières nécessaires à la production, et dans celles-ci il comprend des produits comme le blé et la farine (tandis que le pain serait objet consomptible)[1]. La propriété privée des

1. Autre exemple: « Les combustibles doivent être rangés parmi les biens consomptibles ou parmi les moyens de production, suivant que les *autorités économiques* les auront affectés au chauffage d'un appartement ou à celui d'une machine à vapeur. »

moyens de production, dit l'auteur, forme, avec les obligations, cette partie de notre droit qui concède à un certain nombre de personnes, d'une part la jouissance d'un revenu sans travail et, d'autre part, la souveraineté économique sur leurs concitoyens. Ce sont donc par excellence ces institutions qui impriment à notre société son caractère autoritaire et l'assoient sur l'exploitation de l'homme par l'homme. La conséquence nécessaire est que, dans l'État populaire du travail, des droits spéciaux sur les moyens de production ne peuvent être conférés à aucun individu. Ils seront, par rapport aux individus, en dehors de la sphère des échanges et l'on peut même dire que l'avenir de l'État populaire dépendra de la stricte observation de cette règle juridique.

Elle ne s'appliquera pas d'ailleurs seulement au droit de propriété, mais aussi au droit d'usage. On ne devra pas même accorder à l'individu un droit d'usage sur les moyens de production — ce qui établit une distinction très nette entre ceux-ci et les biens d'usage. « Les moyens de production auront assurément pour but, dans l'État populaire comme de nos jours, de servir aux hommes à produire de nouveaux biens, mais cette utilisation ne constituera qu'un état de fait, et elle n'aura jamais lieu que pour le compte de l'État ou des autres organisations publiques. »

Nous voici au point central du sujet, qui est le rôle de l'État ou des organisations publiques dans la production et la répartition — même momentanée

— des biens ; car on l'a vu, dans la pensée du système, ceux-ci n'existent que produits par les soins de l'État, et ne sont appropriés, dans la faible mesure où on l'admet, que par l'octroi de l'État. Mais que sera cet État créateur et distributeur universel, quels seront ses origines, ses attributs, le principe sur lequel il s'appuiera pour opérer équitablement la distribution soit des emplois, soit des rémunérations ? Tâche immense, invraisemblable, qui effraierait presque une Providence divine, et sur les conditions pratiques de laquelle M. Anton Menger, comme d'ailleurs en général ses prédécesseurs, ne nous fournit malheureusement que des notions très insuffisantes. Comment s'en étonner ? Par suite de leur profonde méconnaissance des réalités de la nature et de l'histoire, le caractère artificiel, chimérique, souvent enfantin, du socialisme collectiviste éclate chaque fois que ses partisans veulent serrer de plus près l'esquisse de l'organisation étatiste qu'ils rêvent ; et ils s'arrêtent d'eux-mêmes — cette ébauche à peine tracée — devant les impossibilités, les contradictions, les anomalies qui sautent aux yeux les moins prévenus.

Essayons cependant de saisir, sous le voile de demi-obscurité qui les couvre, les traits principaux du futur État socialiste, devenu maître absolu, nous l'avons vu, et distributeur tout-puissant de la propriété sous ses diverses formes.

III

Il faut distinguer dans l'État, dans l'État socialiste comme dans tout autre, sa forme et son but. Sur la forme de l'État, M. A. Menger tient volontiers compte — et il faut lui en savoir gré — des conditions historiques, traditions, tempérament du peuple, milieu, etc. Il admet, et la question n'a d'ailleurs pas grande importance à ses yeux, que chez les peuples latins, l'État populaire prendra ou gardera la forme républicaine, et que chez les Anglais et Allemands, le prolétariat consentira à conserver la monarchie sous certaines conditions. Ces conditions seront d'ailleurs radicales, car elles consisteront tout d'abord essentiellement à ce que la puissance souveraine des classes non possédantes soit reconnue tant à la cour que dans l'armée et l'administration, et que ces institutions soient, en conséquence, transformées de fond en comble.

République ou monarchie, M. Menger n'applique que dans des limites restreintes au nouvel État le régime parlementaire. Il admet le système des deux Chambres comme palliatif au penchant à la précipitation dont souffrent également la monarchie et la démocratie : l'une des Chambres devra être élective (comptant parmi ses électeurs et parmi ses élus les femmes), l'autre aristocratique, mais dans le sens étymologique du mot, c'est-à-dire comprenant « non pas les plus inutiles, mais les meilleurs

— les meilleurs vraiment — des citoyens de l'État ».
Les meilleurs, dans la pensée de M. Menger, seront
les plus hauts fonctionnaires de l'État, ceux qui
sont encore en place comme ceux qui sont déjà à la
retraite.

Le pouvoir législatif ainsi constitué (sur des bases
peu démocratiques, dans l'une de ses branches),
sera, d'une part, contenu par le *referendum* populaire pour le vote de certaines lois et, d'autre part,
sera limité dans son action par le droit de décision
directe laissé aux autorités dans une quantité considérable d'affaires. Celles-ci étant de plus en plus de
caractère économique rentreront dans la sphère du
droit administratif et des simples règlements d'État.
Les autorités administratives et économiques seront
soustraites, au point de vue de leur existence, à la
sanction des votes parlementaires. Les Chambres
pourront faire tomber exclusivement celles des autorités qui correspondraient aux fonctions actuelles
de président du Conseil, de ministre de la Justice,
de l'Intérieur, de la Guerre, de la Marine et « peut-
être de l'Instruction publique ». Les directions supérieures des différentes branches de l'administration économique, de l'agriculture, des mines, de
l'industrie, du commerce et des moyens de transport,
devraient au contraire — et c'est un curieux indice
de la réaction qui se fait actuellement contre l'omnipotence parlementaire — être indépendantes du
vote des assemblées.

Or, c'est aux autorités de cette catégorie que
M. Menger réserve la part principale de l'activité de

l'État, celle qui a pour mission de gérer les affaires économiques, production, répartition et consommation des biens et des services. Les autres autorités, « celles de l'ordre », dont les fonctions seraient analogues à celles des tribunaux et des autorités administratives actuelles, verraient leur sphère d'action devenir de plus en plus étroite, vu que les crimes contre la propriété et aussi contre l'État, aujourd'hui si nombreux, ne se produiraient que rarement et que, de son côté, la juridiction civile, qui forme actuellement la partie principale de l'activité des tribunaux, se transformerait en un contrôle administratif. Quant à la police, qui, écrit M. Menger, « depuis la fin du moyen âge, s'est développée sans mesure et a fait de nous peu à peu, en comparaison des hommes robustes de la Renaissance, des infirmes ayant toujours besoin de la protection de l'État, elle pourrait en grande partie disparaître ».

Les autorités économiques, au contraire, verront dans l'État populaire leur situation et leur part d'activité toujours grandir. Ce sont elles qui devront prescrire à chacun la quantité et le genre de travail qu'il aura à fournir, et régler la répartition des biens et des services entre les citoyens. Elles devront être considérées comme des autorités publiques auxquelles tout membre de la société devra provisoirement obéir, quitte à porter plainte ensuite auprès des autorités économiques supérieures ou auprès « des autorités de l'ordre ».

L'auteur, on le voit, établit entre les autorités économiques une hiérarchie. Il les aperçoit, dans les grands États, s'échelonnant en quatre instances, depuis la commune, qui est le premier échelon nécessaire, jusqu'aux autorités centrales. Pour lui, la commune est le substrat normal de la propriété et de l'activité économique, sous forme de socialisme municipal. Celui-ci constitue, tout d'abord, une excellente transition entre le régime de l'initiative individuelle, qui est le nôtre, et l'organisation communiste. Dans l'État populaire, la qualité de membre de la commune, qui ne confère aujourd'hui, sauf exception, que des droits politiques, constitue pour tous les citoyens la base de leur existence écomique. En effet, c'est elle qui crée pour eux, vis-à-vis de la commune, le droit à la vie et le devoir de travail corrélatif.

De là, une première et grave difficulté. Dans l'État populaire aussi bien et beaucoup plus que dans le nôtre, puisque l'intérêt des migrations serait doublé par l'importance des avantages qui en résulteraient, certains citoyens et leurs familles seraient entraînés à se transporter hors de leurs communes natales dans d'autres communes : les autorités économiques vont-elles leur laisser cette liberté qui est grosse de conséquences pour leur responsabilité, puisqu'elles ont la charge de toute nouvelle existence? Non, répond nettement M. Menger, le passage d'une commune à une autre ne sera permis, en règle générale, que lorsque la commune, dont un membre voudra sortir, le relèvera de son devoir de travail, et que la commune où il voudrait entrer lui conférera le droit à la vie. Ce n'est qu'à titre d'exception que les autorités supérieures pourraient passer outre. L'auteur ne se dissimule pas qu'il reconstitue ainsi une sorte de *moyen âge économique* avec son morcellement de bourgs fortifiés, mais il lui paraît une transition nécessaire vers une organisation plus universelle qui luit comme un idéal à l'horizon socialiste, mais qui est encore dans les secrets de l'avenir. D'ailleurs, en général, la limitation des libertés individuelles ne le préoccupe pas. Suivant lui, l'antagonisme entre dirigeants et dirigés se manifestera toujours avec bien plus d'acuité dans l'état du travail que dans la société présente, parce que son activité s'étendra à tout le domaine économique et que le domaine économique est fertile en inégalités nécessaires.

Parmi ces organes dirigeants, un des plus importants sera celui des « groupes de travail », qui dans les communes importantes, et nommés par les autorités communales, se substitueront à celles-ci dans la direction des travaux corporatifs. Les chefs du groupe de travail seront responsables de l'exécution du travail du groupe ; mais ils auront aussi le droit de frapper de peines disciplinaires ceux des membres de ce groupe qui se montreraient paresseux ou réfractaires. Les mêmes pouvoirs seront conférés à la commune lorsque celle-ci dirigera directement le travail. « Je sais fort bien, déclare M. Menger, qu'une pareille constitution autoritaire du travail donnera difficilement satisfaction aux tendances démocratiques de la classe ouvrière. Mais la constitution de l'État et celle du travail doivent être appréciées d'après des règles entièrement différentes. » Je n'aperçois pas pour ma part en quoi cette différence sera goûtée par la classe ouvrière. Le juste souci que l'auteur a de la conservation de la discipline, nécessaire aux succès de toute opération industrielle, lui fait accepter avec une facilité extraordinaire, en principe du moins, les combinaisons d'État les plus autoritaires, d'autant plus autoritaires qu'en l'absence presque complète de propriété privée les sanctions pénales seront à peu près généralement des châtiment corporels. A ce point de vue il condamne les associations ouvrières à direction démocratique réclamées par Louis Blanc et Lassalle, ces deux principaux représentants du socialisme de groupe, dans lequel ce n'est pas l'État ou la commune mais l'atelier social qui apparaît comme étant le support de la propriété et de l'activité économique. Dans l'esprit de l'écrivain, le groupe de travail cadrera mieux avec les vues autoritaires de l'école saint-simonienne qu'avec celles des partisans des associations ouvrières suivant la conception de 1848. Mais si ce sont là ses préférences théoriques, il ne leur donne guère de sanction pratique dans l'organisation de ses autorités économiques, au point de vue de leur origine ni de leur mode d'élection.

Le saint-simonisme, dont M. Menger s'inspire si souvent (M. Ch. Andler dans sa préface va jusqu'à appeler son livre un *Néo-saint-simonisme*) a été avant tout une religion ; et comme toute religion il a abouti à l'idée d'un clergé, d'un clergé en harmonie avec les besoins, les aspirations et le niveau scientifique de la société qu'il devait diriger, mais trouvant dans l'amour même de ses fidèles l'autorité supérieure qui lui était nécessaire pour se faire obéir. Cette conception de la hiérarchie a été à la fois la grandeur logique et la faiblesse pratique de l'école. M. Menger, qui aperçoit l'impossibilité de recommencer l'expérience saint-simonienne de la fondation d'un dogme en plein xx° siècle, se fait l'étrange illusion de pouvoir constituer, sur des bases rationnelles et démocratiques, une autorité dirigeante analogue à celle que les saint-simoniens voulaient faire surgir d'une conception religieuse. Quant à justifier cette confiance par des indications un peu complètes sur la façon dont seront désignées ses autorités sociales, ni comment répartis leurs pouvoirs et leurs fonctions, l'auteur n'en a cure, et c'est une des plus étranges lacunes de son livre que celle qui laisse dans une presque totale obscurité ce qui devrait en être comme la position centrale et maîtresse. Entre l'élection par les citoyens, la désignation après examen, la nomination directe par les autorités supérieures, et même le simple tirage au sort, il flotte, en constatant les avantages et les inconvénients de chaque système, et sans s'arrêter à rien de plus précis que l'indication générale suivante : « La formation de l'organisation hiérarchique, dans l'État populaire du travail, se présente à nous à peu près de la manière suivante : La répartition des citoyens entre les différentes professions tiendrait compte d'une manière générale de la profession des parents ; mais il faudrait autant que possible prendre en considération les désirs individuels qui iraient dans un autre sens. Pour entrer dans les carrières supérieures, il faudrait avoir témoigné pendant les années d'étude d'une activité intellectuelle énergique : quant à l'avancement, il se ferait, suivant les professions, par voie d'élection ou de nomination... Plus tard on pourrait recourir aussi, pour la constitution de l'organisme économique, au tirage au sort. »

Nous voilà bien édifiés sur le point capital de toute la théorie qui est la source d'où les autorités sociales, maîtresses de l'entière activité sociale, tireront leurs prestige ou leur puissance, et les moyens dont elles disposeront pour les faire prévaloir ! L'auteur les charge des responsabilités les plus lourdes, les plus délicates, des fonctions les plus universelles, et ni par leur origine, ni par les armes légales qu'il met entre leurs mains, il ne leur assure le respect. Au contraire, il les affaiblit : Un des premiers devoirs de l'État socialiste, une fois solidement établi, dit-il, sera d'atténuer considérablement la punition des crimes contre l'État. De même les délits contre les propriétés seront châtiés avec beaucoup plus de douceur, non seulement parce que la puissance des classes possédantes aura pris fin, mais encore parce que le droit à la vie que posséderont les citoyens fera disparaître le principal motif des actes dirigés contre la propriété. En revanche, le devoir universel de travail donnera naissance à une nouvelle et nombreuse catégorie de délits ; mais, là encore, l'auteur ne précise rien, ni sur les moyens de faire respecter la discipline sociale, ni même sur l'organisation générale de la production dont elle devrait être la sauvegarde, si d'abord cette organisation pouvait exister et se présenter sous une forme tangible.

IV

L'auteur rattache en principe cette organisation à une vaste opération préliminaire qui serait le rachat de la grande propriété non seulement foncière, mais industrielle, commerciale et financière, moyennant « une rente viagère modeste, mais suffisante pour leurs besoins légitimes », allouée aux possesseurs actuels et à leurs descendants déjà existants. La question la plus importante, écrit l'auteur, serait de savoir où devront être tracées les limites de la grande propriété et, par suite, celles du rachat. La réponse, suivant lui, serait variable selon les pays, et l'état d'équilibre des forces des divers facteurs politiques.

Quoi qu'il en soit de ces proportions variables, le Gouvernement disposerait en tous cas d'une grande quantité de biens consomptibles, de biens d'usage et de moyens de production répandus sur toute l'étendue du territoire. Cette masse énorme de biens lui permettrait de fonder partout, — au début, par des moyens autoritaires, — des communes socialistes et de submerger sous les éléments socialistes le régime du droit privé. A côté de la grande propriété passée sous le régime du droit socialiste, la moyenne et la petite propriété continueraient d'exister provisoirement dans les formes du droit privé. Ce

n'est que quand les formes du droit socialiste auraient été éprouvées au cours d'une longue pratique,
qu'il serait avantageux de procéder aussi à la socialisation de la petite propriété.

Voilà donc les moyens de production de quelque
importance passés aux mains des communes et cellesci devenues dans la personne de leurs représentants
les organisatrices du travail social. Une curiosité bien
naturelle à l'esprit du lecteur serait de savoir sur
quels principes et par quels procédés elles vont régler
cette organisation qui leur est confiée. Car de là va
dépendre le sort de la réforme sociale imaginée par
l'auteur, la prospérité ou la misère, l'harmonie ou le
désaccord persistant et probablement mortel, du
futur État socialiste. Eh bien! une déception profonde attend encore ici ce lecteur curieux. Il semble
que les préoccupations spécialement juridiques de
l'auteur l'aient attiré exclusivement vers les questions
de répartition des biens et ne l'aient jamais entraîné
du côté des questions de production. C'est, du reste,
un penchant commun à la plupart des réformateurs
sociaux, de faire du problème économique un problème de partage, au lieu d'y voir, ce qu'il est avant
tout, un problème de création des richesses. Il semble
que celle-ci va continuer à se réaliser d'elle-même,
sans les mobiles et les ressorts qui l'ont jusqu'ici
excitée et développée, sans le désir du gain individuel,
sans la garantie de l'appropriation, sans le sentiment
de la perpétuité incarné dans l'héritage, sans l'initiative et l'esprit d'invention et d'organisation des
entrepreneurs encouragés par l'espoir du bénéfice,

sans la discipline nécessaire et la coordination que
ceux-ci font subir à l'armée industrielle, sans tout cet
ensemble de conditions sociales, psychologiques et
technologiques, qui sont le résultat d'une évolution
humaine et auxquelles, malgré ses lacunes et ses
défaillances, assurément douloureuses, la civilisation moderne doit ses merveilleuses conquêtes. Tout
cela pour les esprits juridiques socialistes est non
avenu. Trompés par le prodigieux spectacle de prospérité industrielle sans cesse croissante qu'ils ont
sous les yeux, et n'en ayant pas compris le moteur
vital, qui est l'initiative individuelle, ils semblent se
figurer qu'il y a là un mécanisme de production tout
monté et que n'importe quel mécanicien n'aura qu'à
laisser fonctionner pour qu'il continue à effectuer
son labeur fécond[1]. Hypnotisés par le désir d'assurer
une distribution équitable, dont le principe n'est,
d'ailleurs, même pas éclairci, — car l'auteur hésite
sans cesse entre deux systèmes contradictoires, le
système *subjectif* de répartition qui accorde tout aux
besoins et le système *objectif* qui fait varier la rémunération suivant le travail effectif produit[2], — les
autorités économiques prévues par M. Menger ne
sont pourvues par lui d'aucun des stimulants qui
aujourd'hui, aux mains des entrepreneurs, augmentent le capital social, lui donnent les destinations

---

1. C'est spécialement, nous le rappelons plus loin, la théorie du *syndicalisme* moderne.

2. M. A. Menger a longuement traité cette question des systèmes
contradictoires de répartition dans son ouvrage sur le *Droit au produit intégral du travail,* que nous avons analysé plus haut.

voulues en accord avec les besoins économiques devinés et mesurés par leur sagacité, au risque, s'ils se trompent, d'aboutir à une perte. Dans le système rigide auquel on les astreint, elles devront même se demander, suivant l'indication de l'auteur, si elles auront le droit de permettre à l'individu qui en fait la demande de travailler pendant une durée supérieure à celle que fixent les prescriptions générales, afin de satisfaire, à l'aide du produit du travail supplémentaire, des besoins plus délicats ou plus étendus. Certains socialistes, écrit-il, veulent accorder à l'individu toute liberté en ce sens, et lui-même est, dans une certaine mesure, favorable à ce que les citoyens puissent pourvoir, par un travail accru, à des besoins accrus. Mais l'administration de l'État populaire, ajoute-t-il, ne devra jamais oublier qu'une consommation trop raffinée peut devenir aussi funeste à son caractère démocratique que l'est dans notre société actuelle l'accumulation de la propriété foncière et capitaliste.

Voilà à quoi se bornent les préoccupations de l'auteur au sujet des effets qu'aurait, sur la production, son *étatisation*. C'est dire à quelle distance on se trouve avec lui, de quoi que ce soit qui ressemble à une organisation pratique de la création des biens, indispensables, non seulement à toute civilisation un peu avancée, mais même à la conservation de l'existence et d'un bien-être rudimentaire dans une humanité quelconque. Lorsqu'il prétend qu'il n'a proposé, pour opérer la transformation de l'état du travail, que des moyens déjà éprouvés par la pratique sociale et politique des siècles passés, il est victime d'une étrange illusion, ou il joue avec les mots. Des révolutions purement politiques, c'est-à-dire des transferts de puissance politique, ont pu être opérées de la façon qu'il indique dans le passé ; mais il ne s'est jamais opéré par ces moyens-là de transformation générale aussi radicale et profonde dans les instincts, dans les mobiles, dans les conditions de travail et d'activité de l'humanité, que celle qu'il envisage. Les plus complètes qui se soient réalisées parmi des modifications de ce genre se sont produites sous l'influence et par l'action des religions ; or, tout en reconnaissant l'étendue de l'empire des religions dans le passé — et, par là, il est souvent plus large que le marxisme, M. Menger ne croit pas à leur restauration dans l'avenir. Il se fie uniquement sur la vertu de l'État rationnel et administratif pour opérer des miracles. Il pousse le culte de l'État si loin que, même son commentateur et admirateur, M. Ch. Andler, trouve qu'il l'exagère. « Le sacrifice de toutes les libertés contractuelles et sociétaires, celui de la liberté domiciliaire et de la liberté syndicale, voilà, s'écrie celui-ci, des conséquences sujettes à conteste du principe d'autorité impérative qui règne dans la gestion socialiste imaginée par Menger. Ses systèmes de socialisation autoritaire, de création autoritaire des communes, de répartition étatiste, de justice administrative, sont des excès de traditionnalisme politique... » J'aurais voulu que M. Andler étendît sa critique au régime de production économique à peine esquissé par l'auteur allemand et qui doit être l'aboutissant de son système social : mais comme presque tous les écrivains socialistes, et comme M. Menger lui-même, il s'arrête à l'extérieur du problème, à sa face de justice ou de philanthropie et ne pénètre pas jusqu'au cœur, qui est l'organisation pratique et réalisable de la production. Il se contente, comme témoignage final, de dire que ce livre « tout en posant plus de problèmes qu'il n'en résout d'une manière convaincante, est venu à son heure ». — Je suis tout à fait de son avis. Les critiques du socialisme se trouvent trop rarement en face d'essais de construction sociale, où l'auteur, abandonnant le point de vue critique, se place sur un terrain positif et synthétique. C'est une bonne fortune pour eux quand un écrivain aussi documenté, érudit et compétent que Anton Menger, s'aventure sur ce terrain et ose présenter une vue d'ensemble, si incomplète et fuyante soit-elle, de ce qu'après avoir résumé tout ce qu'il a aperçu de plus pratique dans les écrits de ses prédécesseurs, il conçoit comme étant la réalisation d'un collectivisme d'avenir. Qu'un simple critique, rassemblant les traits épars des divers systèmes, ait l'audace d'en tirer quelque chose qui serait conforme à l'ébauche étrange que M. Menger a mise sous nos yeux : on crierait à la caricature. Quand c'est Anton Menger qui a signé le portrait, on ne peut pas dire qu'il ne soit pas ressemblant. Et s'il lui manque les caractères essentiels de la vie, il faut en conclure que c'est parce qu'ils font défaut au modèle lui-même.

LES IDÉES SOCIALISTES EN FRANCE
DE 1815 A 1848[1]

Depuis le revirement qui s'est produit contre le marxisme, et qui paraît bien définitif, étant appuyé sur une étude plus approfondie de la doctrine et de l'analyse des faits, l'étude des publicistes revient volontiers vers le socialisme français d'avant 1848, qu'on a appelé « utopique » et qui mérite mieux le nom d' « idéaliste » que lui donne M. G. Isambert. Il a eu tort d'y ajouter l'épithète de « solidariste », qu'il emploie souvent en parlant des écoles ou des réformateurs qui vont de 1830 à la révolution de Février. C'est un néologisme, relativement très récent[2], et que n'aurait probablement compris aucun des écrivains dont il qualifie ainsi les écrits. « Solidarité » même au sens social, n'a guère été employé avant Pierre Leroux. Il n'existe pas, je crois, une seule fois dans les livres saint-simoniens, ni même dans ceux de Fourier. Quant au « solidarisme »,

1. Par M. Gaston Isambert (1905), 1 vol. in-8.
2. Voir plus loin notre étude sur la *Solidarité* et le *Solidarisme*.

c'est un système né d'hier qui prétend se tenir dans son entier, qui part de la « dette sociale » et du « quasi-contrat » pour aboutir à une sorte de morale nouvelle sanctionnée par des mesures d'État ayant en vue d'obliger les plus favorisés de l'ordre social à s'acquitter par des sacrifices vis-à-vis des moins favorisés. Il faut lui laisser son individualité, et ne pas confondre ses conclusions de réformes étatistes avec les visées beaucoup plus vastes, beaucoup plus rénovatrices dans un sens général, des réformateurs ou des rêveurs de la première moitié du xixe siècle.

A ce point de vue, M. Isambert aurait mieux fait de s'en tenir à l'analyse en quelque sorte objective des systèmes qu'il voulait étudier, et de ne pas chercher, autant qu'il l'a tenté, à relier le mouvement des idées d'avant 1848 à nos propres courants d'opinions ou d'aspirations contemporaines. L'historien doit rester avant tout dans l'histoire, et ne se servir du présent que pour mieux comprendre le passé. S'il veut encore chercher dans celui-ci des arguments en faveur de telle ou telle réforme actuelle, il risque bien d'affaiblir l'impartialité de son enquête historique et même d'oblitérer en lui-même l'intelligence des faits anciens. C'est plutôt une étude profonde de ces derniers, et non seulement dans le domaine social proprement dit, mais dans l'évolution entière des idées et des institutions, qui est nécessaire pour donner aux systèmes ou aux doctrines dites *socialistes* du passé leur valeur relative réelle, pour en comprendre l'origine, l'épanouissement partiel, l'échec, et la survivance dans un certain nombre d'esprits et de cœurs. L'histoire du socialisme ne peut être qu'un morceau de l'histoire générale : sans quoi l'auteur est amené à consacrer trop de place à des essais mort-nés, à des écoles sans retentissement véritable ; et même lorsqu'il touche à celles qui ont eu plus d'éclat et qui ont porté des fruits plus durables, il a de la peine à séparer en elles ce qui a été le résultat passager de telle ou telle influence politique et sociale, et ce qui est resté vraiment vivant et d'accord avec les tendances générales de l'évolution civilisatrice.

M. Isambert a bien compris ce point de vue en cherchant à mettre en relief, au début de son livre, les causes profondes qui, après la Révolution, l'Empire et les premières années de la Restauration, ont amené la première germination, puis l'explosion des idées socialistes. Mais dans cette vaste analyse j'aurais voulu qu'il s'attachât à préciser, plus qu'il ne l'a fait, les sources où le socialisme d'avant 1830, et notamment son premier auteur Saint-Simon, a puisé son caractère particulier. Ce caractère n'est celui d'aucun des mouvements communistes ou socialistes anciens que M. Isambert énumère comme s'étant produits depuis Platon jusqu'au xviiie siècle et la Révolution, « toutes les fois qu'un certain courant d'idées réformatrices a coïncidé avec une grande accumulation de richesses dans un petit nombre de mains ». C'est là une « coïncidence » qui s'est réalisée un bon nombre de fois dans l'histoire ; mais peut-on dire qu'elle fût particulièrement sensible vers 1820 ? En tous cas elle aurait engendré un socialisme analogue aux mouvements du même genre qui se sont produits depuis l'antiquité, tandis que le socialisme d'après la Révolution a un aspect à la fois scientifique, industriel et religieux qui ne s'explique que par l'influence du xviiie siècle, la réaction contre le féodalisme, suite de la Révolution, et la renaissance de la tradition chrétienne après les violences révolutionnaires. Le xviiie siècle a légué au socialisme son idée de la perfectibilité par la science et l' « industrie » ; l'antiféodalisme de 1789 s'est traduit en condamnation « des oisifs et des stériles », d'où est née l'attaque contre la rente et plus tard contre l'héritage ; le christianisme renaissant a imbu la nouvelle doctrine de son principe d'organisation hiérarchique et de son esprit de sentimentalité. Ce sont là, je crois, les trois lignes maîtresses du nouveau socialisme que Saint-Simon aurait volontiers vu appeler un « nouveau christianisme », d'après le titre même donné à un de ses derniers écrits. On sait combien elles se sont conservées, accentuées et développées dans l'École saint-simonienne. M. Isambert, qui trace de tout ce mouvement de doctrines et d'idées un tableau suffisamment juste, aurait pu, je crois, insister plus qu'il ne l'a fait sur les traits essentiels de cette partie de son sujet.

Il aurait pu de même marquer avec plus de précision l'influence qu'ont eue les événements politiques extraordinaires dont Henri Saint-Simon avait été le témoin, sur les diverses périodes de sa vie et de sa pensée. Ce fils de l'aristocratie et du xviiie siècle a vu et vécu successivement l'Ancien Régime, 1789, la Terreur, l'Empire, ses catastrophes, le réveil du libéralisme, la Restauration : c'est avant tout un observateur, et, comme le dit bien M. Isambert, un réformateur non métaphysicien, mais opportuniste. Si on ne divise pas son œuvre en époques correspondantes à celles pendant lesquelles elles ont été écrites, elle apparaît comme un inextricable chaos. Le désordre qui semble exister dans ses écrits n'existait pas au même point dans son esprit ; mais il voulait être écouté et variait ses appels de publiciste suivant les courants d'événements et d'opinions. Ceux-ci ayant, en soixante ans, offert tous les contrastes possibles, il n'est pas étonnant que celui qui a voulu se mettre chaque fois au diapason ait souvent changé de ton. Son esprit souple, tout en conservant l'unité de son inspiration de fond, s'adaptait d'ailleurs aisément à l'évolution des faits et, comme devait le faire l'École plus tard, cherchait à régler sur ceux-ci sa ligne politique et sociale, marquant ainsi, d'accord avec Auguste Comte, le caractère essentiellement *positif* de ses enseignements.

Sous des apparences souvent mystiques ou déclamatoires, ce caractère a toujours subsisté dans la doctrine de fond de l'École. Sur bien des points il a fallu le reculement et l'expérience des faits pour en convaincre les incrédules. La justesse de ses prédictions sur les progrès de l'œuvre industrielle et de l'exploitation scientifique de la planète a vite été justifiée par le merveilleux mouvement de la seconde moitié du XIXe siècle, et dans ce domaine l'histoire a été l'éclatante apologiste de la doctrine[1]. Sur d'autres points, l'École saint-simonienne a vu et dénoncé le mal social avec une singulière clairvoyance ; mais elle a cru à des remèdes chimériques précisément parce qu'elle a établi un enchaînement trop rigoureux entre des faits déplorables et les invincibles penchants de la nature humaine auxquels ils se rattachaient. Vouloir résoudre par exemple les problèmes effroyablement complexes des rapports des sexes sans tenir compte de toutes sortes de scrupules, de sentiments, de répugnances d'âme et de conscience, c'était se heurter à un échec certain, et l'École n'a pas manqué de s'y briser. Elle a de même péché par excès de raisonnement logique en voulant organiser une hiérarchie religieuse analogue à celle de l'Église sans la base de foi et de croyance qui avait fait vivre celle-ci ; et là également elle a échoué dans ses aspirations pratiques.

Ce désir de positif est encore, malgré l'aspect extérieur, celui du système de Fourier, et en a fait, en dépit de ses bizarreries et de ses incohérences, la vitalité relative. M. Isambert le remarque avec exactitude : Fourier, écrit-il, n'a formulé aucune théorie morale proprement dite. Il trouvait que la morale traditionnelle enseigne à l'homme à être en guerre avec lui-même, à résister à ses passions.

---

1. Cf. *Les Saint-Simoniens et les chemins de fer*, par M. Wallon (*Annales des Sciences politiques*, 1908).

Tous les caprices philosophiques appelés devoirs n'ont, disait-il, aucun rapport avec la nature. C'est sur celle-ci qu'il veut fonder une éthique opposée aux morales anciennes. Il croit pouvoir tirer du libre jeu des inclinations et des passions elles-mêmes une organisation sociale assurant le bonheur humain. Qu'il y ait dans ses idées infiniment de chimère et dans ses moyens d'exécution beaucoup de puéril ou de ridicule, personne ne peut le nier. Que tant d'hommes éclairés se soient enflammés pour les uns et pour les autres, c'est preuve que, sous ce débordement d'imagination mal réglée et le vocabulaire extraordinaire et mal venu qui cherchait à l'interpréter, subsiste une divination juste des mérites de l'association libre et des merveilles qu'elle peut produire parmi les hommes.

Après Saint-Simon, les Saint-Simoniens et Fourier, dont les doctrines ont eu certainement sur la tendance générale des esprits et même à l'étranger une grande influence [1], M. Isambert accorde, à mon avis, une place excessive à des penseurs ou à des réformateurs isolés dont les uns, comme Sismondi ou Villeneuve-Bargemont, ne peuvent guère être

---

1. L'auteur fait ressortir avec raison que la théorie de la plus-value de Marx et la lutte générale du collectivisme contre la rente et la concentration du capital ont leur origine dans les Saint-Simoniens, Sismondi et Proudhon. Il faudrait seulement éclaircir quelle a été l'influence des Anglais sur les premiers. Cf. A. Menger, *Du droit au produit intégral du travail*, ch. II et suivants, et Élie Halévy, *La doctrine économique des Saint-Simoniens* dans la *Revue du mois*, 1908. Je rattache aux Saint-Simoniens Pierre Leroux et Buchez, à qui M. Isambert consacre beaucoup de pages. Ils ont été tous deux, M. Isambert le reconnaît, très vagues dans leurs applications.

classés parmi les socialistes, bien que les socialistes leur aient pris des arguments, dont d'autres, comme Pecqueur, sont restés inconnus de leur vivant, dont d'autres encore, comme Proudhon, que chacun cite aujourd'hui en le tirant à soi, pour profiter de son éloquence et de son éclat d'argumentation, se sont trop contredits eux-mêmes et ont été trop incohérents pour avoir exercé une action constante et homogène sur le mouvement socialiste. Ils doivent tenir leur rang dans une histoire générale des idées pendant la première moitié du xix⁰ siècle. Je ne pense pas qu'on puisse faire de certains d'entre eux des ancêtres du socialisme proprement dit[1]. A force de vouloir élargir celui-ci jusqu'à embrasser toutes les visées de réformes philanthropiques ou toutes les protestations qui se sont produites contre l'ordre social, on finit par perdre de vue le but spécial que M. Isambert assigne avec raison au socialisme : une répartition plus satisfaisante pour la majorité, et provoquée par des mesures d'État, de la masse des biens.

A ce socialisme-là M. Isambert mêle constamment, avec une impropriété de termes que nous avons déjà signalée, ce qu'il appelle le *solidarisme,* et il le fait avec beaucoup de générosité dans l'esprit, mais aussi d'illusions sur les bienfaits des interventions légales. En tout cas il ne faudrait pas confondre les deux histoires, ni sembler croire que le com-

---

1. Sur Proudhon, cf. *Le Centenaire de Proudhon,* par Ed. Berth, *Mouvement socialiste,* janvier 1909, et Berthod, *L'attitude sociale de Proudhon,* dans le *Bulletin de la Révolution de 1848,* janvier 1909.

munisme de Cabet ou le collectivisme de Pecqueur ont des liens d'antécédent à conséquent avec nos lois sur la liberté des coalitions, des syndicats, ou le développement de nos mutualités et de nos coopératives. Le mouvement général du siècle et de l'esprit de liberté a produit cette émancipation, et engendré ces heureux résultats de l'association spontanée. L'organisation de contrainte imaginée par les collectivistes aussi bien Français qu'Allemands est justement en travers de ce développement libre, et ceux qui veulent le succès de l'un ne peuvent pas ne pas voir les dangers de l'autre. Il y a sur ce point du vague dans l'humanitarisme de M. Isambert, comme il y en a dans l'esprit de beaucoup de nos contemporains, et, je dois le dire, dans l'esprit de beaucoup de ceux qui nous ont précédés. Il commet aussi la double erreur où ont été entraînés un grand nombre de protestataires contre l'ordre social né du développement de la production : il se figure et il affirme que ce développement s'est fait uniquement au profit des classes déjà riches, et que les moins fortunés n'en ont pas eu leur part. C'est là une constatation absolument contraire à la réalité des faits dans leur généralité. L'amélioration réalisée est évidemment très insuffisante, mais de l'aveu même des socialistes éclairés et impartiaux (Sydney Webb, Vandervelde, Bernstein, etc.) elle existe et est déjà considérable.

M. Isambert n'attache pas d'autre part assez d'importance aux conditions primordiales de la production des richesses, production d'où en somme dépend tout le bien-être humain. Ces conditions de liberté, d'initiative, d'ardeur au gain, de concurrence qui ont fait la prospérité industrielle actuelle entraînent évidemment beaucoup d'inconvénients : mais vouloir les étouffer sous trop d'entraves législatives, c'est risquer d'étouffer du même coup l'esprit d'entreprise qui est en somme actuellement le pivot, merveilleux dans son efficacité, de notre activité productrice. J'ai plus de confiance, pour en combattre les effets excessifs, dans les libres groupements d'ouvriers ou de consommateurs que dans l'intervention de l'État réclamée par le *solidarisme*. Celui-ci, au point de vue de la paix sociale, porterait de meilleurs fruits en restant sur le terrain de l'ancienne *solidarité*, qui avait été nettement aperçue par les premiers socialistes du siècle, et qui faisait appel aux sentiments et non à la contrainte. Ce côté idéaliste, souvent religieux, du socialisme français à son aurore, ne saurait trop être mis en relief, et M. Isambert aura rendu service en l'opposant une fois de plus aux doctrines de haine et de « lutte de classes » du marxisme allemand ; mais il accepte trop facilement la substitution de l'État démocratique moderne à ces autorités sociales, à ce clergé scientifique, à ces diverses hiérarchies auxquelles avait recours l'ancien socialisme pour remplacer par l'organisation et l'harmonie le régime de liberté et de concurrence. Chimère pour chimère, je ne crois pas plus réalisable le rêve des Saint-Simoniens, des supérieurs recherchés et institués par l'amour de leurs frères, que celui d'une bienfaisante contrainte exercée par les pouvoirs issus du suffrage universel et devant se retremper périodiquement dans le vote populaire ; mais il faut choisir, et ne pas attribuer à des autorités sociales de sources aussi différentes une influence et une efficacité du même ordre.

les pouvoirs issus du suffrage universel et devant se retremper périodiquement dans le vote populaire ; mais il faut choisir, et ne pas attribuer à des autorités sociales de sources aussi différentes une influence et une efficacité du même ordre.

LE SOCIALISME A L'ŒUVRE [1]

I

C'est un bien vaste programme qu'ont voulu remplir M. Georges Renard et ses collaborateurs MM. Berthod, Fréville, Landry, Mantoux et Simiand.

M. Renard parle du « champ immense qu'ils ont parcouru », il faudrait parfois dire : effleuré. Quand on jette un coup d'œil sur la table des matières, on s'aperçoit que c'est tout l'ordre social, économique et moral que les auteurs ont tâché de sonder, où ils ont recherché ce qui devait être transformé, — et en quoi devaient consister les transformations — pour aboutir à un socialisme dont la devise serait : « maximum de bonheur pour tous et maximum de justice entre tous ». Cet idéal, les auteurs sentent qu'il ne pourrait être réalisé d'un coup de baguette, et ils ne travaillent pas comme ils le disent pour l'an 3 000 : mais ils savent déjà que pour y parvenir, « il faut universaliser la propriété, non pas en la morcelant, mais en réduisant la propriété privée aux

1. Un volume par M. Georges Renard et plusieurs collaborateurs. — *Études socialistes*, par J. Jaurès. — *La Crise socialiste*, par E. Fournière.

objets d'usage personnel, en déclarant indivises les autres propriétés et en partageant entre tous les membres de la Société... le revenu de ce patrimoine collectif — que d'autre part, pour assurer en même temps la vie et le progrès de la Société entière, il faut régler la production sur la consommation, en augmentant la première afin d'augmenter la seconde ».

Les conclusions du livre sont, on le voit, franchement collectivistes, et elles ne donneraient guère d'intérêt ni d'originalité au volume, si celui-ci, se différenciant de tant de ses congénères, n'abordait dans un esprit qu'on pourrait appeler *Fabien* (d'après l'école anglaise de même nom qui n'est pas d'ailleurs citée, je crois, par les auteurs), l'examen des nombreuses et immenses questions que soulève le plan de réformes qu'il contient. Cet esprit *Fabien* consiste à partir de la réalité, à tâcher d'interpréter dans le sens des possibilités futures les faits nouveaux même à leur début, et à conclure des demi-réalisations à des réalisations plus complètes.

Le difficile est d'appliquer la méthode avec clairvoyance et sans se laisser entraîner, pour passer du présent au futur, par des préférences de sentiment ou de doctrine. L'école Fabienne anglaise n'a pas été à l'abri de ces entraînements et je ne puis dire que les auteurs du présent livre les aient habituellement évités. Loin de là, les conclusions collectivistes auxquelles ils sont arrivés et qu'ils mettent en relief dès le début de leur volume, le prouvent. Mais ils ont eu du moins le mérite de passer en revue successivement et une à une les institutions sociales et économiques qu'ils voudraient corriger, et rien que le fait de cet examen méthodique et analytique les a forcés à reconnaître, presque dans chaque cas, les racines profondes que ces institutions avaient dans la nature humaine telle qu'elle est. Supposée réformée, dans un État déterminé, par l'éducation démocratique et rationnelle (ce qui est déjà une hypothèse fort lointaine et incertaine), cette nature humaine se retrouve dans la vaste Société internationale dont chaque pays est actuellement plus ou moins solidaire et dont il ne peut, vu l'enchevêtrement des intérêts, détacher ni ses mœurs ni ses règlements. A chaque moment, dans la discussion des réformes désirables, les auteurs viennent se buter contre la difficulté des organisations étrangères, et la nécessité, pour résoudre les problèmes, d'arrangements internationaux encore bien peu à prévoir. Ce sont ces contacts forcés avec la réalité qui font le véritable intérêt de ce volume où l'habitude de l'analyse chez les auteurs les a amenés sur bien des points à des réserves, ou à des accommodements peu en honneur habituellement chez les écrivains socialistes. Il aurait suffi qu'ils appliquassent plus à fond la méthode critique et en tenant encore plus compte des faits réels et de la valeur des mots, pour qu'ils modérassent beaucoup leur programme réformiste. Tout en secouant le joug de Marx, ils ne se détachent pas assez de ses prémisses : l'infériorité forcée et toujours croissante des salariés vis-à-vis du capital. Ils opposent *un* travailleur isolé et faible au capitaliste pourvu de richesse acquise : c'était bon au temps de l'interdiction des grèves et des coalitions, et ce n'est plus en vrai en temps de syndicats et d'unions' ouvrières. Toute la base du socialisme ouvrier s'écroule si l'on veut bien tenir compte de ce changement complet survenu dans les rapports du travail et du capital. Elle s'écroule encore plus si, au lieu d'attribuer les fruits de la production au travail, on veut, comme le font nos auteurs, — dans un esprit plus vraiment collectiviste — les répartir à la collectivité entière. Là commencent des difficultés que M. Renard et ses collaborateurs ne parviennent pas naturellement à résoudre, et au milieu desquelles ils se contentent d'indications bien vagues. Qu'est-ce que la collectivité ? Le groupe, la commune, la province, l'État, l'Europe, l'humanité ? La véritable, la seule justice serait que ce fût l'humanité : sans quoi certains groupes deviennent monopoleurs vis-à-vis des autres et les exploitent. Naturellement, les auteurs ne vont pas jusque-là et se contentent, sur des bases mal définies, d'un partage entre l'État et les communes. D'ailleurs, ce partage ne porte pas sur tous les biens. Les auteurs empruntent à A. Menger — sans le nommer — ses idées sur la distinction des biens, et se livrent comme lui à un opportunisme difficile à faire passer dans la pratique. On pourrait aisément montrer combien dans leurs différentes combinaisons sociales la justice, qu'ils invoquent comme pôle directeur, est à chaque instant au moins aussi sacrifiée que dans l'organisation actuelle. Ainsi, quand ils arrivent à la rémuné-

ration des fonctionnaires sociaux, ils relèguent aux
derniers rangs les moins capables et donnent la pré-
éminence suivant les services rendus. C'est d'une
bonne administration : mais en quoi est-ce juste?
Il faudrait pour être juste, récompenser le mérite,
c'est-à-dire l'effort et non les dons gratuits de la
nature. En mettant courageusement l'intérêt social
en relief comme but à atteindre par l'organisation
sociale, les auteurs se condamnent à laisser dans
bien des cas l'injustice au cœur de celle-ci. Resterait
à examiner si, par suite du trouble apporté dans
l'activité productrice des hommes par le collectivisme même limité, elle ne porterait pas pour les
victimes des fruits encore plus amers que ceux d'aujourd'hui. C'est là le point de vue d'où il faut envisager les institutions humaines : sans quoi avec les
meilleures et les plus généreuses intentions les
réformateurs sèmeraient plus de désirs de justice,
mais feraient lever plus de misère. Le très grand
progrès de notre temps, c'est qu'il ne conçoit pas
l'intérêt social sans l'amélioration du sort des plus
nombreux comme facteur essentiel. C'était la devise
de Saint-Simon. Par là, on peut dire que le socialisme est entré dans nos veines, et l'intérêt que nous
lui portons vient de l'intensité de ton avec lequel il
proclame son but : mais dès qu'il passe aux réalisations, il prête le flanc à la critique simplement
parce qu'il poursuit l'irréalisable.

II

On pourrait appliquer à l'auteur des *Études socialistes*, M. Jaurès, ce qu'il dit lui-même de Liebknecht : « Il y a bien des contradictions dans sa pensée. » Elles s'expliquent jusqu'à un certain point dans les morceaux que l'auteur a réunis et qui ne sont que des articles de journaux ; publiés au fur et à mesure des incidents de la politique ou des dissidences socialistes, ce sont des écrits de circonstance. Ces contradictions sont plus graves à constater dans l'introduction qui figure en tête du volume et que l'auteur a intitulée : *Question de méthode*. M. Jaurès cherche à y concilier une critique très vive du Marxisme en quelques-unes de ses principales théories, avec le respect de la base même du Marxisme, qui est la lutte de classe et la conception du prolétariat sous forme de catégorie spéciale définitive, ayant sa conscience de classe et intervenant en bloc pour obtenir et réaliser la transformation de la propriété individuelle en propriété collective ou sociale. Or, Marx est beaucoup plus un bloc que le prolétariat, ce mot dont, comme le dit M. Jaurès lui-même, on a voulu faire un mot sacré. Vouloir diviser Marx contre lui-même en acceptant quelques-unes de ses idées et répudiant les autres, c'est le paralyser. Sa puissance a été d'être un engrenage logique. M. Jaurès explique fort bien d'où Marx est parti : la paupérisation fatale, irrémissible, toujours croissante avec le machinisme et le capitalisme, aboutissant à la catastrophe d'un état social incapable d'entretenir son prolétariat, support nécessaire de sa fortune, donc se détruisant lui-même, étant son propre fossoyeur. Seulement, M. Jaurès le constate, avec et après beaucoup d'autres : la paupérisation, prédite par Marx, ne s'est nullement produite ; c'est tout le contraire qui est arrivé, et il faut rectifier sur ce point l'auteur du *Manifeste communiste* et du *Capital* : il faut du même coup rectifier sa théorie catastrophique[1]. Il faudrait, si on était logique, rectifier bien d'autres choses, et notamment le dernier principe du socialisme collectiviste auquel M. Jaurès se rattache en désespoir de cause, comme ces croyants désabusés d'une religion à laquelle ils ont cru dans leur jeunesse, qui n'ont pas le courage d'aller jusqu'au bout de leur détachement et s'évertuent à conserver une bribe de croyance à laquelle ils voudraient se retenir. Cette bribe de croyance, c'est pour M. Jaurès, actuellement, l'esprit de classe du prolétariat et la guerre de classe qu'il engendre fatalement : mais ne cherchez pas à définir avec quelque précision ce qu'il entend par là : en entrant dans les développements qu'il donne à sa pensée, on sent que tout y est en sens contraire de cette conception étroite du problème social. Au lieu du prolétariat sans relèvement possible qui, dit-il, était le rêve et l'erreur de Marx, « d'un prolétariat infiniment appauvri et dénué

---

1. M. G. Sorel habilement cherche à y rattacher le « mythe » de la grève générale. Voir *Décomposition du marxisme* et la théorie des symboles qui y est développée p. 60 en se référant à l'histoire de l'Église qu'il prend comme modèle !

dont il avait besoin pour sa conception dialectique de l'histoire moderne », M. Jaurès veut et voit un prolétariat allant sans révolution, de réforme partielle en *réforme partielle*, vers plus de justice et plus de bien-être, pénétrant par le suffrage universel au cœur des fonctions électives et de l'État, par les syndicats et l'organisation corporative au cœur de la production. Je ne cherche pas ici jusqu'où ces vues sont pratiquement réalisables : mais je dis que si on admet qu'elles se réalisent même très partiellement, elles dérobent au socialisme collectiviste son principe de lutte de classe, puisqu'elles confondent les classes et suppriment entre elles les démarcations, soit de fait, soit de sentiment. — Et M. Jaurès le sent si bien de temps en temps qu'il finit par faire siennes les paroles suivantes de Liebknecht : « La démocratie socialiste est le parti de l'ensemble du peuple à l'exception de deux cent mille grands propriétaires, hobereaux, bourgeois et prêtres. » Voilà donc le prolétariat qui est devenu toute la nation productive. Où aller retrouver là l'esprit de classe, et la lutte de classe, et même la propriété collective ? — car je ne pense pas que M. Jaurès, pas plus que Liebknecht, suppose qu'elle soit près d'être acceptée par les millions de membres de la démocratie qui doit comprendre « non seulement la classe ouvrière mais — car il faut toujours étendre et non resserrer — la classe des paysans et la petite bourgeoisie » ; ni que ni les uns ni les autres veuillent que « le grand livre de la dette publique soit anéanti, que les locataires ne payent plus de loyers, que toute rente du sol, tout bénéfice commercial, tout profit industriel soient abolis ».

Pour la classe des paysans, qu'il a l'occasion d'observer dans son pays natal, M. Jaurès est bien obligé de constater qu'elle n'est pas près de se détacher de la « joie de la propriété privée ».

« J'ai à peine besoin de dire, écrit-il, que ce travail que nos ouvriers agricoles accomplissent pour eux-mêmes sur leur minuscule propriété est une douceur et une joie... Il est probable qu'ils éprouveraient comme un manque et une diminution vitale s'ils ne retrouvaient plus à voir se dorer les grappes sur quelques ceps à eux, rien qu'à eux, cette joie claire où il y a plus d'intimité que d'égoïsme ». Ce qui n'empêche pas M. Jaurès d'écrire quelques pages plus loin : « L'heure approche où nul ne pourra parler devant le pays du maintien de la propriété individuelle sans se couvrir de ridicule, et se marquer soi-même d'un signe d'infériorité. »

L'auteur, dans d'autres articles, constate encore : « Le problème agraire doit être étudié de nouveau. La fameuse formule de la paupérisation graduelle des masses doit être soumise à un contrôle rigoureux. Sur ce point Marx a émis des assertions en apparences contradictoires... Sur ce point aussi, notre propagande est extrêmement flottante et incertaine. Tantôt nous parlons au prolétariat des moyens d'organisation qui peuvent, dès maintenant, relever sa condition — tantôt nous lui parlons de la misère croissante comme d'une fatalité inexorable du système capitaliste... La question n'a pas été suffisamment étudiée, suffisamment mûrie[1] »

M. Jaurès, pour sa part, l'a élucidée sur un point particulier, la propriété paysanne dans un coin du département du Tarn. « Tous les socialistes aujourd'hui, écrit-il, reconnaissent que Marx s'est trompé quand il a cru que la concentration de la propriété se produirait aussi sûrement et aussi rapidement dans l'ordre agricole que dans l'ordre industriel... Dans un canton rural du Tarn, dont je peux suivre le mouvement, voici les constatations qui s'imposent. On ne relève pas une tendance de la propriété rurale vers la concentration ; les proportions de la propriété paysanne et de la propriété bourgeoise ne varient pas sensiblement, et c'est plutôt en ce moment vers la propriété paysanne que l'axe se déplacerait... Un grand domaine a été vendu il y a quelques mois. Une part du domaine a été acquise par des paysans propriétaires... Je sais que plusieurs de ces petits propriétaires ont des épargnes qui leur permettraient des achats plus étendus... Nous nous sommes tous trompés quand nous avons cru que le machinisme agricole allait donner d'emblée un avantage marqué à la grande propriété. Il n'y a pas de machine que le petit propriétaire paysan ne puisse utiliser aujourd'hui aussi bien que le grand propriétaire... On peut dire que presque partout cette année les foins ont

1. *Petite République*, 15 août 1900. Tout dernièrement encore (*Dépêche*, 30 janvier 1909), M. Jaurès écrit : « Les paysans propriétaires savent bien que leur propriété travaillée par eux n'est pas une propriété capitaliste. »

été coupés et les blés moissonnés à la machine. C'est une véritable révolution technique... Le machinisme agricole n'amènera pas, comme plusieurs de nous l'avaient supposé, une rupture d'équilibre entre la petite et la grande propriété[1]. »

Quelle distance il y a des théories toutes faites aux réalités objectives, M. Jaurès le relève avec une grande sincérité sur un point spécial et local, puisque là l'évidence lui a, en quelque sorte, crevé les yeux. Cette expérience devrait l'encourager dans le scepticisme philosophique au sujet des autres affirmations dogmatiques de la doctrine qui lui est chère, affirmations qui ne résistent, pas plus que la question de la propriété agricole, à une analyse quelque peu scrupuleuse des faits. Si le socialisme entre une bonne fois dans la voie d'observation scientifique que lui ont ouverte des écrivains étrangers comme M. Bernstein, je suis tranquille sur la « *catastrophe* » du marxisme. Pas plus la fameuse « lutte des classes » que la théorie « concentrationnelle » ou autres thèses du même genre ne surnageront.

Les esprits sincères du socialisme s'apercevront qu'ils ont été dupes d'un pur artifice de dialectique. Ils constateront que les faits sociaux sont plus complexes que n'a voulu l'admettre l'auteur du *Capital* et qu'ils ne se plient pas à une formule établie une

1. Il est vrai que l'ayant reconnu certains socialistes conservent tout de même les anciennes formules à l'état de *mythes*. « Il faut maintenir très fortement la notion du fatalisme social si l'on veut que le prolétariat moderne reste fidèle à sa mission. » Ed. Berth « *Nouveaux aspects du socialisme* », p. 18. Cf. les idées de G. Sorel sur la violence à propos du *mythe* de la grève générale.

fois pour toutes. M. Jaurès vient de le reconnaître pour l'influence de la machine agricole. Qui peut savoir quelle sera l'action de l'électricité sur la concentration industrielle ? Qui peut mesurer les évolutions qui se produiront même dans l'organisme actuel, avec le progrès des associations de tout genre et les perfectionnements de la production ? Vouloir transformer *a priori* un état social dans ses bases les plus essentielles, en s'appuyant sur une hypothèse que les faits viennent constamment démentir, c'est ce que le cerveau vigoureux mais sophistique de Marx a voulu faire, et où il a complètement échoué comme y échoueront tous ceux qui voudront l'imiter. Il serait grand temps que M. Jaurès et ceux qui le suivent dans ses tentatives socialistes reviennent à la saine méthode de l'observation des faits. Les meilleures pages de son volume sont celles qui lui sont suggérées par cette observation directe des phénomènes sociaux, sans parti pris de doctrine. Dans celles où il veut rester socialiste collectiviste quand même, malgré l'éclat de la forme, et peut-être même à cause de l'éclat de la forme qui, dans son éloquence réelle, est trop souvent fait de métaphores, ou de tours oratoires un peu vagues, on sent la contradiction intime, le désir pris pour des réalités, le sophisme présenté comme argumentation rigoureuse. C'est ce qu'on risque à vouloir concilier l'inconciliable. La meilleure critique de la méthode de M. Jaurès serait celle qu'il adresse lui-même à certains de ses adversaires collectivistes : « Tantôt vous creusez (entre les classes) un abîme infranchissable et vertigineux:

tantôt vous jetez un pont sur cet abîme. En ces ma-
nœuvres contradictoires se perd toute la force vive
d'un parti »... ou d'un écrivain...

III

C'est par un reste d'optimisme que M. Fournière a intitulé son volume : *La Crise socialiste*. Le
véritable titre serait celui d'un de ses chapitres : *La
course à l'abîme*... du parti socialiste français ; le volume est une réunion d'articles de l'auteur publiés
dans des revues ou des journaux depuis 1905, et qui
fournissent un tableau résumé des mouvements récents, en apparence incohérents, mais entraînés au
fond par une logique rigoureuse, de notre socialisme
unitaire et parlementaire, des concessions arrachées
à ce groupe d'abord en vue d'établir un semblant
d'unité avec les groupes voisins divergents, puis
vis-à-vis du syndicalisme croissant, où les anarchistes prennent peu à peu la haute main. M. Fournière, qui a derrière lui une longue expérience de
socialiste avancé, prêche actuellement le « réformisme », sans se faire d'illusions sur l'impuissance
où s'est placé le parti en cédant sans cesse aux groupes révolutionnaires. Il met bien le doigt sur la vraie
cause de faiblesse des politiques vis-à-vis de la démocratie électorale : « Pourquoi, écrit-il, les mino-
rités violentes mènent-elles le parti socialiste où il
ne veut pas aller ?... C'est que du plus anarchiste au
plus parlementaire d'entre nous, nous portons tous
une chaîne, une chaîne de terreur, la terreur de

n'être pas aussi avancé que celui qui est devant nous.
Nous fuyons tous en avant... dans une panique révolutionnaire qui serait risible si le gouffre n'était au
bout. Et comment l'éviterions-nous puisque la queue
entraîne la tête ? »

Il y a, on le voit, de la sincérité et du courage
dans les constatations de M. Fournière, qui joint à
ces qualités beaucoup de chaleur et même d'éclat de
style. La partie critique de son livre en reçoit un vif
relief. L'auteur ne craint pas de se détacher nettement des « dogmes morts » du marxisme et de
s'efforcer d'en détacher « les vivants ». Il n'a aucune
complaisance « pour l'hervéisme ». J'aurais bien des
réserves à formuler sur ses prédilections dites réformistes et qui reposent trop souvent sur le mépris
du droit individuel des travailleurs. Il tombe en plein
dans le sophisme qui consiste à assimiler le droit
de la majorité en matière politique au droit de cette
même majorité pour régler des questions de gagne-
pain ou d'existence quotidienne — ce qui serait étendre en tyrannie universelle et permanente le pouvoir de la moitié plus un[1]. Mais M. Fournière ne
fournit dans son présent livre que des indications
passagères sur les solutions sociales qu'il défend, et
je ne veux pas ici les discuter à fond. Remar-
quons seulement combien est discutable le conseil
qu'il donne, dans sa *Préface,* au socialisme « de se
réaliser sur le terrain *fuyant* de l'histoire, en s'adap-

---

1. J'ai critiqué ces idées dans mon volume *La liberté individuelle
du travail et les menaces du législateur,* Alcan, 1908, chap. sur la *Grève
obligatoire.*

tant à tous les modes de l'activité moderne et en les faisant siens ». La question est précisément de savoir si beaucoup de « ces modes de l'activité moderne » ne vont pas encore plus à l'individualisme qu'au socialisme, et c'est ce que les socialistes habituellement n'examinent pas. Mais de ce qu'ils ne l'examinent pas, il n'en résulte point que cette tendance n'existe et ne se développe. La grandeur même toujours croissante des *entreprises*, celle des *trusts*, sont, par certains côtés, des faits d'exaltation de l'individualisme.

SYNDICALISME ET SOCIALISME[1]

Depuis soixante-quinze ans, en France, le socialisme (qu'il ne faut pas confondre avec l'amélioration sociale ni avec la démocratisation) va de faillite en faillite. A chaque banqueroute, il essaie d'un nouvel avatar. Mais le parti nouveau qui sort de ses flancs, qui a puissamment contribué à détruire la précédente organisation, cède vite lui-même au besoin d'une transformation, au cours de laquelle il succombe, non sans semer beaucoup de ruines, de souffrances et de découragements. L'ancien socialisme, nommé, depuis, « idéal » ou « utopique », a commencé la série ; après avoir enthousiasmé quelques-uns de nos pères, il a péri sous ses illusions mêmes, dûment enregistrées par le socialisme dit « scientifique » qui a prétendu s'élever sur ses débris ; à son tour, celui-ci s'est effondré sous le néant de ses formules démontré par ses disciples devenus « réformistes ». Il a été remplacé par le socialisme politique, à visées étatistes, qui a fait et fait encore figure dans les parlements et les municipalités. Voici maintenant le socialisme politique violemment attaqué et menacé par le dernier venu de la lignée, « le syndicalisme ». Celui-là ne ménage pas ses coups. Il les dirige avec une rare vigueur contre l'État socialiste qui est l'idéal des politiques. En attendant qu'il soit lui-même meurtri par un nouveau-né, dont nous ne savons pas encore le nom (qui pensait au *collectivisme* ou au *syndicalisme ?*), il entame profondément l'ancien parti. Ce dernier croit s'en tirer dans les Congrès par des formules conciliatrices laborieusement rédigées et balancées ; mais, il n'en est pas moins ébranlé dans son unité de programme et d'action[1].

Autant le syndicalisme est faible dans sa propre doctrine — nous y viendrons tout à l'heure —, autant il frappe juste aux défauts de cuirasse du socialisme étatiste. Et d'abord il s'attaque à cette idée abstraite de l'État, justicier et providence, qui est au fond du socialisme politique, que l'ancien Marxisme repoussait[2], et qui ne repose sur aucune donnée réelle. Pourquoi, disent avec raison les syndicalistes, vouloir détruire le patronat industriel — ce qui est l'essence même du collectivisme — pour constituer, à sa place, un patron universel, sans compétence, sans

---

1. Voir dans la *Revue socialiste*, janvier 1909, la critique du syndicalisme par M. Plekhanoff, disciple fidèle du marxisme. Il le traite de « superficiel et nuisible ».

2. « Naguère, écrit M. G. Sorel, les Marxistes enseignaient qu'il faut supprimer l'État... Les choses ont changé d'aspect lorsque les succès électoraux ont conduit les chefs socialistes à trouver que la possession du pouvoir offre de grands avantages. » (*Décomposition du Marxisme*, p. 18.)

concurrent, mille fois plus redoutable pour ceux qu'il emploiera, que les chefs d'industrie actuelle ? « Le véritable socialisme, s'écrie M. Hubert Lagardelle au Congrès de Toulouse, en répondant à M. Jaurès, entend remettre aux producteurs librement associés la propriété des moyens de production, et délivrer le corps social de la tutelle oppressive de l'État... Trop souvent, la propagande laisse dans l'ombre la négation de l'État, pour ne mettre en lumière que la négation du patronat...

« L'État entrepreneur émet la prétention d'être à la fois un industriel ordinaire et un patron privilégié. Or, industriel, il est incompétent, et patron, il est tyrannique... Ses exploitations sont la proie d'une foule croissante de parasites, et ses ouvriers et employés sont menacés à toute heure dans l'exercice de la plus élémentaire liberté de penser et d'agir... »[1]

*
* *

La négation de l'État entraîne celle du rôle utile de ses représentants, élus ou fonctionnaires. Le rouage administratif et parlementaire doit être remplacé par l'action directe des chefs syndicaux, minorité hardie qui oppose son « action directe » à l'action indirecte et légalitaire de la démocratie, du Parlement et des partis ;

« ... Au lieu de déléguer à d'autres, selon le pro-

1. Cf. Les articles de M. Niel, secrétaire de la C. G. T., dans *l'Humanité*, 24 mars 1909.

cédé démocratique, le soin d'agir en son lieu et place, la classe ouvrière entend agir elle-même, pour elle-même... Elle entend porter au cœur même des institutions étatiques ces principes de révolte et d'organisation de la révolte qui sont la base du syndicalisme. Celui-ci substitue un anti-étatisme positif et pratique à l'étatisme que le parti socialiste avait jusqu'ici emprunté aux partis radicaux[1]. »

Du même coup, il supprime le *réformisme* qui est une « collaboration de classe », tandis que le syndicalisme est et doit rester une « guerre de classe ». Il repousse le *participationnisme* qui « ferait croire aux ouvriers qu'ils ont de prétendus intérêts communs avec leurs patrons », qui a le tort « de donner aux producteurs ainsi associés à leurs exploiteurs une fausse mentalité capitaliste et propriétaire, d'incorporer en un mot le prolétariat à la bourgeoisie ».

Le prolétariat! Dans la bouche ou sous la plume des orateurs ou écrivains syndicalistes — en grande partie d'ailleurs *intellectuels* et *bourgeois,* — ce mot devient une sorte de nom sacré qu'on ne peut prononcer sans un frémissement de lyrisme. M. Lagardelle ne voit plus que le prolétaire dans l'œuvre de production industrielle, la plus haute qui s'impose à l'homme, puisque c'est l'œuvre poétique par excellence, « l'œuvre de création »... « Le prolétariat a à remplir une haute mission civilisatrice, s'écrie M. Séverac. Quand certains intellectuels ont vu que

<hr>

1. Lagardelle, *Mouvement socialiste,* 15 décembre 1908, passim. Cf. *L'Action syndicaliste,* par M. Griffuelhes (1908) et Ed. Berth, *Nouveaux aspects du socialisme.*

la C. G. T. avait les mêmes espérances, la même *nostalgie d'héroïsme*,... ils ont été sauvés par le spectacle des syndicats révolutionnaires. » M. Lagardelle va encore plus loin : « Nous n'avons rien à apprendre à la classe ouvrière, disait-il à Toulouse, mais tout à apprendre d'elle... Nous avons à interpréter ses expériences, à utiliser ses indications, et à nous servir... des principes nouveaux qu'il apporte dans le monde... » Il ajoutait, d'ailleurs, ce qui a semblé plaire médiocrement à ses auditeurs : « Je ne pense pas qu'il y ait dans ce Congrès beaucoup de camarades qui prétendent que nous soyons une assemblée ouvrière... » (*Exclamations, protestations.*)

*
* *

Ainsi s'écroulent peu à peu devant la poussée syndicaliste révolutionnaire, soit le socialisme collectiviste proprement dit, soit le socialisme « de la conquête des pouvoirs publics ». A vrai dire, il ferait s'écrouler, s'il devait triompher, toute organisation sociale et industrielle, car s'il excelle à renverser et à détruire, il ne contient aucun germe d'agencement pratique. Enfermé dans ses rêves (ou ses *mythes,* suivant le mot de son théoricien, M. G. Sorel) de lutte de classe et de grève générale, le syndicalisme peut bien, sous l'impulsion de la C. G. T., essayer d'enrayer et de désorganiser l'État en enrôlant ses fonctionnaires, surexciter la classe ouvrière, lui faire croire qu'elle est tout, transformer en action révolutionnaire dévastatrice ce qui aurait pu et dû être

la résistance et la coordination efficaces des syndicats tels qu'ils étaient prévus par la loi de 1884 :
mais quand on lui demande ce que fera « l'action
directe » pour réédifier un ordre social vivable et
productif, on se trouve devant des réponses tellement
vagues ou contradictoires qu'elles équivalent au
néant. « L'atelier capitaliste, écrit M. Ed. Berth, est
une coopération forcée, l'atelier syndicaliste sera
une coopération libre. » — « Ce double but, s'écrie
l'orateur de Toulouse, libération de l'atelier, libération de la société ; élimination du patronat, élimination de l'État, implique que la classe ouvrière, qui
est à l'exclusion des autres classes l'agent de cette
transformation dans le monde, doit se rendre capable
de prendre dans l'atelier la succession du capistaliste
et d'arracher en même temps la société au parasi-
tisme étatique. Tout le problème qui se pose au socialisme est de savoir comment se réalisera peu à
peu cette accession du prolétariat à la double capacité
qu'on exige de lui... »

Oui, c'est bien ainsi que se pose le problème...
Mais est-il soluble, si l'on commence par fouler aux
pieds les principes essentiels de toute organisation
humaine qui veut prospérer, l'action d'une direction
responsable, compétente et obéie, la hiérarchie des
capacités, le stimulant de l'initiative intéressée, l'autorité de l'expérience et du capital acquis ? En niant
ces règles primordiales, on peut faire œuvre révolutionnaire à la fois contre l'ordre établi et contre toute
tentative d'État, même de caractère plus ou moins
socialiste : et c'est la partie de leur tâche dans laquelle

réussissent sans conteste les partisans théoriques du syndicalisme, celle où la *Confédération Générale du Travail,* qui voudrait en être l'incarnation vivante, pousserait aisément sa mine destructive, si elle n'était elle-même minée par des divisions intérieures qui sont la preuve que, même dans une entreprise révolutionnaire, certains principes d'organisation et d'autorité doivent être respectés pour maintenir l'unité d'action. Faute de ces principes, on fait de la littérature plus ou moins violente, on détruit l'organisme de l'État par la grève des fonctionnaires, on pousse au *sabotage* matériel ou moral[1], mais on ne reconstruit rien à la place de ce qu'on a démoli. L'*anarchisme producteur,* voilà le vrai nom de ce que voudrait être le syndicalisme révolutionnaire, malgré la guerre qu'il fait aux « anarchistes » : mais l'anarchisme, déjà rêvé par Proudhon, n'a jamais rien *produit* et ne *produira* jamais rien au sens industriel[2] : c'est ce que constaterait bien vite le « prolétariat » s'il se laissait entraîner par les derniers venus de ses adulateurs vers une nouvelle transformation du socialisme, qui serait une faillite de plus à ajouter aux précédentes.

---

1. « Le sabotage, avoué, prôné, est bien, a dit justement M. G. Deherme dans la *Coopération des Idées,* l'ignoble symbole de notre anarchie ». Et nous l'avons vu vanté ouvertement dans de récents *meetings* par des prolétaires et des fonctionnaires mêlés *fraternellement* !

2. Pas plus que l'anarchisme d'État conçu par MM. Duguit et Leroy ne produirait d'ordre gouvernemental et administratif. V. plus loin, p. 183.

HISTOIRE DU MOUVEMENT SOCIAL EN FRANCE (1852-1902)

« Cette histoire du mouvement social (depuis le commencement du deuxième empire jusqu'à nos jours) est avant tout une histoire politique, destinée à montrer comment les questions ouvrières ont été posées ou résolues par les divers gouvernements et les divers partis. » L'auteur caractérise bien ainsi lui-même son œuvre, et marque à la fois ce que donne son livre, et les lacunes qu'il offre. Ce qu'il donne est un précis complet des rapports du gouvernement et de la classe ouvrière durant le dernier demi-siècle, et des efforts faits par celle-ci pour s'assurer l'action de l'État depuis que le suffrage universel lui a fourni « l'instrument nécessaire ». M. Georges Weill y apporte ses qualités habituelles, la clarté, l'habileté à grouper des faits innombrables, puisés dans les documents, en un certain nombre de catégories propres à frapper les yeux et l'esprit du lecteur. Ici je lui reprocherai cependant d'avoir suivi trop uni-

1. Par M. Georges Weill (1905).

formément l'ordre chronologique et d'avoir enregistré avec un relief trop égal des faits et des événements d'un intérêt tantôt réel, tantôt secondaire. J'aurais voulu un peu plus de généralité dans les vues fondamentales. Le point de départ économique est étroit. L'immense évolution qui s'est accomplie par les progrès de la science appliquée et de l'association se résume pour l'auteur, au début du deuxième empire, en la création d'une féodalité financière. Au moment de la première expansion des sociétés anonymes qui devaient révolutionner le monde, il n'aperçoit que les conséquences fâcheuses de la fièvre industrielle, la concentration des capitaux entre les mains de quelques banquiers, etc. Que ce fussent là les accusations des polémistes d'après 1848, c'est manifeste : mais M. Weill ne devrait pas les reprendre à son compte sans réserves, et sans en marquer les exagérations ou les erreurs, sans rappeler surtout les bienfaits qui ont surnagé aux abus, et la grandeur du mouvement de production qui en est résulté.

Ce mouvement général des faits, et des idées qui en sont découlées pendant la période impériale et celle qui a suivi, est trop laissé de côté par l'auteur pour s'occuper presque exclusivement de l'historique du parti ou plutôt des partis socialistes. Il en relève soigneusement tous les détails dans les journaux et les documents du temps ; mais il est obligé de reconnaître lui-même le faible rôle que le socialisme proprement dit a joué jusqu'à la guerre de 1870, et même jusqu'à la Commune. « En somme, écrit-il, le mouvement socialiste en 1870, était confondu avec le mouvement révolutionnaire. » Or, pour comprendre celui-ci, il faudrait refaire l'histoire complète du deuxième empire, et non pas seulement celle des groupes ouvriers ; et c'est une tâche que ne pouvait aborder ici M. Weill, étant donné son programme. Il l'a bien préparée, dans une de ses parties, pour un successeur ou pour lui-même s'il s'en sent le courage plus tard. Dans le cas où il s'attacherait à cette entreprise, qu'il se rappelle souvent cette parole de Corbon qu'il a citée : « Les manifestes révolutionnaires n'ont aucune importance... trois ou quatre individus font une proclamation et la mettent sur le compte de plusieurs milliers d'hommes[1]. » Le plus difficile dans les documents imprimés n'est pas de constater qu'ils existent, mais l'influence réelle et la portée effective qu'ils ont eue. Quand il s'agit d'une période d'histoire qu'on a vécue, on s'aperçoit à tout moment des erreurs de perspective des historiens d'après-coup, même les plus consciencieux. Ils relatent des faits vrais, mais non pas, souvent, avec leur véritable coefficient d'importance.

1. Cf. l'opinion de P. Lafargue sur le parti ouvrier en 1881 : « Vous avez cru parce que nous parlions à tue-tête de notre parti, que c'était arrivé. — Le Parti n'a encore qu'une gueule et celle-là en vaut quatre... » Cité par M. Weill, p. 231, M. Weill (p. 252), parle « des violences qui sont bonnes pour des Congrès ouvriers ou des réunions publiques ». Il reconnaît lui-même d'ailleurs (p. 171), que les questions ouvrières font beaucoup de bruit, mais tiennent dans la vie du pays moins de place qu'il ne paraît au premier abord. Au fond le suffrage universel en France a jusqu'ici dans sa majorité représenté surtout les populations agricoles, M. Weill ne semble s'en être souvenu ou au moins ne le dit qu'à la fin de son volume (p. 417).

Retrouver et constater celui-ci est une immense difficulté pour les époques où, comme dans celle qu'étudie M. Weill, l'historien est submergé sous des flots de papier noirci. Que de journaux qui n'ont pas eu de lecteurs, de congrès ouvriers qui n'ont laissé qu'un vain bruit de paroles, de manifestes dont personne ne s'est occupé, sauf ceux qui les ont rédigés et fait voter par des assemblées distraites ! Celui qui jugerait des véritables sentiments des classes ouvrières par ces manifestes commettrait une grave erreur. M. Weill le sait (et le dit), et j'admire sa patience, le sachant, de relater et d'analyser consciencieusement tous les menus incidents de l'agitation ouvrière, apportés par la presse, pendant les derniers vingt-cinq ans — sorte de tremplin où sont apparues successivement tant de personnalités politiques se combattant et s'injuriant souvent les unes les autres, divisant à l'infini les groupements dits socialistes avec des épithètes diverses, dominées cependant par un grand courant de suffrage universel qui devait entraîner les masses urbaines et manufacturières et leurs représentants vers une politique de plus en plus démocratique et radicale-socialiste. Nous sommes encore trop engagés dans cette mêlée pour savoir à quoi elle aboutira. M. Weill qui la suit jusqu'à ses plus récents incidents, incline vers une conclusion optimiste dans le sens d'un interventionnisme « raisonnable » de l'État en faveur des classes les plus nombreuses et les moins favorisées. « Tous les partis politiques, écrit-il, sont arrivés sous la pression du suffrage universel, à justifier l'interventionnisme. » Précisément cette pression du suffrage universel, qui est celle d'une poussée d'intérêts souvent aveugles, non contenue par une vue supérieure de l'intérêt social général, est faite pour effrayer plutôt que pour rassurer les observateurs impartiaux. On voit bien à quelles concessions elle conduit les hommes : on voit moins à quels bons résultats elle amènera les choses. Ceux qu'indique M. Weill comme résultant des mesures d'État déjà prises sont bien incertains, ou prématurés dans leur constatation. En tous cas ils n'autorisent pas à conclure de la généralité du courant interventionniste à son efficacité ni même à sa durée. On a vu le désaccord entre les deux points de vue se produire pour bien d'autres expériences sociales. Je trouve M. G. Weill imprudent, comme historien, de montrer l'économie politique libérale « défendant son tombeau avec l'énergie du désespoir ». Il a lui-même mis en relief ce que la liberté avait engendré d'esprit d'initiative dans les groupes ou les chefs de file démocratiques. Il aurait pu insister davantage sur les progrès généraux de l'association indépendante dans notre pays, et sur les barrières qu'y rencontrera l'Étatisme.

LA DÉMOCRATIE SOCIALISTE ALLEMANDE[1]

M. Edgard Milhaud a écrit sur la « Démocratie socialiste » allemande un volume considérable. Il a voulu « faire connaître ses ressources d'organisation, ses moyens de propagande, caractériser sa vie intérieure et son action au dehors, définir les tendances spéciales et les tendances particulières qui la sollicitent en des sens divers ». Le programme est vaste, on le voit, sinon défini en termes très précis[2]. La documentation n'a pas manqué à l'auteur : elle est innombrable en Allemagne sous forme de journaux, de revues, d'ouvrages, de comptes rendus de congrès. M. Milhaud l'a largement utilisée. Il y a

1. Par M. Edgard Milhaud (1903).
2. Le titre même de l'ouvrage prête à ambiguïté. Est-ce la *Sozial democratie* dont M. Milhaud veut faire l'histoire, ou de l'ensemble de la démocratie socialiste ? La première dénomination est celle du parti socialiste depuis le congrès de Halle (1890), et doit être, à mon avis, conservée fidèlement sans transformer *sociale* en *socialiste* comme le fait M. Milhaud qui écrit: « programme du parti *démocrate socialiste* d'Allemagne au congrès d'Erfurt en 1891 » (p. 55). D'autre part dans son *Avant-Propos*, l'auteur parle de son exposé de l'histoire générale du parti, du cadre de l'organisation du parti, etc. Il a donc bien visé la *Sozial democratie*. Alors pourquoi ne pas lui laisser son nom ?

joint des séjours chez nos voisins d'Outre-Rhin et des conversations avec les chefs de partis ou de groupes. Il a rapporté de ces sources d'informations un ouvrage détaillé, et qui sera utile comme résumé d'histoire.

Je ne pense pas cependant qu'il ait gagné à vouloir embrasser dans cette histoire tout l'ensemble de l'évolution sociale de l'Allemagne démocratique depuis cinquante ans. Il introduit ainsi dans cette évolution une idée d'unité qui me paraît être plutôt dans son esprit et dans ses désirs d'ami du socialisme que dans la réalité des faits. On avait jusqu'ici soigneusement séparé l'histoire de ce qu'on a appelé le mouvement *petit-bourgeois*, les lois de protection ouvrière, les assurances sociales, les coopératives, les syndicats, de celle du mouvement marxiste : et il est de fait qu'il y a eu toujours antagonisme entre les deux tendances comme entre leurs chefs ; de sorte que rien qu'à réunir sous un titre commun ces deux faces de l'évolution ouvrière, on risque de fausser les idées du lecteur ; de faire passer pour des conquêtes du marxisme ce qui a été réellement des défaites[1] ou des transformations obligées très voisines de défaites. Au lieu de jeter de la lumière sur l'histoire véritable, on tend à confondre tout dans une sorte de *monisme* général qui ne met ni chaque doctrine ni chaque chef à sa place véritable.

1. Cf. Rivaud : *Les syndicats allemands* : Revue politique et parlementaire, 10 août 1903, p. 311 « C'est la nécessité qui a obligé les théoriciens du parti à tenir compte d'un mouvement dont ils ne sont plus les maîtres ».

C'est là une tactique que nous retrouvons souvent dans les publications socialistes, aussi bien chez nous qu'en Allemagne : mais un historien devrait mettre tous ses soins à s'en garder. Il le devrait d'autant plus que la vérité est plus difficile à rétablir en terre germanique que sur notre sol, le parti socialiste allemand ayant toujours été jusqu'ici un parti d'opposition politique, sans responsabilité gouvernementale, auquel, après le bruit des congrès, il est relativement aisé de déployer une apparence de front uni et de discipline intérieure : tandis que chez nous les socialistes ayant pris leur part de pouvoirs et d'honneurs effectifs, il a bien fallu accuser des divergences politiques et sociales que l'action publique ne permettait pas de dissimuler. J'ajoute que l'esprit hiérarchique allemand, la valeur et l'autorité de quelques-uns des chefs socialistes, le sérieux général de la population ouvrière, ont contribué à maintenir le caractère extérieur de modération relative et de discipline du parti démocratique qui frappe le spectateur par son contraste avec ce qui se produit dans d'autres pays.

Mais l'historien n'est pas le spectateur qui passe : au contraire il doit renseigner le spectateur sur les dessous réels de ce que celui-ci aperçoit dans un examen rapide, établir des différenciations là où on serait tenté d'établir une identification de surface.

La différenciation des syndicats et du mouvement socialiste apparaît d'ailleurs nettement au fond à M. Milhaud : ainsi en est-il même pour les syndicats dits : *démocrates-socialistes* : « Il est inexact, écrit

M. Milhaud, de les appeler ainsi, en ce sens qu'ils n'exigent de leurs adhérents aucune profession de foi politique, et qu'ils sont entièrement indépendants du parti socialiste comme tel. Mais les hommes qui sont à leur tête et l'immense majorité de leurs adhérents, sont en fait des socialistes... Aussi tout ce qui a trait à ces syndicats a-t-il de l'importance pour le parti. » Et il en est de même des coopératives, qui certes, aussi bien que les syndicats, valent la peine d'une étude détaillée, par les progrès rapides qu'elles ont faits en Allemagne : mais est-ce dans une histoire de la *Sociale-Démocratie* qu'il fallait consacrer aux uns et aux autres près de 200 pages d'un volume qui en compte 580 ?

Leur accorder cette place dans l'histoire du parti social démocrate allemand n'eût été légitime que si ces institutions, soit fussent nées directement de l'action de celui-ci, soit eussent contribué par de larges subventions et une collaboration assurée à ses efforts électoraux ou de propagande politique. Mais la vérité est que l'ancienne opinion de Bebel au sujet des coopératives que « pas un seul socialiste ne songe à résoudre ainsi même un petit morceau de question sociale », était encore en 1892 l'opinion de la majorité au Congrès de Berlin[1]. Quant aux syndicats, ils étaient « des ennemis » pour la majorité du Congrès de Hanovre en 1874. Ce n'est qu'en 1890 que le Congrès de Halle donna, vu les cir-

---

1. Voir Milhaud, p. 419 « Le parti n'a reconnu que très lentement, très tard, l'importance des Sociétés Coopératives ».

constances de la politique, le conseil aux ouvriers de se rallier aux organisations syndicales. Depuis cette époque la lutte a continué entre les partisans de l'action économique et ceux de l'action politique, les nouveaux étant en général favorables à la première, et les anciens chefs à la seconde. (Voir le Congrès de Lubeck, 1901). Ceux-ci (notamment Bebel), quand ils acceptent ou encouragent les syndicats, veulent les « exclure de l'action politique du parti » pour les consacrer entièrement aux questions professionnelles et ouvrières.

Quant aux subventions pour les campagnes socialistes, je vois bien un appel de M. Kautsky dans ce sens aux syndicats (p. 431) : mais ici M. Milhaud ne nous dit pas que les syndicats se soient exécutés, ni dans quelle mesure. Quant aux coopératives, rien n'indique qu'aucune consacre ses ressources à d'autre but qu'à ses propres affaires.

Dans ces conditions, vouloir faire des syndicats et des coopératives une des branches de l'activité du parti démocrate-socialiste, même avec toutes les atténuations et explications de fait possibles, me paraît une erreur de plan, de la part de l'auteur.

Une autre lacune à mon avis — et si elle est indépendante de la volonté de l'auteur, elle contribue également à laisser au lecteur une idée erronée de la situation actuelle de la « démocratie socialiste » — est que, dans son livre, l'histoire du parti s'arrête au Congrès de Lubeck (1901). M. Milhaud fera bien de poursuivre dans une prochaine édition cette histoire jusqu'aux violents dissentiments qui ont éclaté au Congrès de Dresde (1903) et dont la question de la vice-présidence au Parlement a été, comme chez nous la question de la participation d'un socialiste au ministère, l'un des prétextes. La Revue « le *Mouvement socialiste* » (novembre 1903) définit les incidents qui ont passionné le Congrès de Dresde « l'explosion nécessaire d'une atmosphère surchauffée ». L'immense majorité du Congrès s'est prononcée, contre l'avis des modérés, pour que « le parti décline toute responsabilité sur les conditions politiques et sociales qui ont pour base la production capitaliste » et a déclaré que « la sociale-démocratie ne peut partager le pouvoir au sein de la société bourgeoise ».

Je crains que, ainsi composé, l'ouvrage de M. Milhaud ne donne une impression infidèle ou en tous cas incomplète, non de la puissance d'action du parti social-démocrate, — elle est incontestable et s'est démontrée elle-même par le nombre des voix obtenues aux élections, — mais de l'unité du parti et de l'ampleur de son activité directe. Il y fait rentrer non seulement, comme nous l'avons vu, l'organisation professionnelle ouvrière, mais tout le mouvement d'idées religieuses, commerciales, anti-militaristes et d'éducation de la démocratie allemande. Marx aurait été bien étonné des déviations qu'a subies sa doctrine. Après avoir épuré Lassalle, le voici épuré à son tour par Vollmar, Bernstein et bien d'autres : c'est tout de même sous son nom — sinon avec ses principes — que se présente encore la sociale démocratie : mais à force de l'élargir comme le fait M. Milhaud Il ne lui resterait plus rien à proprement parler de collectiviste ni même de socialiste. Elle se transformerait en un grand parti de réforme démocratique, et ce serait peut-être pour le plus grand bien de la démocratie y compris les classes ouvrières. Que ce soit là une tendance de l'ancien parti fondé par Marx et Engels, ce n'est pas, je crois, niable : mais actuellement les événements ne sont pas si avancés et l'historien ne doit pas devancer l'histoire. Le présent est un état de crise intérieure et de transition dont, à mon avis, l'ouvrage de M. Milhaud, malgré ses renseignements, précis et détaillés sur tant de points, ne fournit pas l'image tout à fait exacte[1].

1. A en croire les syndicalistes actuels l'évolution de la Sociale démocratie la conduit de plus en plus vers l'autoritarisme impuissant : « Le même rôle réactionnaire que l'Allemagne impériale joue dans l'Europe moderne, écrit M. Lagardelle (Syndicalisme et socialisme, p. 71, 1906), on peut dire que la Sociale démocratie le tient dans le socialisme contemporain. C'est la même pesanteur dogmatique, la même peur de toute liberté, le même fétichisme de l'autorité. C'est pourquoi nous assistons à la ruine de l'antique dictature de la Sociale démocratie allemande. » Cf. les articles de M. Michels, dans le *Monde socialiste*. Pendant ce temps de l'aveu même des syndicalistes révolutionnaires, les syndicalistes réformistes comptent 1300000 ouvriers. Voir *Socialisme et syndicalisme*, p. 27.

SOLIDARITÉ SOCIALE
SOLIDARISME ET DÉVOUEMENT SOCIAL

L'homme ayant dépassé la cinquantaine, dont parlait M. Alfred Croiset dans une intéressante préface[1], comme « n'ayant jamais entendu parler de la Solidarité dans son enfance », doit trouver que les temps sont bien changés. Aujourd'hui, ce n'est plus seulement la *Solidarité* qui revient à tout bout de champ dans la presse, l'école, le Parlement, les réunions d'assistance ou d'assurance mutuelles, à l'Institut même[2] : c'est un mot relativement nou-

---

1. Préface du volume : *Essai d'une philosophie de la Solidarité*, recueil de conférences et de discussions sur ce sujet, tenues à l'*École des Hautes Études sociales* : Alcan, 1902. Cf. la *Solidarité* de M. Léon Bourgeois, 3ᵉ édit. Colin, 1902. Dans les conférences indiquées ci-dessus, chaque orateur a gardé, faut-il le dire, la responsabilité de ses opinions. Sous un même courant de philanthropie généreuse, on y trouve bien des divergences d'idées.

2. A la suite de communications faites par l'auteur du présent article et par M. Ch. Brunot, une savante discussion s'est engagée à l'Académie des Sciences morales et politiques au sujet de la *Solidarité sociale*. Elle a été reproduite dans une brochure publiée chez Picard (1903). Elle contient les opinions de MM. F. Passy, P. Leroy-Beaulieu, Levasseur, Sorel, Juglar, Boutroux, Cheysson, E. Rostand, Tarde, Glasson et Stourm, et les communications de MM. d'Eichthal

veau, qui ne figure pas encore dans nos dictionnaires, mais qui a cependant déjà fait son chemin de par le monde : le *Solidarisme*. Dans un brillant article de Revue, M. Bouglé traitait de « L'évolution du Solidarisme »[1] et le montrait arrivant, dans ses conclusions réelles, bien près du socialisme, ce qui ne semblait pas d'ailleurs trop déplaire à l'auteur. D'autres s'en autorisent pour resserrer dans toutes les sphères, et notamment dans celle du travail, la libre activité de l'individu. Je voudrais regarder un peu plus attentivement d'où vient ce Solidarisme, vérifier ses origines logiques et juridiques sur lesquelles M. Bouglé s'est peut-être, à mon avis, pour un philosophe, à trop peu de frais montré satisfait.

Aussi bien, le Solidarisme n'a pas de minces prétentions dans ses visées sociales et juridiques. A peine né, la *Grande Encyclopédie*, dans un récent article, l'a proclamé « une doctrine déjà maîtresse de son but, de ses procédés de recherche et de raisonnement, ayant constitué un système scientifique, fondé un droit et une morale en harmonie avec l'esprit moderne et les aspirations de la société actuelle. » Voilà de bien grands mots pour une école naissante ! Ils sont encore au-dessous de ceux qu'emploient M. Bouglé et d'autres disciples, en son honneur. Sans nous préoccuper tout d'abord

et Brunot. Tous les orateurs membres de l'Académie se sont sans exception prononcés contre la solidarité obligatoire.

1. Voir dans *la Revue politique et parlementaire* du 10 mars 1903 l'article de M. Bouglé, professeur à l'Université de Toulouse. En juin 1901, M. Ch. Brunot y avait déjà écrit sur la *Solidarité et la Charité*. M. Bouglé a depuis publié ses idées en un volume, le *Solidarisme*.

des conséquences sociales qu'on tire du Solidarisme, ni de son mérite au point de vue des réformes qu'on préconise, nous voudrions chercher tout simplement de quoi et comment on l'a formé : dresser son acte de naissance, en oubliant, pour le moment, l'homme d'État M. Léon Bourgeois, qui fut son parrain, et dont le nom et la qualité ont, on peut le dire, passablement contribué au lustre du nouveau-né.

I

Il faut pour un instant remonter aux ancêtres : étymologiquement, ce sont les mots *solidairement,* puis *solidaire* qui, tout le monde le sait, sont à l'origine, des termes de droit. En langue juridique, et dérivés du latin *solidus* qui a donné l'expression *in solidum,* (pour le tout), dès le xvi⁰ siècle, et depuis, dans nos Codes, ils s'appliquent à l'obligation collective des débiteurs vis-à-vis d'un créancier, chacun répondant pour tous. Le substantif *solidarité,* dans ce sens, n'est admis par le dictionnaire de l'Académie française qu'en 1788.

Cependant, dès le xviii⁰ siècle, *solidaire* et *solidairement* s'emploient dans un sens dérivé et, pour ainsi dire, élargi, pour désigner non plus une dette collective proprement dite, mais un lien de dépendance mutuelle, d'un caractère moins rigoureusement déterminé, entre deux ou plusieurs personnes, ou entre deux ou plusieurs objets. Voltaire écrit (dans son article *Jésuites* du *Dictionnaire philoso-*

phique) : « Dès lors (depuis que Henri IV prit un jésuite pour confesseur), chaque frère jésuite se crut solidairement confesseur du roi. » Plus tard, Chateaubriand, reprenant l'idée du péché originel, dira dans le *Génie du Christianisme* : « Nos fautes rejaillissent sur nos fils, nous sommes tous solidaires. » Entre temps, l'expression est passée dans le langage scientifique et s'applique spécialement à la physiologie. « La solidarité organique est, dit Littré, la relation nécessaire d'un acte de l'économie avec tel ou tel autre acte différent. » Relation nécessaire, mais qui n'est plus déterminée d'avance dans ses effets, telle que la co-responsabilité totale que le mot juridique appliquait à deux ou plusieurs personnes.

Dans son sens étendu, économistes, publicistes, philanthropes et sociologues, se sont successivement servis du mot *solidarité*. J.-B. Say dit exceptionnellement « qu'il existe entre les hommes une espèce de solidarité ». Au milieu du xixe siècle, le mot est entré dans la grande circulation par les écrivains philanthropes[1]. Pierre Leroux dans son *Humanité* trace le tableau « de la véritable charité ou solidarité mutuelle (p. 207). » — « La diversité des organisations est une preuve de la solidarité qui unit les hommes », écrit Thoré. On trouve égale-

---

1. Les Saint-Simoniens et Fourier, qui ont émis beaucoup d'idées rentrant dans la *Solidarité* d'aujourd'hui, ne paraissent pas avoir employé ce mot. Ils usent d'équivalents ou de périphrases : association, harmonie des intérêts, fédération, coopération, garantisme (Fourier), etc. Un disciple de celui-ci, Renaud, a écrit « la solidarité » (1842).

ment, à plusieurs reprises, le mot dans Proudhon. Bastiat l'inscrit en toutes lettres en tête d'un chapitre, non terminé d'ailleurs et assez confus, de ses *Harmonies économiques* et la nomme « une sorte de responsabilité collective ». C'est Baudrillart qui a, je crois, créé l'expression de « solidarité économique », par laquelle il vise l'échange, la sociabilité en action, la solidarité humaine rendue visible et palpable[1].

Les sociologues, dans leurs volumineux écrits contemporains, ont surtout repris à la physiologie et à la biologie la solidarité et l'ont interprétée dans le sens d'une interdépendance étroite des différents éléments sociaux, et cela, non seulement dans le temps, mais dans l'espace. Non seulement, suivant une expression ingénieuse, l'humanité a cessé d'être considérée comme « un archipel d'îles ayant chacune son Robinson » ; mais allant beaucoup plus loin que la réalité des faits, on a voulu l'assimiler à un véritable organisme vivant dont les individus n'auraient plus constitué que les molécules ou les cellules, se déduisant les unes des autres par hérédité et se commandant les unes les autres par une sorte de circulation commune. Jusqu'où on a poussé les analogies physiologiques dans la voie de *l'organicisme,* jusqu'à quelles fantaisies métaphoriques et presque comiques, certaine sociologie s'est laissé glisser, ce n'est pas ici le lieu de le rappeler. Peu à peu une réac-

---

1. *Études de philosophie morale et d'économie politique* (1858). — La *Solidarité républicaine* a été, en 1848, une société politique. Les *Solidaires* belges furent une association de libres-penseurs.

tion s'est produite. Les différences entre la collectivité humaine et une colonie ou un tissu animal ont été rappelées et mises en relief[1]. On a insisté sur le fait que si l'indépendance outrée de l'individu, chère au xviiie siècle, devait faire place à une vue plus juste de l'interdépendance sociale, il y avait cependant dans cette interdépendance un fait irréductible qui est la conscience individuelle, et par suite l'individu lui-même : de sorte, qu'appliquée aux personnes humaines, l'image de l'archipel reste assez juste, pourvu qu'on suppose entre les îles de cet archipel non plus le « splendide isolement britannique », mais des communications nombreuses, de puissants courants d'imitation ou de contagion, et même des ponts ou des isthmes plus ou moins visibles ou sous-marins, mais permanents et multipliés : ce qui fait de chaque Robinson un vivant largement influencé et, comme on dit, agi par les autres Robinsons, aussi bien par ceux du passé dont il tient la vie ou a hérité l'outillage social (tel était d'ailleurs le cas du héros de Daniel de Foë), que par ceux du présent avec lesquels il est en communication physique ou morale perpétuelle. Considérée de ce point de vue, la solidarité, qui existe entre tous les hommes passés, présents ou futurs, est incontestable : mais elle n'a plus la rigueur d'une solidarité physiologique immuable dans ses enchaînements et

1. M. G. Tarde a été un des plus brillants adversaires de l'*organicisme*. Il faudrait souvent rappeler aux *organicistes* le conseil de Marguerite de Navarre à l'évêque de Meaux, Briçonnet : *Démétaphorisez-vous !*

fatale dans ses conséquences ; et encore moins la rigueur de la solidarité au sens juridique.

II

C'est cependant vers cette dernière forme de solidarité, que, reprenant le sens primitif et juridique du mot, et probablement entraînés, jusqu'à un certain point à leur insu, par ce sens primitif, quelques esprits ont voulu revenir pour y chercher la base d'une règle sociale, le fondement d'un système de justice parmi les hommes. Ils y sont parvenus par une suite d'arguments assez subtils et enchevêtrés.

Toute construction d'un système social *a priori,* a besoin comme point de départ d'un postulat : ici le postulat, tout d'abord posé et admis sans discussion, est que l'établissement de la justice constitue l'objet suprême de la société humaine. « Quand nous nous demandons, écrit l'un des plus brillants protagonistes de la doctrine solidariste, M. Léon Bourgeois, dans le recueil cité en tête de cette étude, quelles sont les conditions auxquelles doit satisfaire une société humaine pour se maintenir en équilibre, nous sommes conduits à reconnaître qu'il n'y a qu'un mot qui les puisse exprimer : « *Il faut que la justice soit ! »*

Mais sous quelle forme apercevrons-nous cette justice ?

On doit la définir dans les conditions réelles de la solidarité de fait qui constitue la société entre les

hommes : et c'est à la science qu'il appartient de
déterminer ces conditions réelles. « Si les hommes,
continue M. L. Bourgeois, étaient des êtres entièrement libres, capables de se suffire à eux-mêmes,
du moment qu'ils n'entraveraient pas la liberté des
autres, le droit de ces derniers serait respecté et le
devoir des premiers accompli, donc la justice réalisée. » Mais l'idée sinon nouvelle, du moins rajeunie
par la science et la sociologie, de la solidarité biologique, a changé la position de la question. En matières sociales la science seule a aujourd'hui, comme
l'écrit M. Bouglé, « puissance de contrainte ». « Quelles vérités peuvent rallier les esprits modernes,
sinon les vérités scientifiques ? Pour demander le
mot d'ordre à une religion, il est trop tard : la
méthode d'autorité a fait son temps. « Les métaphysiques, à leur tour, semblent hors de service ; elles
laissaient les esprits trop libres ; leurs châteaux de
cartes ne pouvaient faire oublier les cathédrales.
Nous avons placé notre confiance ailleurs, dans les
mains d'une puissance plus modeste, mais plus
tenace et qui enchaîne, elle aussi, les intelligences,
mais à l'aide de vérités objectives, de faits vérifia-
bles : la science seule, du haut de ses constructions
patientes, nous paraît digne de dicter sa conduite à
la société contemporaine. Nous voulons une morale
scientifique dans ses principes et juridique dans ses
conséquences : pour qu'elle puisse être contrai-
gnante, il faut d'abord qu'elle soit évidente. »

Or il est évident qu'une sociologie même élémentaire ne nous permet plus l'ancienne notion de la

liberté des individus. Les hommes ne sont pas libres les uns à l'égard des autres. « Ils sont liés entre eux par une association nécessaire, *antérieure à leur naissance,* et dont il ne leur est pas loisible de se dégager, car s'ils en sortaient il leur serait désormais impossible de vivre. » C'est là l'interdépendance de fait, et qui existe aussi bien entre les hommes qu'entre les membres d'un même groupe organique quelconque. Mais dans cette interdépendance reconnue de tous, les hommes apportent leur pensée d'hommes, et par suite leur sens de la justice. Dans la solidarité de fait qui est la loi commune, chacun, de par son sens intime de la justice, ne peut trouver cette justice réalisée pour soi que s'il est traité comme une valeur sociale égale aux autres, et s'il rencontre dans l'échange social une équivalence de ressources.

La solidarité naturelle ne lui procure ni l'une ni l'autre de ces conditions nécessaires à la satisfaction de son besoin de justice. Elle est le triomphe des forts, des plus avantagés de la vie. Il n'y a pas de morale ni d'équité dans l'interdépendance universelle qui nous accable de ses influences malignes aussi bien qu'elle nous transmet ses bienfaits, qui nous menace par exemple de la contagion[1] autant qu'elle nous fait jouir de la sociabilité. La justice ne naît que lorsque les hommes sentent dans l'ordre général et veulent, dans ce qui dépend d'eux,

---

1. « Les microbes, a dit avec justesse Duclaux, tendent plutôt à nous écarter les uns des autres qu'à nous rapprocher. »

redresser les injustices de la solidarité naturelle. — Mais comment les redresser? Ici on revient par un détour imprévu au sens ancien du mot *solidaire*. On observe que dans l'association humaine, résultat de la solidarité de fait, chacun profite du fonds traditionnel et séculaire accumulé par les ancêtres. Une chaîne continue d'initiatives, d'efforts, d'inventions et de créations nous relie à nos aïeux. Nous ne serions rien sans eux. C'est par eux, à tous les titres, que nous vivons. Nous avons beaucoup reçu d'eux, et reçu gratuitement : donc nous sommes leurs débiteurs[1]. Chacun de nous naît débiteur. Dans quelles conditions et dans quelles proportions? Nous le verrons plus tard. Pour le moment tenons-nous en au principe. Le principe est que l'homme n'est pas libre de la totalité de son être puisqu'il a contracté une dette en naissant. « La situation de l'individu social réel diffère autant, écrit M. L. Bourgeois, de celle de l'homme complètement libre que diffère, au point de vue juridique, la situation d'une personne qui ne s'est engagée à rien envers qui que ce soit, qui agit dans la plénitude de la liberté, et celle d'une personne qui a contracté, qui a formé avec d'autres une association. »

Le raisonnement contient une contradiction qui de suite frappe les yeux et l'esprit. Les hommes, dit-on, sont liés par une *association antérieure à leur*

---

1. E. About avait déjà développé cette idée dans le *Progrès* : « Tous les biens dont vous jouissez vous les devez aux hommes qui vous ont précédés dans le monde... Vous devez quelque chose à leurs fils, vos contemporains. » P. 27.

naissance et dont ils ne se peuvent dégager : puis quelques lignes plus bas, on les assimile à des personnes ayant *contracté,* ayant formé une association avec d'autres. Quel rapport y a-t-il entre les deux situations, l'une *de fait* qui constitue une dépendance naturelle et imposée, l'autre *de droit* qui constitue une obligation juridique résultant d'un accord libre, ce qui est la définition même du *contrat?* Par la première constatation, on affirme la solidarité naturelle et de fait que personne ne nie : par la seconde, on veut transformer cette solidarité naturelle et de fait en solidarité contractuelle : mais on omet une seule chose : démontrer l'existence du contrat.

C'est un peu l'analogue de Rousseau et de son *contrat social* : mais Rousseau ayant posé l'idée du contrat suit son hypothèse jusqu'au bout. Ici au contraire, on recule. On s'aperçoit que la définition qui a été donnée d'une « association antérieure à leur naissance » exclut pour les hommes l'idée d'un contrat proprement dit. On reconnaît qu'en fait il n'y a pas eu de consentement préalable entre les humains ; qu'il n'a pas pu y en avoir et que ce serait un roman à la Rousseau de supposer qu'il y en a eu un. Mais on ne veut pas renoncer au contrat qui, comme le remarque Sumner Maine, « distingue principalement notre époque des générations précédentes par la place qu'il y occupe, en substituant de plus en plus les arrangements bi-latéraux aux contraintes d'autorité. » Il faut faire bénéficier la solidarité du prestige des « arrangements contractuels ». Mais pour cela, dit-on, — et ici commence le détour subtil où, ainsi

que l'écrit M. Bouglé, M. Léon Bourgeois « se sou-
vint, à propos, de sa science de juriste et d'un coin
sombre du Code civil tira une vieille notion qu'il
gonfla d'un contenu nouveau » — un contrat formel
est-il nécessaire ? Si le consentement des individus
n'a pas présidé à la formation des sociétés, ne peut-
on affirmer que ce consentement préside à leur maintien ? Et ne suffit-il pas qu'il intervienne même après
coup, même tacitement, pour qu'on puisse affirmer
qu'il existe entre tous les membres d'une société « ce
que le droit civil a depuis longtemps désigné sous le
nom de *quasi-contrat* ? » Or, un quasi-contrat impose
à chacun des obligations qui ne peuvent être autres
qu'une représentation et une interprétation de l'accord qui eût dû s'établir préalablement entre eux
s'ils avaient pu être librement consultés. La pré-
somption du consentement qu'auraient donné les
volontés libres et égales sera le fondement du droit :
et ce droit, l'État sera là pour le sanctionner.

C'est ici, il faut l'avouer, une bien discutable et même
extraordinaire extension du sens du « quasi-contrat ».
En l'absence d'un contrat formel, le Code civil (art.
1370-1371) stipule que certains actes *volontaires,*
émanant d'une seule personne, peuvent entraîner
pour elle des obligations envers une autre personne,
et quelquefois un engagement réciproque des deux
parties. « Les quasi-contrats, dit l'art. 1371, sont les
faits purement volontaires de l'homme dont il résulte
un engagement quelconque envers un tiers et quelquefois un engagement réciproque des deux parties ».

M. L. Bourgeois, d'ailleurs, cite incomplètement

l'article 1370 dans ces termes : « Certains engagements se forment sans qu'il intervienne aucune convention, ni de la part de celui qui l'oblige, ni de la part de celui envers lequel il est obligé ;... les uns... sont les engagements formés involontairement, tels que ceux entre propriétaires voisins, ceux des tuteurs... » Le véritable texte du Code ajoute, à la suite du premier paragraphe cité par M. Bourgeois, ces mots : « Les uns résultent de l'autorité seule de la loi ; les autres naissent d'un fait personnel à celui qui se trouve obligé.

« Les premiers (c'est-à-dire ceux résultant de l'autorité seule de la loi) sont les engagements formés involontairement tels que ceux entre propriétaires voisins, ceux des tuteurs... Les engagements, qui naissent d'un fait personnel à celui qui se trouve obligé, résultent ou des quasi-contrats, ou des délits ou quasi-délits. » On voit que les engagements involontaires dont parle M. Léon Bourgeois ne sont pas considérés par le Code comme des quasi-contrats, mais comme des engagements résultant de l'autorité seule de la loi.

Le Code traite spécialement, on le sait, au sujet des quasi-contrats, du cas de la gestion volontaire d'un bien d'autrui sans mandat, et qui impose à celui qui gère et à celui dont le bien est géré certains devoirs. Certains commentateurs citent d'autres cas de quasi-contrats : la procréation des enfants, le maintien de l'état d'indivision entre co-propriétaires, qui supposent l'une un acte, l'autre une abstention *volontaire,* d'une au moins des parties.

Donc, on peut prétendre que les pères sont obligés vis-à-vis de leurs descendants ; mais la réciproque, en partant de ce principe, est plus malaisée à établir. Quant au cas du maintien de l'indivision, il ne s'applique pas à l'état social, où le choix des participants n'existe point, et il est illégitime d'en déduire un quasi-contrat.

« Qu'il soit arrivé à ses conclusions par une méthode strictement scientifique, c'est ce qu'on pourrait contester au Solidarisme », écrit ingénuement M. Bouglé, malgré ses sympathies pour la nouvelle doctrine. Nous avons essayé de montrer combien cette méthode est en effet peu strictement scientifique. Elle consiste à prendre des termes juridiques d'ailleurs très discutés par les jurisconsultes eux-mêmes, dans un sens que ni leur origine, ni leur usage consacré n'autorisent, et à en extraire, par des analogies inexactes, des déductions forcément inexactes aussi.

III

D'ailleurs ce premier pas fait hors de ce que permet une saine argumentation, quel parti tire-t-on pratiquement, au point de vue de la justice sociale, de ce quasi-contrat qu'on vient de subtilement édifier comme base du système ? Celle-ci consiste tout d'abord, dit-on, à ce que les hommes reconnaissent qu'en naissant ils sont débiteurs. Vis-à-vis de qui ? Nous venons de le voir : De leurs ancêtres qui leur ont légué en premier lieu l'existence, puis un ensemble de civilisation, un outillage de production intellectuelle et industrielle, sans lesquels ils ne pourraient pas vivre, ou leur vie serait misérable. Or, la justice exige qu'on paye ses dettes. Mais payer à des morts et sans savoir à quels morts, ni sous quelle forme, c'est malaisé, et il n'y aurait là aucune réalisation de justice. Alors on a recours à un second détour : on a l'idée de substituer comme créanciers les vivants aux morts, et à leurs aïeux plus ou moins lointains et intangibles, les contemporains. On observe que la dette des vivants vis-à-vis des morts est très inégale. Les uns ont reçu beaucoup d'avantages sociaux. Les autres peu. Ceux-ci ont été favorisés par l'héritage, par l'éducation, par la situation de leurs parents. Ceux-là sont dénués de patrimoine, d'instruction, d'aide matérielle et intellectuelle de tout genre. Eh bien ! la justice exige que la compensation se fasse. La dette que nous ne pouvons pas acquitter aux ancêtres puisqu'ils ne sont plus là pour la toucher, payons-la à leurs descendants, et en raison inverse de ce qu'ils ont reçu en naissant. « Envers qui sommes-nous obligés ? écrit M. Léon Bourgeois : envers le passé... Mais le trésor amassé par l'effort commun des générations éteintes, ce sont tous nos contemporains qui ont un droit égal à en profiter. Et si certains d'entre nous, comme cela a lieu dans la réalité, sont empêchés d'en tirer parti, si d'autres en bénéficient d'une manière surabondante, ne suis-je pas fondé à dire qu'il y a un redressement de compte à opérer, que chacun est débiteur ou créancier de naissance, qu'il faut refaire son compte social..., que les uns doivent rendre, doivent payer et que les autres doivent recevoir?»

La forme « de redressement de compte » qu'on donne ainsi à la théorie de la dette sociale me paraît inadmissible. Elle est illégitime en bonne logique, j'ai essayé de le démontrer; et elle est fuyante dans l'application. En effet, de l'aveu même de ses auteurs, et M. Bouglé y a largement insisté, elle reste dans une indétermination complète, soit au point de vue de la quotité, soit au point de vue de l'incidence du redressement. Après avoir proclamé que le compte individuel existe en principe, on confesse qu'il est impossible à établir pratiquement. Cela est évident. Je ne vois pas comment il serait faisable vis-à-vis des créanciers primitifs, nos ancêtres qui, après tout, ne nous ont pas consultés lorsqu'ils nous ont donné l'être, qui ont vécu pour eux-mêmes, souvent en gaspillant les richesses de la terre, forêts, mines, espèces animales, et mêmes œuvres d'art ou de civilisation. De quoi sommes-nous leurs débiteurs pour la vie qu'ils nous ont transmise, plus que nous ne le sommes, vis-à-vis de la nature, pour l'air que nous respirons? D'ailleurs, comme le dit Hamlet, nous ne choisissons pas nos aïeux. Ils nous ont légué non seulement la vie dont quelques-uns des descendants se seraient peut-être volontiers passés, mais souvent des dispositions, des vices, des préjugés, ou des infirmités héréditaires qu'il faudrait bien faire entrer en ligne de compte dans un calcul de doit et avoir. « Voici un homme, disait un des contradicteurs du solidarisme[1], qui a hérité cent mille francs et une maladie mentale. Établissez son compte ! »

Comment encore calculer les proportions dans lesquelles je me suis acquitté de ma dette — si dette il y a — par mon travail, par le parti que j'ai tiré de mes facultés naturelles ou de ce que j'ai reçu de mes aïeux de biens matériels et intellectuels ? Est-ce que par mon labeur, par mes inventions, mes productions, mon exemple même, je n'ai pas plus enrichi la société que je n'ai augmenté ma propre prospérité ? Est-ce que beaucoup d'individus n'ont pas fait plus pour l'humanité que celle-ci n'a fait pour eux ? C'est le cas des grands savants, des grands artistes, des grands inventeurs[2]. Combien de travailleurs plus ou moins connus, ou plus ou moins obscurs, pour une rémunération parfois bien modeste, et parfois contre une vie de misère et de sacrifices, au prix d'une lutte incessante contre la routine et le préjugé, ont grossi dans des proportions incalculables le patrimoine intellectuel, moral ou industriel de l'humanité ? Comment décider si, et dans quelle mesure, celle-ci est restée leur débitrice ou leur créancière ?

L'indétermination de la dette de quelques-uns n'empêche pas, réplique-t-on, l'obligation de subsister pour le plus grand nombre. Je n'y verrais pas

---

1. M. Malapert, *op. cit.*, p. 105. — Voir également les objections de M. F. Buisson dans les discussions du *Congrès de l'Éducation sociale* (recueillies dans la 3e édition de *Solidarité* par M. Léon Bourgeois, 1902).

2. Tout homme qui vient d'Amérique, écrivait Emerson, doit mettre sa carte à Christophe-Colomb !

d'inconvénients, si elle avait seulement pour but et pour effet de créer des débiteurs sociaux vis-à-vis de la masse collective de l'humanité, de pousser ces débiteurs à l'accomplissement d'un devoir social envers les moins favorisés de la fortune et de les incliner à dépasser plutôt qu'à restreindre la mesure de leur obligation. Mais il y a les créanciers. Ce n'est pas un devoir social qu'institue le quasi-contrat, c'est une dette proprement dite, c'est une dette contractuelle, on y insiste, une dette vis-à-vis de créanciers désignés, ou plutôt qui se désigneront eux-mêmes pour exiger le paiement. Or, les créanciers sont le nombre, le très grand nombre, puisqu'ils sont tous ceux qui ne sont pas satisfaits de leur part dans le patrimoine social, et ils sont le nombre vivant, s'agitant et votant. Vous les instituez porteurs d'une créance ferme, non définie, non limitée, non articulée vis-à-vis de telle ou telle personne, flottante dans sa quotité, sinon dans son principe, et atteignant solidairement une classe clairement désignée. Attendre des réclamants, dans ces conditions, de la modération, de l'équité ou même de la patience dans la façon dont ils établiront eux-mêmes leur créance, c'est vraiment trop demander de la nature humaine : c'est vouloir que les uns soient toujours menacés au nom d'un droit méconnu, les autres jamais satisfaits : il n'y a rien là de rassurant pour la paix sociale.

IV

On ne voit pas, en effet, pourquoi celle-ci naîtrait

de la satisfaction donnée aux premières revendications et pourquoi les exigences n'iraient pas beaucoup plus loin ; à savoir, jusqu'aux conclusions du collectivisme.

« Le solidarisme, écrit M. Bouglé, pour satisfaire à son sentiment de la justice sociale, aurait besoin d'interventions de l'État fréquentes et comme normales. Les droits qu'il reconnaît aux déshérités sont tels que la société, pour les respecter pleinement, aurait à s'imposer des remaniements profonds. »

Où arrêter ces remaniements ? Les écrivains socialistes se sont bien vite aperçus et servis des arguments que leur apportait le solidarisme juridique : ils ont même vite dépassé les conclusions où se bornaient ses premiers créateurs.

A la doctrine de la dette sociale, mal définie et mal mesurée, pourquoi, ont-ils dit, ne pas substituer celle « de la location de l'outillage social ? »

Vous reconnaissez vous-mêmes qu'au fond chacun n'a plein droit qu'au produit de ses facultés naturelles et de son travail propre, et non à une part privilégiée du bénéfice de la plus-value sociale : donc il n'est qu'usufruitier à titre onéreux de tout ce qui est d'origine sociale dans les ressources que la civilisation et les lois antérieures ont mises à sa disposition. S'il n'est qu'usufruitier, il n'a pas droit à la pleine propriété de ce que la société a ajouté au fruit direct de son effort isolé. Donc comme propriétaire du sol qui tire presque toute sa valeur de l'agglomération humaine, ou des instruments de production, résultat de la civilisation, il usurpe, et la société a le droit de lui reprendre sa part pour la remettre dans l'indivision commune : et l'on revient ainsi, par un détour aisé, aux conclusions du collectivisme, à la socialisation de la propriété individuelle, comme étant le seul remède efficace de l'injustice sociale. « Le solidarisme, dit un des conférenciers à tendances socialistes[1], a nettement posé le principe du devoir de la société envers les faibles... du droit des faibles sur la société... mais il maintient la forme actuelle du droit de propriété, de sorte que la société est seulement engagée à guérir les maux qu'elle a produits par sa propre organisation. La justice, selon M. Léon Bourgeois, est une justice réparatrice. La justice socialiste est une justice organisatrice. Le système socialiste s'oppose au solidarisme comme l'hygiène, la médecine préventive, à la thérapeutique, qui guérit la maladie une fois née. »

Je ne suis pas bien sûr de l'efficacité d'une hygiène qui, — c'est le cas du collectivisme, — ne tient nul compte de la véritable nature de l'homme, de son tempérament, des ressorts de son activité, de ses besoins physiques, moraux et sentimentaux : et c'est la principale objection que M. Léon Bourgeois, l'un des plus éloquents créateurs du solidarisme, fait à ses contradicteurs socialistes. Il se transporte, pour leur répondre, sur le terrain des réalités. « Je crains que vous ne diminuiez dans une énorme pro-

---

1. M. Rauh, maître de conférences à l'Ecole normale (p. 175, *loc. cit.*). Voir également les articles de M. Ch. Andler dans la *Revue de métaphysique* sur les conférences de M. Darlu.

portion l'activité de l'homme. Il ne faut pas décourager l'initiative, l'effort, la liberté. Et qui fixera le dividende? qui procédera à la répartition? Tout cela me paraît impraticable et dangereux. » Qu'importe? pourraient répondre les socialistes, si c'est la justice, et s'il faut, avant tout, comme vous-même l'avez proclamé, que la justice soit? — « Le solidarisme prétend n'augmenter de l'État que le pouvoir judiciaire, écrit M. Bouglé[1] : cela suffit aux socialistes, car en accordant à ce pouvoir judiciaire le pouvoir de faire exécuter le quasi-contrat social, il consent à la plupart des mesures que ceux-ci réclament pour rétablir l'équilibre entre déshérités et privilégiés. Il y a le socialisme caché dans les fruits du solidarisme... Celui-ci est sur la pente du socialisme. »

Or, le chemin qu'on descend sur cette pente est rapide. La seule proposition relative à l'action législative qui avait été présentée au *Congrès d'éducation sociale* et votée par lui, était la suivante :

« Les lois doivent exclure toute inégalité de valeur sociale entre les contractants. Elles doivent aussi, dans la mesure du possible, donner à l'effort de chacun l'appui de la force commune et garantir chacun contre les risques de la vie commune. »

A titre d'indication pratique, on ajoutait que « le moyen d'assurer l'équité de contrat social par la compensation de la dette sociale peut se résumer en ces trois termes principaux : 1° assurance contre

1. *Revue Politique et Parlementaire*, 10 mars 1903.

le défaut de culture des facultés intellectuelles ; 2° assurance contre les incapacités naturelles ; 3° assurance contre les risques sociaux. »

C'est là déjà, sous une forme concise, un très vaste programme et où il faudrait établir qui, dans chaque cas, fera les frais de l'assurance. Vise-t-on l'extension de la *mutualité* à laquelle on a souvent donné le nom même de *solidarité*? Alors ce n'est pas l'acquittement d'une dette par les plus favorisés, puisque le principe de la mutualité, c'est l'assurance et la garantie réciproques. Vise-t-on, au contraire, des sacrifices imposés à une partie des citoyens pour accorder aux autres, grâce au budget de l'État grossi par l'impôt rapidement progressif, certains bienfaits sociaux comme l'instruction gratuite à tous les degrés, ou l'existence assurée à tous ceux qui sont dans l'incapacité de se la procurer par eux-mêmes? C'est ce qui se lit entre les lignes, et ce que beaucoup en concluent à brève échéance : mais il faudrait le dire nettement.

Bien vite aux desiderata posés plus haut, des disciples en ont ajouté d'autres, tels que « l'obligation du travail pour tous, l'interdiction pour un membre du corps social de jouir du superflu tant que l'un quelconque des autres membres est dans l'impossibilité de se procurer sa subsistance ; puis la réforme de l'héritage, ... conséquences déjà aperçues par certains esprits comme découlant du principe de solidarité sociale [1] ».

1. Article *Solidarité* dans la *Grande Encyclopédie*.

Celle-ci a pénétré à la Chambre sous forme d'une loi « créant un service public de solidarité sociale pour procurer l'assistance obligatoire aux vieillards infirmes et incurables. » On a invoqué — M. Millerand notamment — pour faire adopter le titre de la loi [1], le droit à la vie, la créance que tout homme en naissant a sur la société. Voici immédiatement les conséquences qu'en déduit M. Jaurès : « Il suffira de donner au droit à la vie son sens plein et une forme juridique adéquate pour transformer graduellement la société et la propriété... Le droit à la vie commande non seulement toute une évolution d'assistance et d'assurance, mais toute une évolution de propriété. Il est la formule juridique fondamentale d'où tout le socialisme peut se développer en des formes sans cesse élargies [2]. »

« Quand serai-je quitte de ma dette sociale, écrit M. Bouglé ? Et qui pourra m'en assurer ? Entre ce qui revient à la société et ce qui me revient en propre, personne, a-t-on observé, n'est capable de faire le départ. Ma dette reste donc une somme indéterminée, et que je ne serai jamais sûr d'avoir acquittée. Bien plus : ce que j'en sais de plus clair, c'est qu'elle est une quantité sans cesse croissante. Car je vis, et ma vie ne se soutient que par des emprunts journellement renouvelés. Nul être, convient M. Bourgeois, n'est définitivement libéré ; par cela même qu'il continue de vivre, il devient de

---

1. Il a été modifié par le Sénat.
2. *Petite République,* 16 juin 1903.

nouveau débiteur. » Et ainsi poursuivra-t-il toute sa vie une libération qu'il n'atteindra jamais. Sa dette retombe sur lui chaque jour. C'est le rocher de Sisyphe. La limite qu'on impose, au nom d'une pareille théorie, à l'intervention sociale, ne saurait être qu'une limite essentiellement mobile.

Pour son compte, M. Bouglé, on l'a vu, la déplace hardiment du côté des « réclamations qui sont le nerf du socialisme : le droit à la vie, le droit au travail, le droit à l'instruction, le droit au loisir, réclamations que le solidarisme ne craint pas de s'incorporer ». M. Jaurès y ajoute le droit à la propriété.

Quant à savoir comment la société compte réaliser ces « réclamations », ni, si celles-ci étaient réalisables, comme elle en réaliserait de suivantes tout aussi pressantes, c'est une autre question. Au fond le solidarisme s'engage dans un engrenage qui, sous prétexte de respecter les « contrats latents » aussi bien que les contrats explicites, le mène tout droit à un socialisme avancé, oppresseur de l'individu, proche et avant goût du collectivisme; et cela, parce que le solidarisme confond dans son appel à la solidarité des choses très différentes et qui doivent rester différentes : le devoir et la dette, le domaine morale et le domaine juridique, l'utilité sociale et l'obligation vraiment contractuelle.

V

Il faut résolument sortir de ces confusions d'idées

et de mots, trop fréquentes à notre époque, qui sont le fléau des études sociales et qui conduisent à des solutions dangereuses pour la liberté humaine.

L'interdépendance sociale est de plus en plus présente et comme vibrante à nos consciences, et c'est une des grandeurs de notre temps d'en avoir transformé chaque jour davantage le sens intime en réalités d'association. De plus en plus nous sommes convaincus que l'homme n'est pas isolé, qu'il se relie étroitement à ses ancêtres, à ses contemporains et à ses descendants.

« Il n'est pas un Peau-Rouge qui puisse se quereller avec sa femme, disait Carlyle, sans que le monde entier en souffre. Le jet d'un caillou par ma main se répercute dans l'univers... Une génération n'est pas moins indissolublement liée à une autre génération... Qui a imprimé ce modeste livre ?... C'est Cadmus de Thèbes, c'est Faust de Mayence... C'est Tubalcaïn qui a fait l'aiguille de mon tailleur [1] ». L'idée de la solidarité et la façon pittoresque de l'exprimer, on le voit, ne sont pas nouvelles. Seulement, par les progrès de la science et de la civilisation, cette idée s'incruste de plus en plus profondément dans nos mœurs et dans notre langage. Chacun de nous apprend un peu plus clairement chaque jour, qu'il est fragment, non seulement du groupe familial ou communal, mais d'un vaste tout où le bonheur des uns dépend en grande partie du bonheur

1. *Sartor Resartus*, trad. franç., p. 231. — M. Fouillée a employé cette belle image : « Celui qui a inventé la charrue laboure invisible à côté du laboureur. »

de beaucoup d'autres. Il sait que l'âme collective ou nationale dans ses joies ou ses tristesses n'est pas un vain mot. Un souffle de communauté, chaque jour plus étendu, l'enveloppe. « Quelque chose de l'homme a traversé mon âme » s'écriait un grand poète, fidèle écho des aspirations de ses contemporains[1]. D'autres ont lancé ou repris l'heureuse formule qui a eu un si vaste retentissement : « Chacun pour tous, tous pour chacun ! » Il se crée ainsi dans l'esprit et dans le cœur de l'homme moderne comme une trame continue et indissoluble entre lui, ses aïeux, sa famille, ses proches, ses amis, ses concitoyens, et qui est en voie de s'élargir peu à peu jusqu'à l'humanité. De là est née une conception de la vie à la fois individuelle et multiple, de ses doubles émotions et de ses doubles devoirs, assurément très différente de celle qu'a pu engendrer, à certaines époques, un individualisme exagéré. Cette conception, développée et comme réchauffée par tant de philosophes et de moralistes récents, éloquents interprètes du *Devoir social,* se traduit dans l'existence civique, à la fois par des obligations légales et par des obligations morales : mais toute la question de la liberté consiste précisément à distinguer les unes des autres, à déterminer ce qui peut légitimement être imposé par contrainte d'État aux citoyens au nom de la solidarité sociale nationale ou corporative, et ce qui doit rester du domaine de la conscience individuelle ou de l'intérêt bien entendu.

1. Sully-Prudhomme.

Certains auteurs, même non socialistes, tranchent la question avec une aisance vraiment surprenante. Voici, par exemple dans le recueil que nous avons déjà cité, l'assertion d'un des conférenciers, M. Charles Gide : « Je considère l'État toutes les fois qu'il est organisé démocratiquement, c'est-à-dire toutes les fois que la loi et le gouvernement ne sont que l'expression sincère de la volonté de la majorité, comme véritablement une association libre, tout aussi bien et mieux qu'une société financière ou coopérative ou une compagnie de chemins de fer. Sans doute il faut se soumettre à la loi de la majorité : mais quelle est donc l'association où il puisse en être autrement? Dès qu'il y a trois personnes associées, il faut bien que, s'il y en a deux du même avis, la troisième se soumette. » L'auteur accepte qu'il y a une différence, puisque si l'on entre volontairement dans une association, on ne choisit pas sa patrie : mais l'objection ne l'arrête pas : on n'a, dit-il, qu'à changer de patrie!... A condition encore que les idées qu'on vient d'énoncer n'aient pas prévalu partout! — Mais il y a encore une autre objection qu'on ne soulève même pas et qui saute aux yeux. Une association commerciale ou autre ne vise qu'un objet déterminé, restreint dans sa portée, fixé par les statuts et qu'elle ne peut dépasser sous peine de nullité : tandis que l'État embrasse, ou pourrait embrasser, grâce aux simples décisions de la moitié plus un de ses citoyens, l'universalité de la vie morale, sociale et individuelle, et transformer le joug de la majorité en une oppres-

sion intégrale dont nulle tyrannie du passé n'a
fourni l'exemple.

Ce n'est plus là solidarité, mais servitude d'État.
La solidarité sociale mal comprise y conduit, si elle
s'écarte d'une conception d'ensemble de la société
dans laquelle le mieux être individuel ne peut être
séparé du mieux être général. Or le mieux être individuel comporte avant tout une indépendance individuelle qui ne doit être sacrifiée que là où le sacrifice est indispensable à la conservation et à la
sécurité de l'État : ce qui soulève, dans chaque cas
d'espèce, des difficultés d'appréciation et d'application qu'aucun esprit sage ne voudrait contester.
L'important est que la liberté ne soit pas dès l'abord
immolée, et que l'esprit humain conserve au sujet
de l'organisation sociale la notion prépondérante
d'un vaste domaine où « par une libre collaboration,
comme le dit si justement M. E. Boutroux, dans la
conférence qu'il a écrite sur le sujet qui nous occupe[1], les individus peuvent et doivent *se concerter*
entre eux pour pouvoir collectivement à l'ensemble
de leurs besoins matériels intellectuels, moraux et
religieux ; et c'est là une solidarité créée de toutes
pièces par la liberté humaine[2] ».

Voilà la solidarité vraiment digne de propagande
ardente, source de satisfactions profondes pour une
humanité chez qui les sentiments de dévouement à
autrui seront développés par une éducation appro-

---

1. *Loc. cit.*, p. 281.
2. M. Boutroux se rencontre ici avec Herbert Spencer (*Justice*, p.
215) qui emploie presque les mêmes termes.

priée, foyer d'incitations profitables à l'intérêt social commun[1]. C'est la « chaîne souple, dont parlait de Maistre, qui nous relient sans nous asservir » ; « l'union de conscience qui s'élabore, le concours de volontés qui se cherchent et peu à peu se trouvent », suivant l'expression d'un éminent philosophe contemporain[2], union et concours qui fécondent l'initiative individuelle.

En suivant cette voie, tous les efforts porteront leurs fruits. Elle diverge autant du solidarisme proprement dit que le rythme qui règle et associe spontanément les mouvements d'une escouade de travailleurs libres, — ce rythme cadencé, origine, d'après certains auteurs, de toute musique, — diffère des coups de fouet qui, sur les bas-reliefs d'Égypte ou d'Assyrie, coordonnent les sursauts des longues files de captifs.

Cette solidarité-là repousse la transformation de sa propre essence en un système proprement juridique, en une comptabilité de doit et avoir : car elle ne présente aucune des conditions fondamentales d'une règle de ce genre. A l'engluer de droit romain

1. « Les conditions de l'existence se modifient et avec elles les conditions du bonheur. Une théorie du bonheur qui ne tiendrait pas compte de ses conditions sociales transformées par la notion de solidarité, ne saurait plus être prise au sérieux. » Souriau (*les Conditions du bonheur*).

2. M. Fouillée : *La science sociale contemporaine* (2ᵉ éd.). — M. Doniol a dit très justement dans un article sur l'*Économie politique et l'utopie* : « On imagine une *solidarité* qui fait de la personne un co-partageant pur et simple ayant droit fondamentalement au bénéfice de l'activité d'autrui. Et cela sans se douter, ou sans s'en inquiéter en rien, si, sous une pareille loi, l'activité personnelle subsisterait, s'il y aurait encore, socialement parlant, un « individu ».

ou de Code civil, à l'étayer artificiellement de juris-
prudence, on risquerait de compromettre et d'affaiblir cette bonne solidarité, celle qui déjà fait grand
honneur à notre temps, qui, là où une règle d'État
est injuste, dangereuse ou inefficiente, au lieu d'opposer les uns aux autres des droits et des revendications impossibles à mesurer, des créanciers et des
débiteurs dont ni les dettes ni les créances respectives ne sauraient être calculées équitablement, unit
les cœurs et associe les volontés dans la conscience
d'un commun devoir social. Dans l'ordre des sentiments, pousser au développement de plus en plus
conscient de ces vertus de la nature humaine qu'on
appelait autrefois la charité, « supérieure encore à
la foi et à l'espérance », disait l'apôtre, la fraternité
ou la philanthropie, purs joyaux des religions ou
des doctrines morales, de ces penchants auxquels
Auguste Comte a donné le nom plutôt barbare d'*altruisme,* et qui représentent vraiment les sources de
cette *vie supérieure,* idéal de l'existence sociale ; —
dans l'ordre des faits, encourager l'association, qui
sous ses aspects multiples, mutualité, assistance,
lutte contre la contagion, coopération, et même
simple collaboration industrielle entre le capital et
le travail, à déjà, dans des proportions considérables, amélioré la condition humaine ; l'association,
qui, sans réaliser le bien-être universel utopique
que certains rêvent, peut singulièrement soulager,
en s'étendant, les souffrances des classes laborieuses :
voilà le devoir de tous ceux qui, partant de la solidarité de fait qui existe entre les hommes, veulent

y introduire chaque jour plus de réciprocité bienfaisante et plus de liberté réelle.

La solidarité ainsi comprise rappelle tout particulièrement le devoir social aux mieux partagés de ce monde et les incite énergiquement à l'accomplir : mais elle y laisse, en respectant la liberté de l'individu, une certaine élasticité morale qui fait le mérite et aussi l'efficacité de l'accomplissement. « La contrainte d'État, disait Fourier, produit la stérilité et prouve le manque de génie. » La glace qui emprisonne et paralyse les eaux vives, est aussi une solidarité. Les écrivains ou les politiques, qui veulent faire de cette solidarité ou de ce solidarisme-là une sorte de religion nouvelle de la démocratie, oublient la première condition et comme la source nécessaire des sentiments vraiment religieux, la spontanéité.

VI[1]

Précisément la préoccupation des observateurs attentifs des mouvements de la pensée contemporaine est de savoir si, dépouillée de ses croyances dogmatiques et comme laïcisée par la science, l'âme humaine pourrait encore, dans l'ordre des sentiments altruistes, conserver la chaleur et l'élan nécessaires à leur faire produire leur action bienfaisante. C'est là, on peut le dire, une question passionnante et de

---

1. J'emprunte ici quelques pages à mon étude *Socialisme et dévouement social* publiée dans *Socialisme et problèmes sociaux*.

laquelle dépend pour les esprits indépendants, leur confiance dans l'amélioration sociale. En effet, l'évolution scientifique de tous les ordres de sentiments, d'idées et de croyances, se poursuit avec plus ou moins de rapidité, mais elle ne rétrograde jamais d'une façon définitive : c'est la conclusion que nous fournit l'histoire de la civilisation ; et tant que des faits nouveaux et suffisamment durables n'auront pas surgi pour l'infirmer, il faut bien nous y tenir. C'est un mouvement qui échappe à nos volontés, étant le fruit de la logique des choses. Il est plus fort que les résistances qu'on voudrait lui opposer. Il s'étend à la façon d'une contagion toute-puissante ou d'une irrésistible cristallisation. En effet, les succès triomphants obtenus par une méthode intellectuelle dans une branche de l'activité humaine lui créent forcément de nouveaux champs d'exploration. Le domaine moral est déjà envahi par les procédés de la science et ne s'y dérobera pas plus que le domaine physique où ils ont produit des merveilles.

« Qui peut prévoir, disait l'éminent et prudent penseur qu'était Albert Sorel, à la séance de rentrée de l'Université de Lille (3 octobre 1897), qui peut prévoir les influences que par contre-coup, par analogie, les méthodes, les exemples, les découvertes d'un Pasteur, transportées de l'étude des organismes vivants à l'étude des sociétés humaines, peuvent exercer sur nos sciences historiques et sur nos sciences sociales?... Tout est lié dans les choses humaines, et il n'y a qu'une méthode pour en acquérir les connaissances. L'art social ne se forme point autrement que la médecine ou l'histoire. S'il doit y avoir un jour une science sociale proprement dite, ce sera par l'application aux faits sociaux des procédés des sciences exactes, des sciences de la nature[1]. »

Sans doute, l'investigation sur le terrain de la science appliquée aux choses sociales est beaucoup plus difficile et lente que sur d'autres, à cause de la complexité des phénomènes et de leur caractère fuyant. Je ne me laisse pas cependant décourager par la lourdeur des méthodes qu'on a appliquées à la sociologie, « cette science baptisée avant d'être née », comme l'a dit spirituellement Tarde, ni rebuter par les erreurs qu'on a commises dans l'application de ces méthodes[2], par les confusions

1. « Sans que nos cœurs s'en doutent, le télescope et le microscope ont déjà changé nos cœurs. » (Izoulet, *la Cité moderne*, p. 14.) « Un courant invincible vers la laïcisation entraîne la pensée humaine tout entière. » S. Reinach, *Orpheus : Hist. gén. des religions*, 1909, p. 36.

2. Sur les questions mêmes de méthode — les plus importantes lorsqu'il s'agit de fonder une science ou de la développer — des divergences graves subsistent entre les sociologues. Voir *Les règles de la méthode sociologique*, par Durkheim, qui, après avoir critiqué celles posées par les plus illustres comme A. Comte, Spencer ou S. Mill, essaye d'en poser de différentes, lesquelles à notre avis prêtent également à l'objection. Même sur la définition des « faits sociologiques » on ne s'entend pas. M. Durkheim qui en propose une me paraît tomber dans l'erreur qu'il reproche aux sociologues en général de prendre des *concepts* pour des *choses*. Il définit faits sociaux ou sociologiques ceux qui *s'imposent*? N'est-ce pas les hommes qui se les imposent ou à eux-mêmes, ou mutuellement? Il n'y aurait donc là qu'une généralisation de faits individuels propagés par la contrainte de quelques-uns, ou par l'imitation volontaire de la majorité. Il y a dans toute tentative d'assimiler la société à un organisme ayant sa vie propre en dehors de celle des individus qui la composent, quel-

qui se sont établies entre des branches d'études bien différentes et qu'on a à tort mélangées, par les résultats trop hâtifs qu'on a bruyamment proclamés. La réalité est que l'observation méthodique, qui déjà aux mains de Platon et Aristote, s'était portée avec fruit sur les phénomènes sociaux, y a été ramenée de notre temps avec une singulière vivacité. Des esprits de tout genre et de toute provenance ont apporté à ces études un zèle extraordinaire. Il ne faudrait pas conclure de la confusion d'idées ou des vices d'analyse de quelques-uns, à l'impuissance générale de la science en ces matières. La science a seulement besoin de s'adapter à ce milieu encore relativement nouveau pour elle, et d'abandonner,

que chose d'arbitraire et de factice qui compromet les définitions qu'on appuie sur cette base. Avant de définir il faudrait, comme dans toutes les sciences dites d'observation, d'abord bien observer. La classification viendrait ensuite.

Nul à notre avis n'a élucidé avec plus de précision les difficultés de l'analyse appliquée aux lois sociales, que S. Mill dans sa *Logique* (fin du 2ᵉ vol. de la trad. franç.). Voir aussi les ouvrages de M. Tarde qui a eu le mérite de combattre avec énergie l'assimilation de la société à un organisme et de la sociologie à la biologie. Ses idées sur l'imitation comme facteur principal de la vie sociale sont fécondes. Je lui reprocherai de n'avoir pas analysé avec autant de rigueur les lois de l'*invention*. Il aurait pu, il semble, mettre plus en relief qu'il ne l'a fait (*Logique sociale*) la dépendance étroite de l'invention et de l'imitation. La plupart des inventions dites géniales ne sont-elles pas des *imitations étendues* par des cerveaux très attentifs à des catégories de faits auxquelles les lois précédemment reconnues n'avaient pas été appliquées? Il n'y a presque jamais découverte spontanée mais combinaison nouvelle de données connues qui sont imitées, en passant d'un objet à un autre plus vaste. Il est regrettable que l'auteur des « Lois de l'imitation » n'ait pas écrit un traité *méthodique* des lois de l'invention, en s'éclairant de l'ordre historique dans lequel les inventions se sont succédé dans les principales branches de l'activité humaine. Je reviendrai plus loin sur quelques-uns des principes de la sociologie.

pour l'aborder, quelques-uns de ses procédés de simplification ou de généralisation hâtives, qui peuvent réussir dans d'autres champs d'exploration, mais qui ne sont pas de mise en présence de la complexité même de la vie, aussi bien sociale qu'individuelle. Quoi qu'il en soit, les résultats déjà obtenus par une science qui, dans ses investigations méthodiques, ne compte pas soixante-dix ans d'âge, sont encourageants pour l'avenir[1].

VII

Les religions ont exercé et exercent sur les âmes un immense empire : c'est une des premières constatations d'une sociologie impartiale et éclairée. On a vu des milliers d'hommes sacrifier pour leurs croyances, non seulement leur repos et leur bonheur, mais leur vie. On les a vus périr en masse sur les bûchers, aux croisades, dans les guerres religieuses ; les martyrs enfantaient les martyrs. Aujourd'hui encore la foi engendre d'extraordinaires dévouements : sans parler des fanatiques exotiques, et pour s'en tenir au christianisme, que de missionnaires, d'apôtres, de sœurs de charité, de croyants de tout

1. Cf. p. 222 et suiv. ci-dessous. — Il faut tenir compte aussi de la division séculaire qui a subsisté entre les études philosophiques proprement dites et les études scientifiques : quelques-uns de nos *philosophes* en abordant celles-ci et mis tout à coup en possession de certains de leurs résultats, éprouvent comme un éblouissement d'enfants en face d'une lanterne magique. Ils sont extasiés et leur imagination voit quelquefois plus qu'on ne leur montre.

genre, obéissant à une vocation impérieuse, recherchent les souffrances matérielles et morales, les dévouements douloureux, les privations, les sacrifices de tout genre, et semblent heureux de souffrir !

Les miracles produits par la foi religieuse sont si grands, l'élévation de l'homme au-dessus de lui-même par la croyance qui l'exhausse, est dans certains cas tellement saisissante, que l'esprit a peine à renoncer à l'existence de ce genre de mobiles parmi la généralité des générations futures. Par un instinct bien compréhensible, fait à la fois de regrets du passé et de doutes sur les ressources de la raison, beaucoup d'esprits indépendants hésitent à prononcer le divorce définitif entre les sociétés nouvelles et les croyances dogmatiques, comme s'il s'agissait d'enlever aux âmes l'esquif, même à demi détruit, qui les soutient encore sur les flots, et de les abandonner sans appui et sans pilote aux passions, aux appétits contradictoires et menaçants. Ils cherchent des transactions, des compromis. Les uns tâchent par de délicates distinctions, de concilier les affirmations *a priori* du dogme avec les méthodes qu'emploie la science pour acquérir la certitude, méthodes qui sont bien différentes des procédés de la révélation[1]. Les autres voudraient sacrifier certaines par-

---

1. « On a concilié tant bien que mal avec la Bible les découvertes de Copernic et même celles de nos géologues modernes : qui sait si un jour quelqu'un ne sera pas assez habile pour y retrouver les hypothèses de Darwin et de Lamarck ? » écrivait Guyau en 1879 (*La morale anglaise*, p. 362). Depuis, on le sait, le pas a été franchi.

ties des religions qui sont trop inacceptables à la raison moderne et en garder quelques-unes qui, après l'échec du déisme du xviiie siècle, constitueraient une sorte de théisme spiritualiste. D'autres essaient d'introduire dans les méthodes mêmes d'investigation du vrai ou de la connaissance une modification profonde qui ferait dépendre le critérium du vrai de son caractère de bienfaisance pour l'homme, révélée par l'expérience : ce sont les « pragmatistes »[1]. L'avenir révèlera si ces efforts peuvent aboutir à un résultat durable, si la raison humaine peut se scinder, accepter pour résoudre les problèmes qui se posent devant elle, des méthodes contradictoires par leur principe même. Où tracer la ligne de démarcation ? Les religions fondées sur la révélation ont été des merveilles de logique : une fois admis leur point de départ, tout se tient et s'enchaîne dans leur appareil dressé par des siècles de dialectique : est-il possible d'ébranler une seule de leurs assises sans faire s'écrouler tout l'édifice ? La base même de la croyance, n'est-ce pas que la religion seule a droit de se fixer à elle-même des limites et de déterminer le domaine où la raison peut s'exercer sans péril[2] ?

1. Voir sur ceux-ci le petit livre de M. J. Bourdeau, *Pragmatisme et modernisme,* et celui de M. Boutroux, *Science et religion.*

2. « L'Église n'interdit pas aux sciences de se servir des principes et de la méthode qui leur sont propres chacune dans sa sphère : mais, en reconnaissant cette juste liberté, elle veille à ce que les sciences ne se mettent pas en opposition avec la divine doctrine en enseignant les erreurs contraires ; ou que sortant des limites qui leur sont propres, elles n'aient la prétention de pénétrer dans le domaine de la foi et n'y jettent la confusion. » CONCILIUM VATICANUM. Decretum *Dei Filius.*

Si vous retournez le principe, et que ce soit la raison qui soit appelée à confiner la religion, vous renversez du même coup la foi : car c'est la raison à qui vous donnez le dernier mot, qui devient l'*ultima ratio*. Quelle est la réponse que l'avenir fera à ces troublantes questions? Scepticisme s'appliquant à toutes les branches de la connaissance et par conséquent y autorisant la superstition universelle, ou bien refus absolu d'adhésion aux vérités dites surnaturelles, de tout ordre [1] — il semble difficile que l'esprit humain échappe à ce dilemme. Mais je veux me contenter actuellement de poser à l'état d'hypothèse la généralisation de ce dernier état de l'esprit humain, déjà si répandu parmi ceux qui pratiquent les méthodes et l'esprit scientifiques : l'acceptation exclusive des vérités dites rationnelles — et je reviens à la question qui s'est déjà présentée à nous : Sevrée de croyances d'ordre surnaturel, la société pourrait-elle encore être *religieuse* de sentiment? Une conception purement rationnelle du monde et de la vie serait-elle capable d'inspirer aux hommes le dévouement, l'abnégation, le sacrifice de soi-même, en un mot les vertus *altruistes* que nous renfermons sous le nom de vertus sociales, engendrant

1. En prenant, bien entendu, le mot *surnaturel* dans le sens de *contraire aux lois démontrées*, et non de échappant aux constatations *actuelles* de la science. « Tous les dogmes religieux contredits par la science démontrée sont destinés à tomber tôt ou tard. » Tarde, *L'opposition universelle*, p. 412. « Toute religion, écrit M. Faguet, est l'explication des choses par le surnaturel : toute science est exclusive du surnaturel dans ses recherches ; et toute philosophie scientifique, même élémentaire, a l'élimination du surnaturel à la fois pour point de départ et pour but. » *Politiques et moralistes*, p. 116.

les « devoirs sociaux », et qui sont indispensables au bien de la communauté ?

VIII

Toute la question, à mon avis, réside dans la définition même du mot « *rationnel* ».

Prise dans un certain sens, la raison peut difficilement à elle seule pousser l'individu aux actes altruistes. Si la *raison,* par exemple, consiste à tirer du spectacle du monde la conclusion que le bonheur de l'individu et même sa conservation n'est assurée que par son triomphe sur d'autres existences, par « la lutte pour la vie », ce qui est la formule à laquelle semble, pour des esprits superficiels, aboutir, dans sa simplicité apparente et mal comprise, la loi d'évolution dite *darwiniste,* il est évident qu'il n'y a rien dans cette conclusion d'encourageant pour l'esprit de sacrifice et d'abnégation de l'homme vis-à-vis de ses semblables ou vis-à-vis de ses successeurs dans l'humanité[1]. Reste à savoir si la *raison* ne doit pas être envisagée sous un angle différent ; si une vue plus profonde de l'essence même de l'humanité, de ses véritables conditions de bonheur, ne doit pas conduire l'esprit indépendant à une modification

---

1. Voir dans ce sens l'ouvrage très remarquable de M. B. Kidd, *L'Évolution sociale,* trad. française, et G. Tarde, *Études de psychologie sociale,* qui dit très justement « De la concurrence vitale mal comprise, on a déduit la nécessité universelle de la guerre et de la lutte en vue du plus grand bien de l'univers ; et quelle morale voulez-vous construire là-dessus ? » Cf. Le Dantec : *la crise du Darwinisme* (1909).

complète dans la définition de ce qui est « rationnel ».

Ce qui est rationnel est et ne peut être que ce qui est conforme à la nature réelle des choses : or, il n'est pas prouvé *a priori* que ce qui semble rationnel si l'on considère d'une façon superficielle les rapports de l'individu avec la collectivité, le soit également si l'on étudie d'une façon approfondie l'évolution des sociétés humaines. Celles-ci se sont fondées et développées en laissant une place incontestable aux procédés de la lutte dite darwinienne ; mais ne faut-il pas en attribuer une au moins aussi grande à d : phénomènes d'un tout autre ordre, et qu'on ne retrouve pas se produisant avec un égal caractère progressif (quoiqu'ils y existent à un haut degré[1]) dans l'évolution des êtres autres que l'homme? Je veux parler des phénomènes de coordination entre les éléments sociaux. L'histoire est un vaste tableau de la coordination croissante réalisée entre les hommes, en vue soit de combattre les fléaux naturels, soit d'exploiter les ressources de la nature, ou bien encore en vue de s'opposer à des coordinations partielles de groupes humains hostiles, puis de s'unir à des coordinations plus vastes pour en combattre d'autres également plus étendues[2]. Tout progrès de

1. Voir l'ouvrage fondamental de M. Espinas : *Les Sociétés animales*. Sur l'association chez les animaux et les ressources qu'ils en tirent pour résister à la destruction, voir entre autres Giddings, *Principes de sociologie*, p. 188 (tr. franç.). Cf. *L'Entr'aide* par Kropotkine.

2. Les *nations* viennent de là. J'ai développé cette face du sujet dans *Guerre et paix internationales*. Doin, éd. (1908).

la civilisation est né de ces coordinations nécessitées par les besoins d'existence, par ceux de la guerre, puis par ceux de la simple concurrence industrielle; facilitées et suggérées d'autre part par la sympathie des êtres humains que rapprochaient soit des liens de famille ou de race, soit le simple voisinage et la ressemblance des individus humains entre eux [1].

Tous les établissements humains ont été en quelque sorte fondés dans et par la coopération sociale : mais tous tendent également, à un moment donné, vers la décomposition de la coordination qui a fait leur force ; tous par des voies diverses et même contraires, menacent de se terminer en anarchie. Ceux qui ont pour base la prédominance brutale d'un individu ou d'un groupe, compriment à l'excès les individualités composantes, surtendent l'esprit de subordination sans développer les organismes particuliers qui sont le support de la communauté et préparent la revanche des instincts particularistes : à la première défaillance du pouvoir central, qu'ils ont miné sourdement parce qu'ils le haïssaient, ceux-ci se manifestent subitement et éclatent en désorganisant l'ordre social. Toutes les révolutions politiques, y compris la nôtre, sont nées d'explosions de ce genre.

Les organisations sociales, appuyées non plus sur la force, mais sur la liberté et sur une sorte de con-

---

1. Ce dernier point a été développé avec beaucoup de force et d'ingéniosité par M. Espinas (*Sociétés animales*). Il en dérive d'abord l'amour des parents pour les descendants, puis la sympathie en général des semblables entre eux.

trat tacite entre les citoyens en vue de leur collaboration au bien de la chose publique, impliquant le bien relatif de ses membres, soulèvent des difficultés d'application pratique que nous constatons chaque jour et qui font que certains bons esprits doutent encore qu'elles puissent, d'une façon générale et définitive, s'implanter dans le genre humain. La principale de ces difficultés est précisément le péril que court, au sein du libre conflit des intérêts particuliers, ce sens du dévouement aux intérêts collectifs (y compris ceux des générations futures), sans lequel une nation moderne aboutit à la décomposition et à l'impuissance, non seulement parce qu'elle est entourée d'autres nations qui ont pu rester plus unitaires et hiérarchisées et qui la menacent, mais aussi parce que, sans l'esprit d'abnégation sociale suffisamment développé, elle renferme en son sein des hostilités mortelles qui, se détruisant entre elles, détruiront la communauté qu'elles déchirent et empoisonnent.

Trouver la juste mesure, l'équilibre désirable entre ces deux mobiles, entre ces deux formes et comme entre ces deux pôles de l'existence humaine, la vie d'individualité et la vie de collectivité, est la tâche principale qui se dresse devant la *science sociale* contemporaine[1] ; et pour la remplir, elle ne se

1. Cf. Spencer, *La morale évolutionniste,* tr. fr., p. 189 : « Le pur égoïsme et le pur altruisme sont l'un et l'autre illégitimes. Si la maxime : Vivre pour soi, est fausse, la maxime : Vivre pour les autres, l'est aussi. Par suite un compromis est seul possible. » — « Malgré les justes plaintes auxquelles peut donner lieu l'ascendant exagéré desintérêts privés sur les intérêts publics, écrivait Auguste Comte

contente pas de solutions *a priori*: elle s'appuie essentiellement pour formuler ses règles, sur l'observation et l'expérience. Elle connaît, pour les avoir constatés dans le passé, les dangers de l'exagération de l'une ou l'autre des deux tendances qu'elle a mission de concilier, et qui ont eu pour conséquences : l'ascétisme qui sacrifie l'individu à une vie mystique des rapports de l'homme et de l'univers ; le despotisme de un ou de plusieurs, qui substitue une hiérarchie purement artificielle et tyrannique à l'éparpillement d'un individualisme outré, et tue l'ensemble par l'affaiblissement des unités composantes : l'incoordination qui résulte d'un libéralisme excessif, entendu dans le sens d'un développement anormal des instincts particularistes.

L'équilibre établi entre les deux tendances fondamentales de l'homme a toujours été défectueux et instable. Les religions du monde ancien ont en général sacrifié l'individualité. Le christianisme a péché à la fois par l'exagération qu'il a imprimée à la personnalité individuelle et par la façon dont il l'a comprimée. Il l'a exagérée en proposant pour but suprême et essentiel à l'homme, son salut personnel ; il l'a comprimée en englobant l'individu, pour atteindre ce but, dans des organisations hiérarchiques qui couvraient des desseins de domination

(*Philosophie positive*, t. IV, p. 552), il demeure incontestable que la notion de l'intérêt général ne saurait avoir aucun sens intelligible sans celle de l'intérêt particulier, puisque la première ne peut évidemment résulter que de ce que la seconde offre de commun chez les divers individus. » — Cf. le précepte évangélique: « Aimez votre prochain *comme vous-même* ! »

purement terrestre sous des promesses de destinée heureuse d'outre-tombe. Il faisait, il est vrai, de celle-ci le prix de l'accomplissement de devoirs dont la plupart avaient un caractère éminemment social, — ce qui a été un immense bienfait[1]. — Le christianisme a encore amoindri la personnalité en l'immolant en quelque sorte à elle-même par la croyance dans la sainteté du sacrifice même non justifié par un intérêt social saisissable. *Mourir à soi* à la fois pour mériter la vie éternelle et pour la gagner aux autres, a été longtemps et est encore pour un grand nombre de croyants l'idéal vraiment chrétien. Je suis loin de nier les vertus et les grandeurs de l'esprit de sacrifice inspiré par la foi religieuse ; mais beaucoup d'esprits ne peuvent plus accepter l'idée fondamentale sur laquelle il repose : celle d'un Dieu qui ferait payer ses bienfaits par une souffrance imméritée, en admettant au besoin des substitutions de personnes, et le rachat des péchés des uns par l'expiation des autres. Ils repoussent également l'amoindrissement que l'homme fait de son propre être vivant, en l'absorbant dans l'acquisition, par la souffrance recherchée et voulue, du salut éternel. C'est là la survivance d'une conception primitive des rapports de l'individu avec la divinité qu'il est devenu difficile de supporter. Il semble à la raison

---

1. « La morale de l'Évangile n'est pas *sociale* : elle néglige les devoirs de l'homme envers la cité, parce qu'elle tend à la perfection, à la pureté individuelle : mais elle prépare l'homme à remplir ses devoirs sociaux, en condamnant la haine et la violence. » S. Reinach, *Orpheus*, p. 342. Cf. Séailles : La *Charité*, Bulletins de l'*Union des Libres-penseurs*, 1908.

que le bonheur n'a pas besoin d'être *acheté* : qu'il doit être réalisé, dans la mesure relative où il est réalisable, par une action raisonnée de l'homme envers lui-même, et par une action également raisonnée de l'homme envers ses semblables, de qui, sous beaucoup de rapports essentiels, son bonheur dépend.

Cette action raisonnée est précisément celle que la science sociale actuelle cherche à déterminer, en s'éclairant de l'histoire et de l'observation directe.

En étudiant les modes réels de la *socialité*[1], elle se refuse à considérer l'homme comme un individu isolé de ses semblables, pouvant assurer sa félicité personnelle sans l'appuyer sur celle d'un nombre toujours croissant d'êtres humains : la famille, la tribu, la cité, l'état, le monde ; et d'autre part elle s'interdit de faire comme certains sociologues qui, à un moment donné, sont devenus légion, de voir dans la réunion des hommes un organisme comparable à ces colonies animales dont on l'a plusieurs fois rapprochée, et encore moins un être semblable à un unique être vivant, avec ses cellules, ses canaux, ses tissus, où les individus joueraient le rôle de molécules liées entre elles par des relations imposées et comme fatales ; où l'existence individuelle serait, par la force même des choses, sacrifiée à celle de l'organisme total. Elle craint en ces ma-

---

1. Ce mot a déjà été employé par plusieurs sociologues (entre autres MM. de Graeffe, Tarde, Izoulet, Faguet, Fouillée). Il mériterait, croyons-nous, d'entrer dans l'usage général. Il est formé comme spécial, spécialité — natal, natalité, etc.

tières l'influence des métaphores, qui, prises d'abord comme un moyen d'éclairer le sujet, deviennent vite, dans l'imagination humaine, des entités comparables aux créations d'une sorte de mythologie métaphysique, et qui ont ensuite sur les réalités humaines une fâcheuse influence. Elle aperçoit par exemple qu'on pourrait tirer logiquement le plus détestable despotisme de l'assimilation de l'organisme social à un organisme animal supérieur avec un cerveau pour commander et des membres pour obéir : car dans l'organisme social, c'est une classe de citoyens qui serait chargée du rôle de cerveau, et qui garantira leur choix ? Une science sociale prudente tient compte à la fois de la liberté et de la volonté de l'homme qui le différencient profondément des molécules des corps physiques ou des infiniment petits d'une colonie animale ou végétale, — et de son *interdépendance* vis-à-vis des autres êtres humains, qui le solidarise avec eux et crée les devoirs en même temps que les ressources de l'état social[1].

Elle tient pour également positifs les divers sentiments de l'âme humaine, quelle que soit leur source, hérédité, accoutumance, raisonnement ou sensation directe, et ne conclut pas de ce que certains phéno-

---

[1]. Elle se refuse à poser la question, par exemple, dans les termes où la pose dans un ouvrage récent (la *Philosophie sociale du* XVIIIe *siècle*), le distingué sociologue que nous avons cité, M. Espinas : « Il faut choisir : ou c'est la société qui est première dans la série des biens... c'est elle qui est la valeur suprême... ou bien c'est l'individu qui est comme fin en soi, l'alpha et l'oméga de la politique et de la morale... » — Que serait la *société* sans les *individus* qui la composent ; et, d'autre part, comment concevoir l'individu hors de la société ? Il faut donc non pas choisir, mais combiner.

mènes échappent à la balance, au scalpel, au microscope, au thermomètre, ou aux réactifs chimiques, que ces phénomènes n'existent pas. Elle tient pour légitimes certaines aspirations ou certaines habitudes de notre sensibilité morale autant que nos besoins physiques : elle met la psychologie sociale à la hauteur de la physiologie des organes, et y applique des procédés d'analyse et d'information analogues sinon identiques...

IX

Cette science proprement sociale en voie de formation est, en même temps qu'une science, un art s'appuyant sur les données de la science, et par là elle se rapproche des religions qui, en un sens, ont été des arts de conduite déduits des résultats de la science de leur temps. Par suite, elle n'offre pas seulement des aliments à la *curiosité* de l'homme, mais aussi à son *activité* : elle les fait passer du domaine du savoir dans celui de la réalisation.

Elle joue, vis-à-vis des devoirs et des rapports moraux des hommes, le rôle de l'hygiène en ce qui touche à leur existence et à leurs relations corporelles. De même que l'hygiène ne procède pas par des affirmations absolues et générales, s'appliquant à priori dans tous les cas, et rompant avec des prescriptions ou des habitudes séculaires, et cependant ose édicter des préceptes nouveaux quand l'expérience l'a suffisamment éclairée sur les

dangers ou les bienfaits de telle ou telle mesure, —
la science sociale elle aussi, timide à ses premiers
pas, et s'aventurant prudemment sur le terrain des
généralités ou des nouveautés, conclut cependant
peu à peu à des règles de conduite individuelle et
collective. Fidèle à la véritable méthode scientifique,
elle procède pas à pas et va prudemment du connu à
l'inconnu. De là pour les esprits superficiels un premier défaut et un premier reproche immérité. Le
monde souffre ; il est impatient. Au lieu de faciliter
les progrès de l'analyse rationnelle, les passions
exaspérées par la douleur, excitées parfois par les
restes des vieilles croyances qui s'irritent contre leur
propre ruine, les passions apportent chaque jour de
nouveaux obstacles à la solution des problèmes.
C'est sur lui-même que l'homme est obligé d'expéri-
menter et il se retourne sous son propre scalpel.
Supposez un homme non endormi artificiellement
qu'on opère : la douleur le fait rugir : plutôt que de
laisser le fer s'enfoncer dans ses plaies (le fer qui
doit mettre à nu la vraie cause de ses maux et par
suite y porter le remède), il se révolte contre l'opé-
rateur : la lutte est terrible, et l'œuvre chirurgicale
est presque impossible. — Et si le malade était
obligé de s'opérer lui-même, quel extraordinaire
courage il lui faudrait ! Comme tous ses membres
frémissent, comme chaque partie de son corps veut
rejeter sur l'autre la douleur dont elle est la proie !
Il en est ainsi de la science sociale rationnelle. Le
but du traitement est d'assurer la santé de l'être
social collectif ; mais le monde est son propre chi-

rurgien... Il faut qu'il ait une vue bien nette de l'objet à atteindre et une réelle confiance dans ses propres forces pour se soumettre, même provisoirement, à la torture de l'expérience !

Les anciennes religions lui apportaient du ciel des remèdes tout préparés : le tout était de croire à leur efficacité. — Or celle-ci ne pouvait être contrôlée qu'après la mort, dans l'éternité : les dépositaires du dogme ne risquaient donc rien d'en affirmer l'infaillibilité ; on ne pouvait la contredire, ne pouvant en constater la réalité ou la chimère. L'incertitude des choses d'ici-bas faisait embrasser avec ferveur une quasi-certitude des choses d'après la mort, et cette quasi-certitude d'un avenir intangible rassérénait et rassurait le présent.

Il ne faut pas demander à la science, dans son état actuel, des satisfactions de cet ordre, que d'ailleurs les vrais savants n'ont jamais promises. Elle ne peut fournir des éclaircissements sur d'insolubles problèmes, ni nous leurrer de promesses qui soient d'accord avec nos désirs, qui flattent nos instincts d'éternité non seulement pour nous-mêmes, mais encore et surtout pour ceux que nous aimons. La science reste muette sur ce qu'elle ne peut atteindre par l'observation ou l'expérience. Elle pratique le respect des opinions humaines ancrées dans les cœurs par des siècles de croyance, de même qu'elle tient grand compte de la morale traditionnelle, fondement séculaire de l'organisation sociale. À la rigueur, elle peut s'abstenir de la négation sur des probabilités invérifiables dans l'état de nos connaissances, et laisser l'imagination ou la foi se mouvoir en paix dans le domaine de l'infini : il ne lui est pas possible d'aller plus loin, de prendre nos désirs pour des réalités, d'affirmer un avenir qui serait consolant pour nos âmes meurtries par le deuil, déchirées par la pensée des séparations éternelles, mais qui ne lui est fourni par aucun procédé scientifique. On lui en veut de son silence sur ces matières, et on le lui reproche durement ou ironiquement sans apercevoir qu'il est la condition vitale de ses méthodes et la garantie de ses certitudes sur d'autres objets.

En dehors en effet de la région du mystère, interdite à ses moyens d'exploration actuels, il reste à la science l'univers et la terre, habitacle des hommes.

Là elle poursuit sa recherche en investigatrice patiente d'une matière complexe, éminemment fuyante ; toujours en voie de développement, elle engendre un art social ouvert constamment aux perfectionnements et aux remaniements. Elle renonce à l'infaillibilité dogmatique : mais par des approches successives et progressives elle investit de près la certitude, autant qu'on peut espérer s'en emparer en matière sociale et humaine, par des moyens purement humains. En tout cas, elle offre un champ infini aux méditations, aux observations et aux aspirations des hommes de bonne volonté, et par là en sollicitant à la fois leur curiosité et leur activité, leur fournit une raison de vivre, et un moyen de vivre d'une vie noble, — si la noblesse pour l'homme consiste à s'arracher à ses jouissances égoïstes et terre à terre pour poursuivre un idéal où soit impliqué le bien de l'humanité.

Par là elle rend un premier et immense service aux âmes chez qui s'est affaiblie la croyance dogmatique et qui ont cependant besoin d'un *sursum corda,* d'une aspiration supérieure. Et ce service elle est prête à le fournir à tous les âges, à toutes les conditions, dans toutes les circonstances de la vie humaine. Étant essentiellement relative, elle offre à chacun et à chaque moment des devoirs à remplir et des satisfactions à goûter : devoirs catégoriques dans leurs racines bien que parfois controversables dans la forme qu'ils doivent revêtir, et par conséquent appelant, pour les fixer ou les délimiter, l'intervention de conseillers plus éclairés ou expérimentés, ce qui crée des liens de confiance et de sympathie soit entre les membres d'une même famille, soit entre les hommes en général. — Satisfactions relatives également, et qui n'ont pas la prétention d'atteindre en intensité et en perfection les béatitudes absolues promises par les religions, mais qui possèdent le mérite propre qu'elles se réalisent ici-bas au moins partiellement et qu'on en jouit en fait, ne fût-ce qu'incomplètement, au lieu de les savourer exclusivement, tant qu'on vit, par l'espérance et l'imagination.

Ce caractère même de satisfactions incomplètes, qui au premier abord pourrait rebuter les hommes habitués à l'idéal absolu des religions, sera de mieux en mieux accepté par eux, à mesure qu'ils seront plus familiarisés avec les conclusions de la philoso-

phie générale, inspirée des méthodes des sciences
d'observation, — de cette philosophie qui se tient à
un éloignement égal de l'optimisme et du pessimisme à priori des anciens systèmes ontologiques
ou théologiques, qui crée en nous un état de conscience prêt à accepter le monde, tel qu'il est, et
non tel que nous sommes enclins à le désirer, tel que
le promettent en général les religions. Celles-ci en
effet prennent les aspirations de l'homme pour
norme de leurs promesses : le philosophe accepte
l'univers réel, c'est-à-dire fait à la fois de maux et
de biens. Il n'en attend que des joies passagères et
par suite imparfaites et relatives, mais il le sait par
contre susceptible de perfectionnements et d'améliorations qui s'étendent d'une génération à l'autre et
dont chacune, pour ceux qui y contribuent, est une
source de contentement : et ce contentement est le
plus pur et le moins mélangé de restrictions que
puisse goûter l'homme.

Ou du moins l'homme éclairé et déjà affiné par
une culture appropriée. Les satisfactions du devoir
social accompli avec courage et dévouement, déterminé tout d'abord par une étude attentive des
règles de la conduite et des objets auxquels elles
s'appliquent — puis réalisé sans hésitation et moyennant les sacrifices nécessaires d'intérêt égoïste, —
ces satisfactions ne sont pas évidemment à la portée du premier venu parmi les êtres humains qui
n'y ont été préparés ni par le milieu, ni par l'éducation, ni par les conditions de la vie. A ce point de
vue, les sanctions des religions étaient mieux calcu-

lées pour agir immédiatement sur les imaginations incultes, qu'elles prenaient par la terreur des châtiments ou la convoitise des récompenses éternelles : mais il ne s'agit pas de discuter l'efficacité des religions au point de vue moral : elle dépend du degré de croyance qu'on leur accorde. Le jour où la croyance s'est affaiblie ou a disparu, la puissance de la sanction s'est elle-même amoindrie ou détruite. Il suffit, pour affirmer qu'elle peut être, dans une certaine mesure, remplacée par une autre d'un caractère différent, il suffit qu'un certain nombre d'esprits et de cœurs formés aux méthodes scientifiques, habitués à la prudence et en quelque sorte à la lenteur calculée de ces méthodes, régis par le nouveau principe de vie qu'enferme la science sociale, aient déjà été améliorés par son influence, poussés aux bonnes actions et retenus des mauvaises par son efficacité. Leur exemple fournit la certitude que l'impulsion bienfaisante qu'ils ont subie et qui a été égale à celle des mobiles d'une autre nature, pourra s'étendre à d'autres catégories de cœurs et d'esprits, à mesure que ceux-ci seront plus éclairés et cultivés.

X

Il dépend d'ailleurs de ceux qui possèdent ces sentiments et qui les sentent agir en eux à l'égal d'une foi, de les propager par l'exemple, par l'éducation, par tous les moyens qu'emploient les prosélytes de religions ou de doctrines morales. Au fond il s'agit pour eux non de créer, mais de développer des aspirations et des instincts qui existent profondément dans l'âme humaine, qui ont revêtu diverses formes religieuses, philosophiques, civiques, toutes au fond convergentes dans leurs visées et dans leurs résultats principaux ; aspirations et instincts qui servent, depuis l'origine, de base à toute sociabilité, par suite à tout état policé, qui, même dans leurs déformations ou leurs corruptions, prouvent l'intensité de la tendance naturelle dont ils proviennent. Amour égoïste de la famille, fanatisme de classe ou de tribu, de secte ou d'église, chauvinisme de clocher, de commune ou de cité, esprit de corporation ou de parti, exagération du patriotisme et de la gloriole militaire, sont en somme des dérivations, perverties par leur exclusivisme ou leur outrance, de ce besoin de sociabilité qui fait que l'homme s'attache profondément au prochain, jouit de sa communauté de croyances, de sentiments, de péril ou de gloire, de tristesses ou de joies avec ses voisins d'existence ou d'épreuves. Ce sont là des modes de l'esprit *altruiste* aussi anciens que les débuts mêmes de la civilisation et qui ont seulement besoin d'être épurés, modérés, élargis ou excités pour devenir féconds en vertus vraiment sociales : et c'est précisément l'objet de l'éducation civique de les éclairer, de les corriger, d'en réprimer l'abus tout en en gardant l'essor et la chaleur.

L'abus peut être de deux sortes : il peut provenir d'une tendance exagérée au groupement particulariste, qui aboutit à une façon de tyrannie collective

partielle, d'égoïsme à plusieurs, — ou d'un efface-
ment excessif de l'individu dans la masse de la communauté. Dans un cas le groupe restreint, dans
l'autre cas la collectivité tout entière opprime et
comprime l'être isolé, et cela est un grand mal dans
les deux éventualités. L'organisation féodale com-
posée de tyrans multiples ne vaut pas mieux que
l'omnipotence de l'État à racines populaires qui est
à proprement parler le socialisme ou le collectivisme
contemporain. Au lieu d'une coordination par l'association, qui développe les initiatives individuelles
en les multipliant par leur collaboration librement
et intelligemment réglée, le despotisme des groupes
où de l'État tue, dans une sorte de servage qui est
le prix de leur patronage, l'activité des citoyens. Il
leur garantit un bien-être qu'il n'est pas en son pouvoir de réaliser, car la première condition nécessaire
à le réaliser, à savoir l'abondance de la production
par le travail et l'invention, il la supprime. Il pro-
met de partager ce qui n'existe pas et n'existera pas,
ou n'existera qu'à un degré très inférieur à ce que
produit la liberté, même avec ses défauts d'accord
et ses déperditions de forces vives. On l'a dit avec
justesse : l'union sociale ne vaut que si elle est formée d'individualités qui valent par elles-mêmes :
sinon elle tombe dans l'impuissance collective et
dans la stérilité qui se répand des membres sur l'organisme. Or, pour que l'individu vaille, il faut qu'il
agisse et qu'il agisse de par sa propre initiative et
sous sa propre responsabilité. Son éducation d'homme
et de producteur ne se fait qu'à ce prix. Donc, à ce

point de vue, mieux vaut la concurrence avec ses aiguillons et parfois ses injustices, qu'un système de garantie sociale plus ou moins artificiel, qui ne peut avoir d'efficacité matérielle que s'il s'appuie sur le despotisme, et qui par ce fait même tue ou paralyse les volontés individuelles.

Mais en dehors de l'abus, qui est à proprement parler le socialisme sous ses différentes formes, la science sociale et l'art social ont devant eux un champ vaste, un champ qui peut suffire aux investigations les plus ardentes, aux activités les plus énergiques, aux dévouements les plus enflammés, qui leur offre des perspectives presque infinies de recherche et d'action, et cela dans les voies les plus diverses ; car le perfectionnement de la planète d'une part, et d'autre part l'amélioration ou le soulagement des hommes représentent à la fois des difficultés et des espérances incommensurables, supérieures à tous les efforts au point de vue de l'achèvement de la tâche, mais féconds, dans leur réalisation progressive, en satisfactions profondes ; débouchés inépuisables pour chaque tempérament, pour chaque état d'esprit, pour chaque profession qu'elle soit militante ou spéculative, abondants en emplois de volonté pour tous ceux qui sentent vaguement aujourd'hui dans le socialisme une sorte d'appel, mal défini mais réel, aux instincts philanthropiques de leur âme. Ils trouveront, en tous pas, là mieux qu'ailleurs, dans cette action coordonnée et en quelque sorte harmonisée de la vertu que l'apôtre appelait « la charité, supérieure à la foi et à l'espérance », et qu'on appelle maintenant

communément *la solidarité,* une consolation aux
épreuves de la vie, une compensation à la perte ou à
l'affaiblissement des espérances religieuses éternelles,
à la ruine de certaines illusions métaphysiques, une
promesse de rémunération de leurs efforts, sinon
pour eux-mêmes, du moins pour ceux, parents, enfants ou concitoyens d'humanité, qu'ils auront aimés et dont le bonheur relatif sera devenu pour eux
un objectif aussi précieux à atteindre et à réaliser
que leur propre félicité, ou qui plutôt sera vraiment
pour eux la félicité. Pour ceux-là la science sera
vraiment « une religion embryonnaire et supérieure,
capable d'achever l'œuvre que le sentiment religieux
poursuit depuis des siècles, et que les religions organisées ont laissée incomplète : l'unité sociale du
genre humain[1] ».

1. G. Tarde, *L'opposition universelle,* p. 402. Littré écrivait de
même : « La science générale, concevant le monde autrement que
ne le concevaient les hommes sous le règne des religions successives,
prend un office religieux ; et elle a, à son tour, à mettre l'éducation
et la vie morale en accord avec l'univers tel qu'il nous apparaît. »
Paroles de philosophie positive (p. 20). « La vraie vie de l'individu,
disait M. Fouillée dans un article de la *Revue bleue* (18 fév. 1899),
consiste à vivre de la vie universelle. C'est ce qui ferait la moralité
de la science même, si elle était présentée par des maîtres croyant
avoir charge d'âmes, sous son jour social, au lieu d'être un simple
instrument pour des fins utilitaires ; de l'histoire, si celle-ci devenait
une sorte de vie sympathique prolongée à travers le temps et l'espace ;
la moralité de la littérature, si elle était comprise comme une pénétration de la société dans l'individu, comme une expression de l'âme
collective par les génies les plus personnels. »

L'ÉTAT, LE DROIT OBJECTIF ET LA LOI POSITIVE[1]. — L'ÉTAT SYNDICALISTE[2].

M. L. Duguit a le grand mérite — rare en philosophie juridique et en sociologie — de ne pas vouloir être dupe des mots et de chercher sous ceux-ci des réalités. Il craint la métaphysique et la mythologie en matières sociales, et il a raison. Seulement il a raison un peu longuement. Je ne crois pas, quel que soit l'intérêt du sujet et le nombre des erreurs ou des préjugés qu'on y a accumulés, que l'examen théorique du caractère et des droits de l'État nécessite un volume in-8 de 620 pages, après lequel on en annonce un second. L'auteur revient forcément plusieurs fois sur les mêmes idées, reprend les mêmes réfutations et aboutit aux mêmes conclusions. C'est peut-être nécessaire dans un cours, et on reconnaît presque toujours à leurs développements exagérés les ouvrages dont les origines ont été dans des leçons publiques, ou dont les auteurs ont l'habitude de professer. Le livre comporte un peu plus de concision.

1. Par M. Léon Duguit (1901).
2. Par le même (1908) sous le titre : *Le droit social, le droit individuel et la transformation de l'État.*

Mais c'est là un défaut de forme — si c'en est un — qui ne nuit en rien à la valeur des raisonnements de M. Duguit et de l'argumentation qu'il tourne contre ceux qui ont voulu faire de l'État une véritable *personne* collective, douée d'une conscience collective qui l'élève comme une sorte d'entité mystérieuse et majestueuse au-dessus des individus. Il voit avec raison dans ces derniers les seuls *êtres* réels de toute sociologie, étant donné que seuls ils sont réellement conscients. La conscience de chacun est agie par celle des autres hommes avec lesquels il vit forcément en société et il en résulte des phénomènes d'intermentalité, aussi complexes et délicats que nécessaires à étudier : mais l'individu, relié aux autres par la solidarité sociale, n'en reste pas moins la cellule primordiale consciente, et la cité demeure une juxtaposition d'individus conscients.

De cette simple vue de la question qu'il oppose avec beaucoup de force à d'autres conceptions récentes — où les métaphores ont joué un grand rôle — M. Duguit tire certaines conséquences justes, et d'autres qui me paraissent beaucoup plus discutables. La solidarité sociale lui paraît, avec raison, un fait qui s'impose dès l'origine comme une conséquence de la réalité de la juxtaposition des hommes et de la division du travail et de l'échange des produits entre eux. Elle s'accentue et devient plus consciente à mesure que la différenciation entre les hommes et l'aire de leurs rapports pacifiques s'étendent et s'accroissent. M. Duguit n'attache pas assez d'importance, à mon avis, dans l'établissement de cette solidarité ou dans l'intensité des sentiments qu'elle engendre, aux faits de guerre et au besoin de sécurité qui groupe dans des agglomérats d'abord restreints puis qui vont s'augmentant, les populations proches par le territoire. L'attaque ou la défense ont joué dans le développement de horde, de tribu, de cité, de nation, un rôle plus considérable, à côté des intérêts économiques, qu'il ne semble le dire [1].

Quoi qu'il en soit de ce côté, en quelque sorte historique, de la question, une fois la solidarité sociale constatée, M. Duguit cherche à en déduire une règle de conduite, c'est-à-dire une morale et un droit social. La formule à laquelle il arrive est juste, car elle n'est qu'une autre définition de la solidarité sociale : mais elle est tellement élastique qu'elle ne précise pas grand'chose : conforme d'ailleurs en cela à la déclaration de l'auteur dans son introduction « qu'il a voulu avant tout faire une œuvre négative — dire non pas ce qu'est l'État, ce qu'est le droit, mais dire ce qu'ils ne sont pas — montrer que l'État n'est pas cette personne collective, investie d'un pouvoir souverain, imaginée par l'esprit inventif des publicistes, que le droit n'est pas cette construction édifiée de toutes pièces par les juristes sur le fondement peu stable du droit individuel ou de l'omnipotence de l'État ; que tout cet ensemble de fictions et d'abstractions s'évanouit à la simple observation de la réalité ».

Tant qu'il reste dans son rôle de critique, et no-

---

1. J'ai développé ce point de vue dans mon vol., *Guerre et paix internationales* (1908), chap. 1.

tamment dans sa réfutation des théories allemandes qu'il connaît à fond et qu'il analyse même un peu bien longuement, M. Duguit me paraît excellent. Il est habile à déjouer les sophismes et à mettre en relief le néant des abstractions chères aux écoles d'Outre-Rhin. Mais, malgré lui, il s'est laissé entraîner sur un terrain plus positif et il veut à son tour tirer de la « règle de conduite » qu'il a formulée, puis transformée en « règle juridique », des conséquences sociales que le vague même des règles posées par lui ne me semble pas légitimer. J'irai plus loin : ces règles sont au fond contradictoires entre elles : elles définissent acte juridique louable tout acte qui « a pour objet et pour but la solidarité sociale par similitude, et la solidarité sociale par division du travail ». Voit-on d'abord tout ce que de pareilles formules ont d'élastique? M. Duguit est bien obligé d'en convenir, et même il se félicite de leur souplesse « et de la façon dont elles répondent aux nécessités pratiques ». Je le crois bien : seule la pratique en effet peut déterminer ce qui dans un acte a servi ou nui à la solidarité sociale, et qui n'est après tout qu'un fait d'expérience, puisque comme M. Duguit l'explique très nettement, cette solidarité veut à la fois le bien des individus et le bien de la collectivité: le criterium de la solidarité est donc postérieur et non antérieur à l'acte et ne peut par suite être une règle absolue de conduite. Il n'est qu'une probabilité s'appuyant sur des faits antérieurs analogues dont les conséquences sociales auront été soigneusement observées et analysées.

Mais, en plus, les deux termes de la formule de M. Duguit sont contradictoires ou plutôt antithétiques, et là encore, il faut pour les concilier dans l'acte, s'inspirer de l'expérience pratique. Comment, en effet, un acte peut-il être à la fois favorable à la solidarité sociale par similitude, et à la solidarité sociale par division du travail ? Si l'une était poussée jusqu'au bout, l'autre disparaîtrait forcément, et si la véritable solidarité sociale ne peut exister que par une juxtaposition des deux (autrement dit par le développement de l'individu contenu et fortifié dans et par le développement de la collectivité), il faudra donc dans chaque acte prévoir une compromission entre les deux formes de la solidarité : et comment pourra-t-on le faire sinon par des tâtonnements provenant de l'expérience successive ?

Il est curieux qu'ayant été un critique avisé et impitoyable des défenseurs de l'État-personne, M. Duguit ne se soit pas aperçu qu'à son tour il prêtait le flanc à de graves objections en voulant *a priori* déterminer les attributions de l'État moderne, après avoir pris comme point d'appui les formules que nous venons d'indiquer. « L'État, écrit-il, est juridiquement obligé de faire tout ce qui est en son pouvoir pour assurer la réalisation de la règle de droit, *telle qu'elle est comprise dans un pays et à une époque déterminée* ; l'État est juridiquement obligé de coopérer, en employant la force dont il dispose, à la solidarité par similitude, et à la solidarité par division du travail. » Pour coopérer soit à l'une, soit à l'autre, l'auteur conclut que l'État est « obligé d'assurer, par l'emploi de la contrainte matérielle, si elle est nécessaire, la satisfaction des besoins communs à tous ». Il doit d'une façon générale garantir la sécurité : cela va sans dire — et l'obligation d'assurer la sécurité générale l'oblige à assurer la salubrité, à interdire tous les établissements dangereux pour la santé publique, etc. De plus, « l'État est juridiquement obligé de faire que chacun puisse se procurer les éléments nécessaires à sa subsistance. Pour les individus valides, l'État doit certainement leur fournir les moyens de se procurer un travail *suffisamment rémunérateur* ». L'État doit encore « protéger par l'emploi de la force le libre développement de l'activité intellectuelle de tous — et faire naître dans toute conscience individuelle la claire notion de la solidarité sociale ». De là les droits et limites de son intervention en fait d'instruction. Le même criterium servira de base pour déterminer si l'État a ou n'a pas le droit d'intervenir dans les contrats consentis par les particuliers. En effet, « la volonté individuelle exprimée dans un contrat, comme celle exprimée par un acte unilatéral, n'ayant de valeur juridique que lorsqu'elle est déterminée par un but de solidarité,... toute clause d'un contrat qui est déterminée par un but contraire à la solidarité sociale est nulle », et l'État, en organisant les moyens d'en empêcher l'effet par voie de répression ou d'annulation, « reste absolument dans les limites de ses pouvoirs et remplit son rôle juridique. Si l'on part de cette idée, ajoute l'auteur, le pouvoir et le devoir de l'État d'intervenir dans le prétendu contrat de travail[1], de fixer un maximum d'heures de travail et un minimum de salaires, apparaissent incontestables ».

Nous ne poursuivrons pas plus loin l'analyse des conclusions positives de l'auteur : on voit sur quels fragiles fondements il les appuie. Son livre aurait pu être une réfutation victorieuse de la théorie de l'État-personne et par suite de l'État-providence. Il a admirablement démoli l'État-personne — son chapitre sur la souveraineté est excellent, de même celui sur la séparation des pouvoirs[2] et le droit des gouvernants — mais par des abus de raisonnement il aboutit de nouveau à l'État-providence : une Providence, il est vrai, bien mal armée pour agir. A chaque moment l'auteur, malgré la hardiesse de ses affirmations théoriques, est obligé d'avouer qu'ici le politique, là l'économiste, là encore l'administrateur

1. « Nous disons prétendu contrat de travail, écrit M. Duguit, parce que *tout contrat véritable suppose l'égalité de situation de ceux qui contractent.* » Où s'arrêterait, avec cette interprétation, le droit de l'État d'annuler les contrats? Qui constatera l'égalité de situation des contractants? Du reste, l'auteur arrive logiquement à cette conclusion que l'ère des contrats est à l'état de régression. Les considérations sur lesquelles il s'appuie sont très discutables. Elles proviennent surtout de la constatation de l'inégalité croissante des personnes collectives ou individuelles : mais il ne tient pas assez de compte de la liberté de groupement qui rétablit l'égalité. Le fait est d'autant plus illogique de sa part qu'il met plusieurs fois en relief le développement de l'association contemporaine, sous toutes ses formes.

2. Nous avions signalé une bonne étude de l'auteur sur ce sujet dans notre volume *Souveraineté du peuple*, 1895, où nous aboutissions aux mêmes conclusions que l'auteur touchant la souveraineté. Nous les appuyions comme lui de considérations historiques, en insistant plus qu'il ne l'a fait sur l'influence qu'a eue sur le développement de l'idée de souveraineté du peuple le long conflit entre l'Église et l'Empire.

auront à intervenir afin de concilier les intérêts divers et antagonistes de la solidarité sociale. C'est dire combien celle-ci qui est bien véritablement le but à atteindre par l'organisation de la cité, laisse d'indétermination dans l'aspect juridique des questions qui se rattachent à la liberté des individus et à l'intervention de l'État. Le plus souvent l'expérience seule du passé peut être invoquée pour trancher entre celle-ci et celle-là. L'observateur impartial des faits ne saurait dire que le résultat soit favorable à l'extension continue des droits de l'État.

*
* *

M. Duguit a largement dépassé ce point de vue dans une récente publication[1] où il aperçoit dans le *Syndicalisme* une transformation complète de la notion et du rôle de l'État moderne. Là M. Duguit part de la division du travail analysée par M. Durkheim et veut voir les sociétés contemporaines partagées en couches en quelque sorte verticales rangées les unes contre les autres comme les livres d'une bibliothèque. « L'interdépendance qui unit les hommes appartenant à un même groupement social résulte surtout de la part différente que chacun apporte au travail destiné à réaliser la satisfaction des besoins de tous et de chacun. Cela posé on conçoit aisément

---

1. *Le droit social, le droit individuel et la transformation de l'État* (1908). Cf. le vol. de M. P. Boncour sur le *Fédéralisme économique*; M. Leroy, *La Transformation de la puissance publique* et la discussion sur l'Étatisme dans les *Libres Entretiens de l'Union pour la Vérité*, 1908.

qu'un lien particulièrement étroit existe entre les hommes qui accomplissent le même ordre de besogne. Ce lien plus étroit résulte avant tout de la similitude des intérêts et des aptitudes, de la nature du travail accompli,... mais aussi de la similitude des habitudes, des manières de vivre, des aspirations, des joies et des souffrances communes. »

Le point de départ du *syndicalisme,* d'où on tire tant de conséquences sociales, est une des démonstrations les plus saisissantes du péril qu'il y a à grossir indéfiniment une vérité partielle jusqu'à en faire la base unique ou même primordiale de la cité. L'idée de classe résultant de la communauté professionnelle est exacte dans quelques-unes de ses parties, mais fausse si on la pousse trop loin. D'abord l'identité d'intérêt n'existe dans la corporation (ou dans la classe) que *contre* un autre groupe social. A l'intérieur du groupe corporatif ou professionnel les participants sont à l'état de concurrence les uns vis-à-vis des autres. Les jalousies ou compétitions entre gens du même métier sont les plus vives de toutes. S'ils les oublient à un certain moment c'est pour les abaisser devant un intérêt plus grand qui est, par l'union collective, d'arracher à un autre groupement ou à des individualités non unies un avantage qui se traduit d'une façon positive pour chaque membre de l'association. Qu'on laisse les groupes profiter de l'esprit de corps qui vient de certaines habitudes communes pour cimenter des unions de défense ou d'organisation professionnelle, rien de mieux, et c'est la liberté des syndicats : mais vouloir tirer de là une règle d'agencement civique, c'est voir les choses au rebours. C'est vouloir revenir aux rivalités des corporations florentines ou flamandes. C'est mettre l'État dans les mains des intérêts les plus puissants par le nombre ou les capitaux[1]. « Le syndicalisme, écrit M. Duguit, est un moyen puissant de pacification et d'union. Il n'est pas une transformation de la seule classe ouvrière ; il s'étend à toutes les classes sociales et vise à les coordonner en un faisceau harmonique... » et il voit « ce grand mouvement d'intégration » qu'est le syndicalisme grandir indéfiniment. « Il n'est qu'à son aurore. Il sera certainement la marque caractéristique du xxe siècle. Son action pacificatrice est certaine. » Je crains que l'auteur ne prenne ses désirs pour des réalités.

En attendant il étend son amour du syndicalisme jusqu'aux fonctionnaires. Il constate que ceux-ci actuellement n'ont pas le droit d'user de la loi de 1884 et de se syndiquer. Mais tout en repoussant le droit de grève pour les fonctionnaires, il pense que « le syndicalisme fonctionnariste est un mouvement intense et profond et que le législateur ne peut ni l'entraver ni le diriger, qu'il est corrélatif et complémentaire de la disparition de la puissance personnelle et souveraine de l'État et qu'il est un des aspects du grand mouvement syndicaliste qui est en train de réorganiser la Société ». Il voit la forme de décen-

---

1. M. Charles Benoist qui avait été l'un des promoteurs de la « représentation proportionnelle des intérêts » paraît être revenu de ce point de vue, car il a abandonné ses propositions, au moins sous leur ancienne forme.

tralisation vers laquelle nous allons « se réalisant peu à peu par l'organisation corporative des fonctionnaires d'un même service ». « Les syndicats de fonctionnaires, ajoute-t-il, formés d'abord pour défendre les intérêts professionnels, les intérêts de classe, acquerront peu à peu un rôle d'impulsion et de direction dans le service public qui leur est confié. » Il va jusqu'à penser que le service public sera mieux géré « quand la direction de la gestion appartiendra à un conseil corporatif élu, sous le simple contrôle du gouvernement. »

M. Duguit n'explique pas d'ailleurs comment il conçoit que pourra fonctionner ce contrôle du gouvernement appelé à s'exercer sur des agents qui lui auront moralement et matériellement échappé, ni comment ce même gouvernement devenu une simple étiquette, puisqu'il ne peut exister que par ses organes d'exécution, pourra empêcher soit l'union des syndicats fonctionnaristes que l'auteur, en vertu de sa théorie sur la division des fonctions et les droits corrélatifs, ne paraît pas admettre, soit la grève, contre laquelle on se demande quelles armes resteront à l'État pour l'interdire pratiquement.

C'est ici un curieux exemple de l'engrenage où se trouve entraîné un esprit disposé aux raisonnements logiques, quand il part d'un principe mal défini. Proudhon a plusieurs fois donné ce spectacle, Auguste Comte également. Quelques-uns de nos juristes sont en train de fournir des arguments théoriques à un mouvement qui s'explique suffisamment d'une part par les passions et les intérêts, et d'autre part par le relâchement qu'amènent dans l'État le fonctionnement du suffrage universel tel que nous le pratiquons, et le régime de favoritisme qu'il introduit dans les administrations[1].

Presque toujours en France les mouvements politiques, qui sont des mouvements de puissance, s'abritent sous des formules de caractère métaphysique qui leur donnent un aspect de profondeur rénovatrice. Il en a été ainsi par exemple du « contrat social » et de la « souveraineté du peuple ». Le mouvement syndical, qui devrait être un pur groupement d'intérêts économiques, est en train de se bâtir à lui-même une façade philosophique de grande allure, avec la prétention de loger derrière cette façade toute l'activité de l'État. Non seulement la « Confédération du travail » s'y emploie, ce qui serait naturel : mais des publicistes qui n'ont pas de rôle actif dans cette organisation ouvrière cherchent à répandre l'idée nouvelle : et cette idée c'est que l'État sera transformé par le syndicalisme, que l'État sera une « Confédération du travail » agrandie, ce qui conservera les avantages de l'action de l'État, tout en supprimant les inconvénients de l'action de l'État. Voilà une merveilleuse panacée.

---

1. C'est dans la nécessité de lutter contre ce favoritisme que les fonctionnaires, même modérés d'opinion, trouvent leurs meilleures raisons pour réclamer la liberté de se syndiquer. La réponse à leur opposer serait un « statut de garanties ». Mais le législateur ne paraît pas pressé de le leur donner. Cf. *Associations et syndicats de fonctionnaires*, par M. Janneney, député (1908). — Pendant que ces lignes étaient sous presse, est survenue la grève des postiers qui a fourni un exemple vivant des conséquences du syndicalisme des fonctionnaires.

ÉTAT ET LIBÉRALISME

M. Faguet est comme ces causeurs qui, plus ils causent, plus ils sont brillants et parfois éblouissants. L'éminent académicien produit article sur article, volume sur volume. Jamais il n'a eu plus de verve que dans ce dernier sur le *Libéralisme*. Il excelle à rajeunir un sujet par la vivacité de la forme et la netteté d'arêtes de l'argumentation. Je n'irai pas jusqu'à dire que celle-ci soit toujours chez lui aussi solide qu'elle est scintillante. Ici elle séduit tout d'abord par la simplicité du point de départ. Il s'agit d'établir sur un fondement solide les droits de l'État et de poser sous forme de droits de l'individu tout ce qui ne rentre pas dans les fonctions de l'État logiquement déterminées et circonscrites. Pour le commun des mortels, cette délimitation des droits de l'État et de ceux des citoyens ne va pas sans quelque embarras, ni sans quelque tâtonnement. M. Faguet rappelle à ce propos, non sans malice et en entrant dans le détail, combien à cause de leur point de départ métaphysique, les *Déclarations des Droits de l'homme et du citoyen* renferment de contradictions et de lacunes, ce qui ne l'empêche pas de constater aussi combien, sous les principes abstraits, il y a, dans les *Déclarations,* de revendications objectives répondant à des droits historiquement violés, et de les proclamer, « dans leurs lignes générales, la charte même du libéralisme ». Seulement M. Faguet ne veut pas, et il a raison, de l'homme « libre en naissant ». L'homme est un être sociable qui n'a de droits que ceux qui sont compatibles avec l'existence d'une société. Comment reconnaître et déterminer ces droits ? M. Faguet prétend le faire à l'aide d'un simple postulat : L'État a, dit-il, une et n'a qu'une mission : assurer la police à l'intérieur, et à l'extérieur la sécurité du groupe qui s'est constitué autour de lui sous forme de nation précisément pour obtenir ce double résultat. Tout ce qui ne rentre pas dans ce double rôle de l'État est usurpé par lui et doit être rendu à l'initiative libre des citoyens. Voilà un criterium simple et qui, sauf sur des points de détail, permettra une discrimination facile entre ce que l'État peut faire légitimement et ce qu'il prétend illégitimement pouvoir et devoir faire. Avec quelle ingéniosité subtile M. Faguet tire toutes les conséquences de son postulat, en passant dans une revue successive toutes les attributions actuelles de l'État ou réclamées pour l'État, je n'ai pas besoin d'y insister ; mais je ne puis dissimuler l'inquiétude croissante avec laquelle je l'ai suivi à travers les conclusions qu'il prétend déduire de l'application de son criterium. J'ai senti de plus en plus, à la lecture et à la réflexion, combien ce criterium renfermait d'indéterminé et soulevait d'incertitudes. Il m'a suffi d'ailleurs, pour me le prouver à moi-même, de relever quelques-unes des affirmations de l'auteur sur certains devoirs de l'État qu'il pose, sans même les discuter comme des obligations toutes naturelles et évidentes des pouvoirs publics : celle-ci par exemple à propos de la liberté d'enseignement : « L'État n'a rien à voir dans les choses d'enseignement. Il a seulement à savoir si un collège pratique les choses de l'hygiène... et n'est pas un refuge d'immoralité. » Ou celle-ci, au sujet de la toilette des femmes : « L'État ne peut empêcher les femmes de porter des toilettes de mauvais goût, *pourvu que la pudeur soit sauve.* » Je suis loin de contester que l'État n'ait un devoir de contrôle sur ces chapitres ; mais comment le faire rentrer plus que d'autres dans le fameux criterium : faire la police à l'intérieur et la sécurité à l'extérieur ?

On ne le peut qu'en étendant beaucoup les termes mêmes de la définition du mot police : et si on le fait sur ce point, pourquoi ne le ferait-on pas sur d'autres ? Et n'est-ce pas au fond ce qu'ont fait et ce que font tous ceux qui ont voulu ou veulent accroître les attributions de l'État ? N'est-ce pas parce que pour eux la police de l'État ou la défense de l'État comportent pour les citoyens toutes sortes de restrictions ou d'obligations qui leur paraissent indispensables à ce double objet, ou à l'un ou l'autre de ces deux objets ? Qu'était-ce que la République de Platon, et qu'était-ce que Sparte, sinon des cités organisées spécialement au point de vue guerrier : et si vous voulez dire que le but de la cité doit être de se défendre et non d'attaquer, comment prouverez-vous que la vraie façon de se défendre n'est pas souvent d'attaquer quand il en est temps encore et en prenant les devants ? Et pour constituer à son maximum la force défensive d'un État, jusqu'où ne pourrait-on aller en fait de restriction des libertés individuelles, à commencer par celle des mariages et de la libre procréation des futurs défenseurs de la cité ? Ne faudra-t-il pas encourager le patriotisme, et décourager le cosmopolitisme, et par là ne va-t-on pas avoir prise sur la totalité de l'éducation, sur la presse, sur l'association ? Laisserez-vous se répandre l'anarchisme ou le tolstoïsme qui désarmeront d'avance vos soldats ? Et alors où est la liberté d'association ?

Je ne pose ces questions que pour indiquer combien il est malaisé de partir d'un principe absolu pour délimiter les fonctions de l'État : Sur l'esprit général et les tendances libérales de son livre, je suis le plus souvent d'accord avec M. Faguet tout en différant d'avec lui sur plusieurs points importants d'application. Je me sens plus que lui obligé de tenir compte de l'histoire des mœurs, des faits acquis, du loyalisme ou du caractère anti-constitutionnel des partis. Je crois qu'il sera toujours imprudent, et d'ailleurs impossible dans la pratique, de résoudre à priori les questions politiques et sociales : l'important c'est l'orientation principale à choisir et à suivre. Celle que conseille avec une chaleur communicative l'auteur de *Libéralisme* à ses contemporains est d'autant plus recommandable qu'elle n'est pas généralement le plus en faveur auprès des jeunes générations. Il gâte seulement sa thèse, en la présentant sous une forme trop paradoxale : « L'État est un mal nécessaire, respectable, à qui nous devons de la reconnaissance ; il n'est pas un bien en soi. Il est un mal comme une cuirasse ou une épée... » A ce titre toute institution sociale serait un mal. En réalité, elle ne le devient qu'en outrepassant ses fonctions. Ce n'est pas l'État cuirasse ou épée qui est un mal : C'est l'État touche-à-tout. Il ne faut pas compromettre le libéralisme par une critique exagérée de la notion de l'État. « Le gouvernement, disait Benjamin Constant, en dehors de sa sphère ne doit avoir aucun pouvoir : dans sa sphère il ne saurait en avoir trop. » Reste à déterminer cette sphère. M. Faguet a voulu mesurer d'un coup de compas le rayon qu'il convient de lui donner. Il y faudrait, je crois, moins de simplisme et accorder plus de latitude à l'expérience des choses, cette règle suprême des organisations politiques et sociales.

... Je ferais la même observation au sujet des idées que M. Faguet résume dans ses *Problèmes politiques du temps présent*[1].

Il y a dans la première des études qu'il a réunies dans ce volume bien de l'esprit. J'ai remarqué que jamais un Français n'est plus spirituel au théâtre, dans la presse, dans la conversation ou dans le livre, qu'en parlant de notre parlementarisme. Cela prouverait peut-être que la matière prête. Je dois cependant dire

1. (1901).

qu'après avoir vertement critiqué et raillé le régime parlementaire, M. Faguet l'oppose victorieusement, malgré ses défauts ou ses ridicules, au despotisme ou à la démocratie directe, entre lesquels il faut bien cependant choisir, si l'on repousse le régime représentatif. Il est au fond de l'avis de Cavour « qu'une Chambre vaut encore mieux qu'une antichambre », ou que le plébiscite à jet continu. Ce n'est pas ici le lieu de passer en revue les remèdes principaux que l'ingénieux écrivain propose aux maux actuels du parlementarisme. Ils me semblent en général peu applicables — comme une réduction considérable du nombre des députés, qui est évidemment désirable, mais comment la faire voter par les députés ? — ou peu efficaces, comme la liberté laissée au Président de choisir les ministres hors du Parlement : elle existe déjà, et si le Président n'en use que par exception, c'est qu'elle entraîne des inconvénients politiques. L'assimilation du Sénat et de la Chambre au point de vue du droit de dissolution diminuerait à mon avis d'une façon fâcheuse l'indépendance du Sénat, qui, pouvant être dissous et soumis à la réélection, songerait à être populaire : ce dont Dieu nous garde ! Je suis surpris que M. Faguet n'ait pas touché à la question capitale de notre régime représentatif, qui est celle des partis. Un gouvernement parlementaire ne peut être qu'un gouvernement de partis : c'est la désorganisation et l'émiettement de ces partis qui rendent son fonctionnement chez nous si malaisé. Un sujet bien digne d'être traité par M. Faguet et qui s'impose aux réflexions de tout observateur politique, est de savoir si le suffrage universel et la démocratie pourront voir se reconstituer des partis analogues par leur discipline et leur homogénéité aux partis d'autrefois. L'avenir du parlementarisme est étroitement lié à cette question, qui soulève elle-même bien des problèmes de psychologie sociale.

L'étude sur l'*Armée et la démocratie* est surtout un éloge (avec des réserves indiquées en principe, mais non formulées) des *Discours de combat* de M. Brunetière. Le seul reproche que M. Faguet adresse un peu nettement à M. Brunetière c'est d'avoir appelé Platon « un sophiste ». C'est un nom que les philosophes échangent volontiers entre eux. Le titre même de l'ouvrage que M. Faguet analyse et commente indique qu'il ne conviendrait pas de le suivre ici sur un terrain qui n'appartient pas encore à l'histoire désintéressée et impartiale. Il faudra bien cependant que celle-ci fasse son œuvre. A ce moment les mots reprendront leur valeur, qui a été singulièrement défigurée.

Le chapitre sur le *Socialisme dans la Révolution française,* malgré son intérêt, détonne un peu au milieu des autres, précisément parce qu'au lieu d'être une étude d'actualité, il s'attache exclusivement à une question historique. Le présent cependant intervient dans cette question par le sens qu'il convient d'attribuer au mot socialisme, sens d'où dépend le problème de savoir si la Révolution a été ou non socialiste : car, suivant que le socialisme est ceci, ou est cela, on le trouvera ou on ne le trouvera pas dans l'œuvre révolutionnaire. M. Faguet éclaircit bien la question, sans arriver cependant à une définition nette, et par là il laisse l'esprit du lecteur un peu en suspens entre les solutions contradictoires de MM. Espinas, Lichtenberger et Aulard. Au fond, cet état d'hésitation est peut-être bien le plus conforme à la vérité historique. Nous avons certainement du socialisme une idée absolument différente de celle qu'en pouvaient avoir les hommes de 1789 ou même de 1793 (qui ne connaissaient même pas le mot). Il est par suite assez stérile, — si ce n'est comme prétexte à passer en revue les opinions et les systèmes des principaux auteurs de la révolution ou les faits révolutionnaires — de rechercher nos propres idées dans des esprits chez qui elles ne pouvaient exister que sous une forme en tous cas très dissemblable. Au fond, c'est à peu près la conclusion de M. Faguet, qui s'est surtout attaché à résumer dans son étude tout ce qui dans la Révolution a rapport de près ou de loin à la reconstruction sociale, « en laissant le lecteur », selon sa définition du socialisme, conclure à son gré.

M. Faguet est un partisan déclaré de la liberté de l'enseignement. Il pose comme un dilemme dans sa quatrième étude « ou le monopole absolu, ou la liberté totale », et ne veut pas de demi-mesures, dont il montre l'inefficacité ou l'impossibilité. Les raisons *de fait* qu'il donne contre ces demi-mesures sont fortes, et ce sont celles qui me convainquent le plus : celles qui touchent aux principes me semblent moins solides. M. Faguet ne se place jamais au point de vue du droit de l'enfant, qui est après tout un mineur que la loi, c'est-à-dire d'État, protège contre tous, même dans certains cas contre sa famille. Cette protection de l'enfant par la loi va toujours se développant dans nos institutions. Elle arrête actuellement le père au seuil de l'usine où il voudrait faire travailler son fils plus qu'un certain nombre d'heures. Ne peut-elle, en droit, l'arrêter à la porte de telle ou telle école où l'enfant irait notoirement empoisonner son esprit d'idées fausses ou partiales ? Toutes les fois qu'on veut aller jusqu'à la liberté absolue du père de famille, on arrive à des impossibilités. Je suis étonné qu'elles n'aient pas frappé un esprit aussi clairvoyant que M. Faguet. Il conclut de la limitation de la liberté de l'enseignement à la limitation inévitable de toutes les autres libertés : et d'abord celle de la presse. Comment ! un enfant n'aura pu apprendre au Collège ce qu'il va tout à coup lire dans les journaux, en sortant du Collège ! La logique veut que vous supprimiez ou épuriez ces journaux... C'est, à mes yeux, un paradoxe. Dans un cas, encore une fois, il s'agit d'un mineur dont l'État est jusqu'à un certain point responsable ; dans l'autre d'un majeur (ou d'un quasi-majeur) qui peut et doit choisir ses opinions. Je ne crois pas la logique pure apte à trancher le problème de la liberté de l'enseignement, dans un sens ni dans l'autre. Les mœurs, l'histoire, l'intérêt de la concurrence pour l'Université, et par suite pour les familles, le besoin de ménager un grand nombre de consciences, doivent, à mon avis, et malgré ce qu'en dit M. Faguet, amener un *modus vivendi* qui laisse subsister la liberté dans ce qu'elle a de profitable et de respectable, et arme cependant l'État d'un contrôle suffisant. Nul ne méconnaît les difficultés pratiques du problème. Ce n'est pas une raison pour renoncer à le résoudre. Au fond, si la question n'était pas posée aujourd'hui presque exclusivement entre l'enseignement des congrégations et celui de l'Université, la plupart de ceux qui demandent la liberté absolue seraient les premiers à réclamer une limitation de la liberté.

Ce qui me semble assez contradictoire est que M. Faguet qui repousse avec force cette limitation de la liberté quand il s'agit de l'enseignement, l'accepte et même la réclame en ce qui concerne les associations destinées, dans sa pensée, à se former sous le régime de séparation de l'Église et de l'État, qu'il étudie dans un dernier essai. Après avoir indiqué comment il entend que l'État pourrait restreindre leur droit de posséder, il écrit : « C'est une demi-liberté, sans doute ; ce sont des associations en tutelle ou en curatelle, au moins à demi. Et pourquoi non ? » M. Faguet répondra qu'il s'agit ici de propriété et non de doctrines : mais il sait bien que certaines personnes élèvent autant d'objections contre la limitation du droit de posséder que contre celle du droit d'enseigner. Moyennant ce contrôle de l'État sur le développement des biens de mainmorte, M. Faguet est résolument favorable à la séparation complète et absolue des Églises et de l'État. « Très sérieusement, écrit-il, très profondément respec-

tueux de toutes les religions et animé à leur égard
des sentiments les plus sympathiques, c'est dans
l'intérêt de leur dignité, de leur prospérité, de leur
grandeur, de la portée de leur influence et de leurs
œuvres, que je désire cette séparation, qui est possible, qui pourrait être pratique et équitable. » Il
est intéressant de voir M. Faguet revenir avec tant
de chaleur à l'un des articles de l'ancien programme
du parti libéral, qui semblait tout de même un peu
abandonné, et qui a brusquement été tranché,
sous la pression des circonstances, d'une façon inat-
tendue. Pour l'avenir des Églises sous le régime
de la séparation, l'exemple des États-Unis semble
à M. Faguet tout à fait convaincant. Tient-il assez
de compte de ce que les catholiques y sont une
église en voie de formation, et malgré sa croissance
rapide, une simple minorité ? J'aimerais mieux
l'exemple d'un pays où le catholicisme aurait été
Église d'État pendant des siècles, associée pendant
des siècles à la monarchie absolue, ayant pris là ses
traditions et ses ambitions, et où la séparation aurait
créé un état de choses vivable, sans oppression des
uns sur les autres, sans empiètements, sans aspiration de l'Église libre à former un État dans l'État,
sans refoulement violent de l'Église par l'État.
Malheurement ce pays-là n'existe pas : et ce qui
s'est passé dans le nôtre depuis la loi de séparation
n'est pas encore de nature à édifier sur l'avenir de
la réforme. Il y a eu trop de politique de protestation
d'un côté, et d'esprit d'oppression de l'autre.

LA DOCTRINE POLITIQUE DE LA DÉMOCRATIE[1]

La démocratie peut-elle et doit-elle avoir une doctrine politique ? La question a été posée par l'ingénieux écrivain auquel on doit l'important ouvrage sur l'*Idée de l'État*[2]. Elle vaut la peine d'être précisée ; mais pour cela il faut d'abord s'entendre sur les termes. Qu'est-ce qu'une doctrine politique, et qu'est-ce que la démocratie ? Définissons avant de disserter : c'est le premier devoir du philosophe.

« L'histoire des idées, dit M. Henry Michel, prouve que les sociétés politiques antérieures à la nôtre ont eu leur doctrine, par où il faut entendre un ensemble de thèses liées entre elles de telle sorte qu'aucune ne puisse être professée isolément, ni associée, sans contradiction, à un ensemble différent. La monarchie absolue a eu sa doctrine, la monarchie constitutionnelle également. » Je reconnais qu'elles ont prétendu en avoir une ; mais cette doctrine possédait-elle le caractère par lequel l'écri-

1. *La doctrine politique de la démocratie* par Henry Michel (1901).
2. Nous l'avons analysé dans notre volume *Socialisme et problèmes sociaux*.

vain que nous citons définit une doctrine politique :
c'est-à-dire l'homogénéité ?

La chose est admissible pour la monarchie absolue. Elle repose sur une idée simple : la supériorité
incontestée, presque l'infaillibilité d'une personne
ou d'un groupe restreint de personnes, désignées
par l'hérédité ou par une sorte de consentement
unanime une fois donné, cette personne ou ce
groupe de personnes se chargeant des destinées
publiques, sans intervention effective des sujets.
Mais dans le cas des « gouvernements mixtes », qui
comprennent la monarchie constitutionnelle, et qui
en somme ont été dans l'histoire et sont encore la
majorité des gouvernements, — et même, dans la
réalité, la majorité des gouvernements dits autocra-
tiques — je ne vois pas cette doctrine politique
représentant « un ensemble de thèses dont aucune
ne puisse être associée sans contradiction à un
ensemble différent ». J'aperçois, au contraire, des
principes opposés, conciliés par des tempéraments
ingénieux, fruits de l'histoire et des luttes civiles ;
la puissance monarchique, par exemple, liée à la
volonté nationale qui s'exprime par des élections à
bases plus ou moins larges ; la volonté nationale
tenue en respect dans certains cas par l'autorité
royale ; la délégation de cette dernière, sous certaines formes, à un groupe de ministres qui tiennent à
la fois du pouvoir législatif et du pouvoir exécutif ;
l'exécutif intervenant même dans le pouvoir judiciaire, non seulement par la nomination des magis-
trats, mais encore par le droit de grâce, etc. ; bref,

une masse de traits contradictoires qui n'empêchent pas l'institution de vivre, qui, au contraire, probablement, la font vivre, mais qui se rattachent à des doctrines politiques très différentes.

Elles sont si différentes qu'en temps de monarchie constitutionnelle les partis cherchent à tirer le régime chacun vers un des systèmes politiques qu'il préfère et qui se trouve amalgamé avec d'autres dans le tout composite sous lequel vit le pays. Les uns tendent à la prédominance du pouvoir personnel, les autres à la prépondérance de la volonté nationale, toujours en vertu d'une doctrine politique à laquelle ils sont enclins de préférence.

On peut dire que, sous une monarchie constitutionnelle, il y a autant de doctrines politiques en présence qu'il y a de partis, loin qu'il existe une doctrine politique unique particulière à ce genre de régime.

Quelques-unes de ces doctrines évidemment disparaissent quand la monarchie représentative à cens électoral et à suffrage restreint fait place à une démocratie de suffrage universel ; mais elles disparaissent plus en apparence qu'en réalité ; car elles sont remplacées par des doctrines qui leur ressemblent beaucoup au point de vue de leurs conséquences sociales. En temps de démocratie, la façon dont les partis considèrent le rôle de la soi-disant volonté nationale ou générale engendre des doctrines politiques singulièrement différentes, suivant que les uns constatent que la volonté dite générale est tout simplement la volonté d'un groupe de citoyens un peu

plus nombreux (parfois d'une ou de quelques unités) que le groupe divergent, et que par suite, il faut
limiter assez étroitement son domaine d'action pour
ne pas tomber dans un régime d'oppression contra-.
dictoire avec l'idée fondamentale de la démocratie,
qui est d'avoir le moins possible un ou plusieurs
maîtres ; suivant que d'autres, au contraire, trouvent
que la volonté de la majorité (si faible soit cette
majorité) est une véritable souveraineté et a le droit
de tout incliner sous elle ; ce qui aboutit facilement
à un régime aussi oppressif pour une fraction de la
nation que le pouvoir absolu.

Ici, les doctrines politiques ne se rattachent donc
pas à la forme propre du gouvernement monarchique, démocratique ou républicain, mais, à l'idéal
même que les esprits conçoivent d'un organisme
social. Une démocratie peut, sur ce point, avoir une
doctrine politique qui se rapproche beaucoup de
celle d'une monarchie absolue, de même qu'elle
pourrait préférer, aussi bien qu'une monarchie
constitutionnelle, la thèse libérale.

Avant de savoir de la démocratie si, comme le dit
M. H. Michel, « elle nous fait ou ne nous fait pas
peur », il serait bon de connaître à laquelle de ces
visées politiques elle entend se ranger. L'auteur de
la brochure que nous avons citée pense que la démocratie n'est pas seulement un fait inévitable, mais
un fait heureux... « Nous sommes fiers d'être en
démocratie. Il nous paraît que ce régime est très
supérieur à tous les autres et nous croyons savoir
pourquoi ». Je suis prêt à reconnaître avec celui

qui a écrit ces lignes la supériorité relative de la démocratie et beaucoup de ses raisons me touchent. Je pense, avec lui, que le suffrage universel a remplacé comme *ultima ratio* le canon et que c'est un grand avantage moral et matériel[1]. Je pense aussi que la souveraineté du nombre, malgré ses erreurs et ses défauts, est une « spiritualisation très appréciable de la souveraineté de la force ». Mais de ce qu'un régime politique est supérieur à d'autres qu'on déclare défectueux et qui sont tombés sous cette défectuosité même, il ne faut pas conclure que ce régime politique soit, par sa propre essence, de nature à nous rendre si fiers ou même si rassurés.

Pour nous rassurer, il faudrait précisément que la démocratie eût comme « doctrine politique » un principe qui n'est pas plus spécial à la démocratie qu'à toute autre forme de gouvernement qui n'est pas un gouvernement absolu, c'est-à-dire le respect de la liberté. Pour cela, serait-il prudent de se fier à une sorte de « vertu intrinsèque de la démocratie » ?

Elle a en tout temps montré sur ce point des tendances plutôt inquiétantes. Faut-il compter, pour lui faire acquérir le sens de la liberté, sur la généralisation de la culture ? C'est évidemment l'espoir de ceux qui gardent confiance dans l'avenir des sociétés humaines. Il y a eu de ce côté bien des déceptions : elles ne sont pas suffisantes pour faire désespérer de l'avenir ; mais c'est à la condition que ceux qui ont

---

1. « Il faut se battre ou se compter », écrivait Émile de Girardin.

quelque influence sur la démocratie ne l'enivrent pas à chaque instant par l'éloge de ses vertus et de ses supériorités et l'avertissent souvent de ses périls et de ses mauvais penchants. Malheureusement où sont les amis sincères qui lui disent la vérité?

M. Henry Michel n'échappe pas tout à fait à ce reproche d'optimisme exagéré à l'égard de la démocratie. Il la place, dans son estime, fort au-dessus des autres formes politiques « parce qu'elle suppose ensemble et *favorise* chez tous les citoyens le plus complet développement de la personne humaine ». Il émet là une double affirmation. La première est indiscutable ; mais la seconde n'est vraie que sous certaines conditions.

Ce sont ces conditions qu'il faudrait bien préciser avant d'être aussi affirmatif. M. Henry Michel a une tendance à ne considérer ces conditions que comme des *moyens*. « Or, écrit-il, une doctrine politique est une théorie des fins à poursuivre, non un catalogue des moyens à employer. Le choix des moyens regarde l'homme d'État, l'économiste ; la détermination des fins est l'œuvre propre de la philosophie politique ». Que de périls dans cette distinction entre les fins et les moyens ! Au fond, tout système politique qui ne vise pas au privilège exclusif d'une personne ou d'une caste a les mêmes fins, c'est-à-dire le bien-être relatif et l'amélioration du sort de la collectivité ; et ceux même qui s'appuient sur le pouvoir absolu ou aristocratique ont encore la prétention, au moins dans les temps modernes, d'assurer mieux le véritable bien de la nation par le principe d'autorité que par l'égalité et la liberté : de sorte qu'on peut dire que tous les régimes politiques actuellement se targuent des mêmes fins. Ce sont les moyens de ces régimes qui diffèrent. L'un des moyens de la démocratie consiste à penser que la majorité du nombre des citoyens d'une nation est le meilleur juge des intérêts de cette nation, et qu'elle a le droit de faire prévaloir son opinion sur celle qui n'est partagée que par un nombre inférieur de citoyens. C'est un moyen comme un autre, mais qui, étendu hors de certaines limites, peut être mortel à la liberté de conscience et même à la liberté de nos actes quotidiens : travail, vie de famille, usage de nos biens ; libertés qui, d'après M. Henry Michel, seraient cependant les « fins propres de la démocratie ». De même « l'aspiration au progrès », qui est considérée comme un des caractères de la démocratie, est une formule vague qui peut renfermer les conceptions les plus diverses. Celles que M. Henry Michel y range sont controversables : « Il faut que tous possèdent, dit-il, pour que la liberté de la propriété intéresse tous... Le rapport est étroit entre la doctrine démocratique et le socialisme. Elle admet comme possibles toutes les transformations du principe de la propriété — avec cette réserve, toutefois, que jusqu'ici la propriété individuelle apparaît comme une méthode historique de progrès social dont l'efficacité est fondée sur l'expérience — elle admet les transformations surtout des modalités et clauses de la possession. Celles-ci ont varié depuis que l'homme existe et tient les annales de sa vie. Elles varieront encore, et l'on s'étonnera, lorsqu'elles auront changé, de constater que la secousse a été si faible ».

Évidemment, nul ne saurait prévoir ce qu'un avenir lointain réserve au principe de propriété : tout peut changer, même la nature humaine et ses mobiles usuels ; mais cette expérience historique, dont parle M. Henry Michel, s'est prononcée pour la propriété individuelle en face de tentatives séculaires de la supprimer ou de la modifier, qui prouvent que le régime démocratique n'a pas le monopole des attaques contre l'appropriation personnelle (certains catholiques ont été sur ce point aussi hardis que les collectivistes). De ce qu'actuellement le socialisme, d'ailleurs mal défini et très divers dans ses formes, éprouve une recrudescence, il ne faut pas conclure que la suppression de la propriété est dans le sens de la démocratie. Celle-ci tend bien plutôt vers une extension de la petite propriété au détriment de la grande. Là encore, la question de la justice dans la démocratie dépendra de la façon dont l'État démocratique entendra concilier le désir de la généralisation de la propriété avec le respect de la légalité et de la liberté individuelle : une vague fin de « justice sociale » pourrait, en suivant certains moyens, conduire la démocratie aussi loin de la justice véritable dans ses réformes du droit de propriété que tout autre régime politique.

« La démocratie, écrivait Schérer qui n'avait cependant aucun goût pour la monarchie, est une forme de gouvernement ne valant que par l'usage qu'on en fait ». — Voilà de sages paroles, et qui ne sentent pas la superstition. Oui, la démocratie est une forme de gouvernement probablement inévitable, au moins dans certaines circonstances données, — qui sont les nôtres, — et de plus acceptable, et même souhaitable à condition qu'elle corrige les défauts inhérents à sa nature même, par de nombreux emprunts à des règles de gouvernement longtemps expérimentées. Comme tous les régimes tempérés elle est obligée, pour vivre, de faire appel à des principes différents et en apparence contradictoires, sans les sacrifier les uns aux autres, mais en les modérant les uns par les autres. Faute d'un certain équilibre entre la liberté et l'autorité, l'égalité et la hiérarchie, l'innovation et la tradition, et précisément parce qu'elle se propose des fins optimistes, la démocratie pourrait se trouver réaliser tout autre chose que les nobles destinées que lui prédisent certains philosophes politiques et que ses amis sincères lui souhaitent. Sa *doctrine*, si l'on veut qu'elle en ait une, doit être faite de celles qui ont servi dans le passé à constituer des gouvernements à peu près passables, en y joignant une estime de la personnalité humaine qui a parfois fait défaut à certains de ces gouvernements : encore faut-il bien définir ce qu'on entend par cette « personnalité humaine » et ne pas croire que tout accroissement dans la puissance de vote du nombre, ou tout enrichissement des moins aisés au détriment des plus fortunés, équivaille à un véritable accroissement des personnes civiques.

L'OPINION ET LA FOULE[1]

Je ne sais si M. Tarde, qui avait trouvé un très bon titre pour son livre, a bien fait d'insister autant qu'il le fait, dans ses premières pages, sur la distinction entre le *public* et la *foule*. Il est obligé de reconnaître lui-même que, dans la langue usuelle, le mot *public* s'applique très souvent à une agglomération réelle de personnes (le public d'un théâtre, d'un concert, etc.) par conséquent à une véritable foule restreinte, qui ne se distingue de la foule proprement dite que par des caractères secondaires et relatifs, le nombre, l'agitation, etc. ; tandis qu'il y a une différence réelle et importante entre ce qu'il appelle sur la couverture de son volume, l'*opinion* et la *foule*. L'opinion, c'est en quelque sorte la pensée d'une foule morale dont les membres n'ont que des contacts intellectuels, dont le meneur (car il y a toujours un meneur), n'agit sur ses adhérents que de loin et par écrit. Autrement dit, c'est la conscience morale d'un groupe hétérogène, des lec-

1. Par M. Gabriel Tarde, 1901.

teurs d'un journal ou d'une catégorie de journaux appartenant au même courant d'intérêts ou de parti.

Quel que soit le nom qui convient à ce *consensus* de volontés et de pensées, M. Tarde a raison de le différencier d'avec l'état d'âme de la foule et de caractériser à part les tendances et les modes d'action de chacune de ces agglomérations humaines.

Il apporte dans cette analyse son ingéniosité et sa pénétration d'esprit habituelles. Il justifie la nécessité où il se trouve de procéder à cette analyse par le but même qu'il a proposé à ses études : à savoir la *psychologie collective* ou *psychologie sociale*.

Et ici, je lui sais bon gré de dissiper dès son *Avant-propos* un malentendu qui s'attache trop souvent au sujet qu'il traite. « Il est chimérique, dit-il, de concevoir un esprit collectif, une conscience sociale, un *nous* qui existerait en dehors ou au-dessus des esprits individuels... La psychologie sociale que nous appellerions plus volontiers interspirituelle... doit étudier les rapports mutuels des esprits, leurs influences unilatérales et réciproques. »

Voilà qui est net et répond brièvement, mais clairement et conformément aux idées très individualistes de M. Tarde, à bien des préjugés courants sur la conscience collective qui serait la mystérieuse manifestation morale d'un mystérieux organisme social, ayant l'un et l'autre leurs lois et leurs facultés en dehors des organes et des cerveaux des hommes pris individuellement.

Il est inutile de revenir ici sur « la psychologie des foules ». Comme le dit M. Tarde, c'est un sujet

qui a été plusieurs fois traité ; l'auteur ne l'aborde
à son tour que pour en rappeler les principaux traits
et les opposer à ceux qu'il a constatés dans cette
agrégation spéciale qu'est pour lui le *public*.

Cette agrégation est avant tout le résultat d'un
phénomène propre aux derniers siècles : l'imprimerie aboutissant, avec la rapidité des communications, à la presse contemporaine. Le livre et le
journal ont créé une influence à distance qui n'existait que dans des limites très restreintes auparavant.
Le professeur, l'orateur, le prédicant n'agissaient
réellement que sur ceux qui les entendaient, et ils
engendraient la foule. Le papier imprimé se répand
avec la rapidité et la simultanéité dont nous sommes
les témoins blasés et crée instantanément des milliers ou des millions d'auditeurs par les yeux. Et
par là, il produit ces courants d'opinion, » ces grands
entraînements qui maintenant emportent d'assaut
les cœurs les plus fermes, les raisons les plus résis-
tantes, et se font consacrer lois ou décrets par
les Parlements ou les Gouvernements ». « Chose
étrange, continue M. Tarde, ces hommes qui s'entraînent ainsi, qui se suggestionnent mutuellement,
ces hommes-là ne se coudoient pas, ne se voient ni ne
s'entendent. Ils sont assis chacun chez soi, lisant le
même journal, et dispersés sur un vaste territoire[1]. »

Une monographie de l'influence de la presse sur
les phénomènes sociaux serait digne d'un talent

---

1. Je ne sais si M. Tarde, en écrivant son livre, s'est rappelé ce
passage curieux d'A. de Vigny dans *Le Journal d'un Poète* :
« *Le Théâtre dans le Journal.* — La passion du monde est de voir.

comme M. Tarde. Il a dans son présent ouvrage écrit plusieurs chapitres de cette étude. Il pourrait en écrire d'autres, car c'est un vaste sujet. De plus c'est un sujet qui a besoin d'être en quelque sorte toujours mis au point, en ce sens que l'évolution de l'influence de la presse est rapide. Elle n'est pas aujourd'hui ce qu'elle était il y a dix ans. Les conditions matérielles entraînent des changements dans la série des causes et des effets. Le lecteur à son tour, en se modifiant, modifie par réaction le journal, et ainsi de suite. Il faudrait donc saisir l'ensemble des phénomènes à un moment donné, et pousser à fond l'analyse de ce qu'on peut observer à ce moment donné.

M. Tarde indique exactement plusieurs de ces traits. Il y constate des caractères essentiels : La « *simultanéité* d'impression ». — Quel est le lien qui existe entre les lecteurs d'un même journal ? C'est la conscience possédée par chacun d'eux que l'idée ou la volonté qui lui est suggérée est partagée au même moment par un grand nombre d'autres hommes. C'est ce qui, au fond, fait l'attrait de l'*actualité*.

Si les hommes pouvaient tous voir ce que fait chacun… ils seraient heureux. C'est pour cela qu'ils ont créé le théâtre. Mais le théâtre ne parle que du passé, ou ne s'explique sur les événements présents que par des allusions très détournées. Il a fallu un théâtre de chaque jour où des grands personnages vinssent jouer le matin leur rôle de la veille ou le soir celui du matin ; où les spectateurs fussent vingt, cent, huit cents, mille à la fois ; où tous les yeux d'un peuple fussent attentifs à la même scène, au même moment, sans que les spectateurs eussent besoin de quitter leur demeure : ce théâtre a été fait ; ce théâtre c'est un journal. »

La *continuité* de l'influence exercée par le meneur « invisible et d'autant plus fascinateur » qu'est le journaliste. — « L'homme d'un seul livre est à craindre, a-t-on dit ; mais qu'est-ce auprès de l'homme d'un seul journal ! Et cet homme, c'est chacun de nous, ou peu s'en faut. Malgré le bariolage apparent du journal, en fait, tout journal a son clou... sa couleur voyante qui lui est propre, sa spécialité soit pornographique, soit diffamatoire, soit politique, à laquelle tout le reste est sacrifié, et sur laquelle le public se jette avidement. » En les prenant par cet appât le journaliste mène ses lecteurs où il veut.

La *durée* de l'action d'un même journaliste quand il est arrivé à subjuguer son public. — « Ces grands (?) publicistes-là, écrit M. Tarde, en citant quelques noms retentissants, bien plus que les hommes d'État, même supérieurs, font l'opinion et mènent le monde... Comparez à l'usure si rapide des hommes politiques, même des plus populaires, le règne prolongé et indestructible des journalistes de haute marque qui rappelle la longétivité d'un Louis XIV ou le succès indéfini des comédiens et des tragédiens illustres. Il n'est pas de vieillesse pour ces autocrates. »

Voilà quelques-unes des conditions de l'action de la presse. Les résultats en sont au premier abord effrayants. Plusieurs de ces résultats frappent tous les yeux : l'importance croissante des publicistes et plus souvent de ceux de mauvais aloi ; la facilité avec laquelle « deux ou trois de ces chefs de clans politiques qui s'allient pour une cause si mauvaise qu'elle soit, la font triompher... » Quelques autres effets moins saillants sont signalés avec ingéniosité par M. Tarde : ils ne sont pas tous aussi inquiétants que les premiers. Tels sont l'adoucissement des impressions par l'éloignement, et l'isolement de celui qui les perçoit, la multiplicité des catégories auxquelles un même citoyen peut appartenir de par les feuilles auxquelles il s'abonne, la pénétration apaisante à laquelle ces différentes catégories se livrent peu à peu entre elles, au point de décomposer rapidement les anciens partis, enfermés jadis dans un programme étroit et inflexible.

Il y a dans ces derniers résultats une source d'atténuation à la virulence des premiers. Il y en a une autre sur laquelle M. Tarde, à mon avis, n'insiste pas assez et qui, celle-là, évolue avec le caractère même de la presse.

Ce qui fait actuellement la force relative du journal, c'est la survivance d'une croyance du public à une opinion désintéressée de la part des journalistes. Cette croyance disparaît ou disparaîtra peu à peu sous trop de preuves amoncelées de son irréalité. A mesure que *l'intérêt de boutique* se révèle dans le journal[1], son influence sur les esprits ne

[1] « Si un épicier vendait ce que je vends, disait un directeur de journal, il y a longtemps qu'il serait à Mazas! » Cité par M. S. Reinach dans son intéressante brochure : *Journal-Boutique et Journal-Musée.*
L'auteur voudrait un concours de capitalistes désintéressés fondant un journal pour propager exclusivement la vérité — sans aucun but de lucre — comme on fonde un musée en vue de développer le sens

peut pas ne pas s'atténuer. Quand il s'agit de journalistes professionnels[1], ceux même dont le caractère est à l'abri du soupçon pâtissent de la diminution de confiance que produit dans le public le spectacle des défaillances d'un grand nombre. Actuellement beaucoup de journalistes amusent leurs lecteurs, les uns par leur esprit, les autres par leur violence ; ils flattent des passions, caressent des préjugés ou servent des intérêts qui existaient sans eux. Bien peu créent de toutes pièces une opinion, au moins une opinion vivante et convaincue.

Là encore le caractère industriel de leur entreprise leur nuit. Un des attraits du journal, pour le lecteur, c'est la variété. La fixité de la doctrine passe à ses yeux bien après la diversité des émotions ou des distractions qu'il cherche dans sa lecture quotidienne. Le journal veut avant tout le satisfaire sur ce point. On voit quelques-uns des journaux les plus répandus n'avoir pas de doctrine du tout et faire de leurs premières colonnes une sorte de panorama tournant où toutes les opinions viennent tour à tour s'exposer sous des signatures plus ou moins retentissantes. Le lecteur cherche, quoi ? des arguments ? Non, le plaisir de déguster la prose de M. X... après celle de M. Y... et de com-

esthétique. Il croit que le capital, pour un journal quotidien, devrait être de 12 millions, qui seraient considérés comme irrécouvrables.

1. Ce n'est pas un paradoxe de dire que parmi les journalistes qui ont le plus d'influence il y en a beaucoup qui ne font du journalisme que par occasion, et auxquels on connaît d'ailleurs d'autres professions, députés, sénateurs, avocats, professeurs, publicistes, même fonctionnaires ou officiers.

parer non leurs raisons, mais leurs talents ou leur esprit [1].

Quelle distance il a fallu franchir entre la presse d'il y a quarante ans et celle d'aujourd'hui, pour qu'une pareille combinaison soit admissible! Et cependant elle est actuellement très répandue. Les journaux de pure information sont parmi les plus lus ; ce qui prouve que le lecteur, en France, attend de la feuille quotienne beaucoup plus la satisfaction de sa curiosité ou de son dilettantisme, ou des renseignements relatifs à ses affaires ou à ses plaisirs, que la direction de son activité politique et sociale.

Cette diminution de puissance d'entraînement de la part de la presse explique en partie pourquoi les *publics* si bien décrits par M. Tarde ne se changent pas plus souvent actuellement en *foules*. Au fond, les conditions matérielles devraient se prêter plus que jamais à cette transformation : populations immenses parquées sur un même territoire, agglomérations ouvrières ou professionnelles, facilités de communications à l'intérieur des villes, ou pour y accourir à bon marché de toutes les parties du pays, simultanéité possible et promptitude du signal de rassemblement (on a vu à la *Ligue des Patriotes* des milliers d'adhérents convoqués par *petits bleus*; mais un appel d'un journal y aurait suffi comme il suffit pour les réunions ouvrières).

Est-ce le pouvoir de contagion qui s'exerçant par

1. Quand on a dit d'un journaliste: « Il a tant d'esprit! », il semble que l'on ait tout dit et qu'on n'ait rien d'autre à réclamer de lui.

la lecture et non plus par le contact direct de la voix ou l'impulsion en quelque sorte physique, est moins prestigieux, laisse au lecteur le temps de la réflexion, et le fait hésiter devant le danger qu'il va courir? C'est possible dans une certaine mesure. Mais même dans ce phénomène, il faut faire entrer en ligne de compte l'appréciation que la réflexion introduit en l'esprit du lecteur au sujet de la valeur de l'appel de son journal. Si celui-ci l'avait réellement *emballé*, il ne reculerait pas devant l'acte et irait concourir à former la foule. S'il reste chez lui, ou, une fois sur la place publique, se retire facilement devant les injonctions des agents de la force publique, c'est qu'il n'a pas été très convaincu par les arguments de sa feuille quotidienne. Il aperçoit instinctivement le journaliste tranquillement assis à son bureau, ou prêt à se dérober, tandis que, lui, il exposera sa peau ; et la prudence l'emporte sur le désir de manifester.

Une autre cause qui empêche la formation de foules aussi fréquentes que dans le passé, cause dont M. Tarde n'a pas cru devoir s'occuper, mais qui est essentielle, c'est précisément la présence constante dans notre existence collective actuelle d'une force publique considérable, parfaitement organisée et armée, jusqu'ici neutre dans nos agitations de partis, qui se trouve en face de citoyens sans armes et n'a en vue que d'assurer et maintenir l'ordre au moyen de sa supériorité écrasante de puissance matérielle.

Je pense qu'aucun fait n'est plus important dans

l'histoire de nos trente dernières années que la suppression de toute force armée en dehors de l'armée proprement dite et de la police. À côté des résultats désastreux de la guerre de 1870 et de la Commune, il faut enregistrer, comme une de leurs conséquences heureuses et de portée incalculable, l'abolition qui paraît définitive (au moins pour le présent) de tout ce qui ressemble à une garde nationale.

Je suis loin de nier d'ailleurs qu'en dehors de cette sorte de *veto* matériel mis à la formation des foules, beaucoup d'autres faits sociaux n'aient concouru à rendre celles-ci superflues ou n'aient détourné la population de s'y agglomérer.

L'organisation en rouages corporatifs, syndicats, amicales, associations de tout genre, qui remet à des délégués le soin de représenter des intérêts collectifs et de les faire valoir, est un des faits de cette catégorie. La presse y contribue dans des proportions considérables, en fournissant un moyen d'expression sans péril aux vœux et aux passions. De notre temps, tout finit, a-t-on dit souvent, par des articles de journaux.

Faut-il aller jusqu'aux vues optimistes que dans la conclusion de son Étude, M. Tarde exprime au sujet de l'influence de la *Presse*? « J'incline à croire malgré tout, écrit-il, que les profondes transformations sociales que nous devons à la presse se sont faites dans le sens de l'union et de la pacification finales. En se substituant, ou en se superposant aux groupements plus anciens, les groupements nouveaux toujours plus étendus et plus massifs que nous appelons des publics ne font pas seulement succéder le règne de la mode à celui de la coutume, l'innovation à la tradition ; ils remplacent aussi les divisions nettes et persistantes entre les multiples variétés de l'association humaine, avec leurs conflits sans fin, par une segmentation incomplète et variable, aux limites indistinctes, en voie de perpétuel renouvellement et de mutuelle pénétration. »

Voilà bien des métaphores de l'ordre biologique, de celles qu'en général craint avec raison M. Tarde, qui est un des adversaires les plus résolus de l'organicisme en sociologie, ce dont je le loue fort.

J'aime mieux, comme raison d'espérer, la constatation de ce fait que malgré les excitations inouies semées par la presse depuis trente ans, la tranquillité matérielle n'a pas été trop violemment troublée, et qu'il n'a pas surgi d'événements sanglants mettant entre les partis plus d'irréparable que l'histoire des périodes antérieures ne nous en a légué[1]. C'est déjà là un fait considérable, dont il ne faut pas faire honneur à la presse, mais dont elle a eu sa part, peut-être inconsciente : comme la lance d'Achille, elle guérit quelques-unes des plaies qu'elle a ouvertes ou rouvertes.

J'aurais d'autres remarques à faire au sujet de l'influence de la presse sur la conversation, à laquelle M. Tarde consacre une étude spéciale, comme à l'un des phénomènes sociaux actuels les plus importants

---

1. Le maintien de la tranquillité matérielle au milieu de la terrible guerre civile morale suscitée par l'affaire Dreyfus a été un des faits les plus caractéristiques de l'histoire contemporaine.

et cependant les plus négligés par la sociologie ; mais ces remarques sont toutes de détail et m'entraîneraient trop loin. Là encore M. Tarde, à mon avis, est un peu trop optimiste à l'égard de l'action de la presse. Il estime qu'elle fournit d'innombrables sujets d'entretien, qu'elle rapproche par là les classes en leur permettant de s'intéresser au même moment aux mêmes questions. Il me semble que les différentes classes n'ont jamais moins *causé* que depuis qu'elles lisent des journaux inspirés d'esprits opposés, qui les mettent l'une en face de l'autre à l'état d'hostilité déclarée. Chacun, en voyant son voisin prendre tel ou tel journal, sait d'avance l'opinion à laquelle ce voisin appartient, et n'a nulle envie d'entamer avec lui une controverse. La neutralité apparente que favorisait l'absence ou la rareté des journaux était propice aux premiers échanges de conversation. Actuellement on observe son voisin — ainsi en chemin de fer, en omnibus, dans un hôtel — et on se méfie. D'ailleurs le journal, en fournissant des nouvelles et des renseignements, diminue le besoin que chacun ressent d'un entretien pour s'instruire ou se distraire.

Je ne puis constater là que le journal ait été favorable à la sociabilité.

Je me hâte d'ajouter que tous ces phénomènes sociaux auxquels M. Tarde applique son observation ingénieuse, pénétrante et parfois un peu subtile, sont extraordinairement fuyants et complexes. La généralisation y est d'une extrême difficulté, et par suite la prévision périlleuse. M. Tarde en fournit lui-même, avec une grande bonne foi, un exemple frappant, en reproduisant sans modifications un de ses anciens articles sur « les foules et les sectes criminelles », article qui date de 1893, peu de temps après les attentats anarchistes qui avaient jeté la terreur dans le pays. Certes, M. Tarde semblait bien à cette époque avoir le droit de croire au commencement d'une période de « propagande par les bombes » dont Ravachol venait de donner l'effroyable signal. La dynamite paraissait à l'ingénieux écrivain l'arme désignée contre la puissance collective qui a remplacé l'autocratie. « Grâce au suffrage universel, écrivait-il, le régicide n'est plus qu'une survivance : depuis que la souveraineté jadis concentrée sur une seule tête s'est morcelée entre des millions de petits souverains, de grands ou de petits bourgeois, ce n'est plus un seul homme, ou une seule famille, ce sont des milliers d'hommes qu'il faut frapper ou épouvanter, pour supprimer l'obstacle majeur à la félicité future. Le *régicide* a dû par suite se transformer en *plébicide,* et les Fieschi ou les Orsini en Ravachol ».

Une année après que ces lignes étaient écrites, Carnot mourait frappé par le couteau de Caserio. M. Tarde le remarque dans une note et se contente de caractériser cet assassinat de « crime exceptionnel et en quelque sorte atavistique par ses procédés autant que par sa nature ».

Il aurait dû ajouter, dans les notes d'une future édition, que le meurtre de Carnot avait été suivi de celui de l'impératrice d'Autriche, d'un attentat contre le roi de Grèce, d'autres attentats contre le shah de Perse et contre le prince de Galles, de l'assassinat de Canovas, de celui du roi Humbert. Depuis sont encore survenus l'odieux attentat contre le président Mac-Kinley, l'assassinat du roi et de la reine de Serbie, celui du roi de Portugal et de son fils, puis le meurtre de plusieurs personnages princiers ou marquants de Russie. Par contre les attentats collectifs à la dynamite ont presque disparu en France... Ce qui prouve que si, comme on l'a dit, la science est une prévision, la sociologie, s'appliquant aux faits de conscience des collectivités, est encore loin d'avoir les caractères définitifs d'une science. Elle ramasse des matériaux, et même ses erreurs serviront à assurer sa méthode, à condition qu'elle les enregistre avec soin et sans parti pris; mais, en attendant, c'est un devoir pour elle de rester prudente dans ses conclusions.

PHILOSOPHIE DES SCIENCES SOCIALES[1]

« Nous ne croyons pas à la possibilité d'englober sous une même dénomination toutes les recherches de géographie sociale, de démographie, de science économique, d'histoire de la famille, d'histoire de la vie morale, d'histoire des religions, d'histoire des arts, des lettres et des sciences, d'histoire politique... Le champ est trop vaste et les recherches déjà faites sont trop nombreuses pour que cela soit possible... Une division du travail s'impose donc entre les chercheurs... » On pourrait croire qu'en s'exprimant ainsi, M. René Worms vise la sociologie : ce serait une erreur. Il distingue soigneusement la « science sociale » de la sociologie. C'est à la première que s'adressent ses critiques, tandis que la seconde est à ses yeux une synthèse légitime de toutes « les sciences sociales » particulières. Seulement, quand on creuse un peu son argumentation, on se prend à douter si les réserves qu'il pose au sujet de l'une ne

<hr>

1. Trois volumes par M. René Worms, et *Annales de l'Institut international de sociologie*.

seraient pas aussi justifiées en ce qui concerne l'autre. Comment faire la synthèse de sciences qui, chacune dans son camp d'études, n'a encore enregistré que des résultats très partiels? L'auteur constate ces lacunes avec raison dans plusieurs passages de son livre ; et il résume ainsi son opinion : « La vérité nous paraît être, en somme, que dans l'ensemble des sciences sociales, ni les recherches descriptives, ni les recherches comparatives ne sont encore fort près de leur perfection, bien que les unes comme les autres soient déjà entrées dans le droit chemin. » — Dans ces conditions, n'est-ce pas bien ambitieux et un peu chimérique, ou au moins prématuré, de représenter la sociologie comme « à la fois le point de départ et le point d'arrivée des sciences sociales particulières » ? Qu'elle puisse être leur point de départ en fixant à chacune d'elles son objet propre, à la fois distinct des objets de toutes les autres et lié à tous ceux-ci, c'est admissible, et c'est un rôle utile, ne fût-ce que pour éviter les doubles emplois, ou fixer les définitions qui doivent servir à plusieurs sciences : mais le point d'arrivée qui consisterait à « recevoir les conclusions de toutes les autres sciences sociales, et à édifier avec celles-ci sa propre synthèse » supposerait que ces conclusions existent avec un degré de certitude suffisant pour entrer dans une conclusion plus générale et ayant un caractère scientifique. C'est demander aux sciences partielles plus qu'elles ne peuvent donner dans leur état actuel. L'auteur, du reste, semble s'en rendre compte jusqu'à un certain point, lorsqu'il refuse de trancher la question si la sociologie est une science proprement dite ou une philosophie, distinction qui ne signifierait rien si elle ne répondait à un scrupule de l'esprit de l'auteur au sujet du mot science. Pour nous, le mot « philosophie » convient mieux et nous louons M. Worms de s'y être arrêté, en ce qu'il indique que la sociologie est présentement un essai de coordination, une tentative de vue d'ensemble des phénomènes sociaux, mais avec le sentiment profond de l'insuffisance de plusieurs de ses données et de la prudence qui lui convient dans la prévision.

Cette insuffisance atteint la sociologie dans son point de départ même, qui est la définition de son objet ; ou plutôt les sociologues, y compris M. R. Worms, veulent, à tort, à mon avis, commencer par une définition des sociétés qui suppose résolus toute espèce de problèmes relatifs aux groupements humains. — Une société est-elle réellement un être organique ? En supposant une réponse affirmative dans certains cas, quelle société, l'humanité, un Continent, un État, une corporation, une Église, une association commerciale ou littéraire, offre-t-elle les caractères nécessaires à ce qu'on l'assimile à une unité biologique vivante ? On est là sur un terrain de controverse ardente. Les partisans de l'*organicisme,* si exagérément en faveur pendant quelques années, ont battu en retraite sur bien des points, et M. R. Worms est lui-même obligé de faire son *mea culpa* et de reconnaître que les difficultés du problème sont beaucoup plus grandes qu'il ne l'avait cru à une certaine époque. Il persiste cependant à vouloir défendre « la réalité de l'être social ». Seulement, il passe de l'appellation d'organisme à celle de « super-organisme », ce qui ne change pas grand chose au fond de la question et laisse toujours ouverte celle de savoir si, étant reconnu qu'il existe d'incontestables différences entre les sociétés et les organismes, elles sont telles cependant qu'on doive, ou non, séparer radicalement les premières des seconds.

À cette question un observateur vraiment scientifique ne répondrait que par l'abstention. jusqu'à ce que la synthèse des conclusions des sciences sociales partielles poussées à un degré d'investigation suffisant lui permit une réponse affirmative ou négative. et cela le forcerait au silence prolongé pendant bien des années ou des siècles ; — ou s'en tenant aux constatations actuelles de la biologie, il répondrait négativement, se sentant contraint, pour répondre autrement, à élargir la notion de l'être au delà de ce que permet l'usage légitime et consacré du mot : « Il faudrait admettre par exemple, écrit M. R. Worms, qu'un être n'est pas nécessairement composé d'éléments continus. » Il faudrait admettre bien d'autres conditions contradictoires avec nos notions actuelles des êtres individuels, par exemple la multiplicité de conscience. « Notre expérience, allègue M. Worms, est trop limitée pour que nous puissions croire y embrasser l'univers. Il faut laisser la porte ouverte à des possibilités non encore définies... qui sait si des êtres nouveaux ne seront pas découverts, qui différeront bien plus des organismes que ceux-ci ne diffèrent des sociétés ? » Attendons donc ces découvertes

avant de faire entrer celles-ci « dans la liste des
réalités concrètes ». Ou du moins contentons-nous
de poser à l'état d'hypothèse l'être social, et n'en
faisons pas le départ d'une science à prétentions positives.

C'est ainsi qu'à notre avis, M. Worms, en affirmant
même avec des précautions, l'être social, au début
de son livre, a commencé par où il aurait dû terminer les trois volumes qu'il annonce devoir consacrer
à son sujet, si le résultat de ses investigations lui eût
permis, à la clôture de sa longue exploration, une
affirmation de ce genre. — Le reste du premier volume
qu'il nous donne aujourd'hui, contient dans une
deuxième partie un examen et un essai de classification des éléments et des faits sociaux, et dans une
troisième partie, une tentative de distinction de la
science et de l'art social, et de classification des
sciences et des arts sociaux. Dans ces divers domaines, encore livrés à la discordance des méthodes
et des aperçus, M. Worms a le mérite de rappeler
clairement les systèmes divers ou antagonistes antérieurs, avant de proposer les siens propres qui ont
une tendance un peu trop marquée à concilier les
systèmes précédents, même lorsque ceux-ci sont difficilement conciliables.

... Il a un autre mérite : celui d'être un des rares
sociologues qui s'expriment dans un français intelligible et même clair et qui rangent leurs idées
dans un ordre relativement précis. Dans le deuxième
tome de sa *Philosophie des Sciences sociales*, auquel
il donne le sous-titre de *Méthode des Sciences sociales*,

il nous offre — sous un volume un peu mince — un examen des différents moyens d'analyse proposés ou pratiqués dans l'étude des faits sociaux. Il explique lui-même, et nous verrons plus loin pourquoi il a mis le mot *méthode* au singulier.

Cette portion de l'ouvrage est judicieuse et bien disposée. L'auteur passe en revue les méthodes *a priori* qui ont consisté pour la sociologie, soit à s'appuyer sur une des sciences déjà constituées, mathématiques, physique, biologie, psychologie, pour lui emprunter ses procédés d'investigation et ses classifications, et à les imposer de préférence, et comme par sélection prédéterminée, aux phénomènes sociaux ; soit, en laissant de côté les autres sciences, à s'attacher, dans la science sociale elle-même, à un ordre de faits choisi comme prédominant et à faire comprendre tous les autres ordres de faits par celui-là. Le principe général des deux méthodes, dit avec raison M. Worms, est le même et également *a priori,* en ce sens que tous les deux supposent qu'il y a antériorité soit entre les sciences, soit entre les faits, et que les sciences postérieures doivent s'appuyer sur les antérieures. Cela a été vrai historiquement, dans une certaine mesure : mais l'investigation présente doit-elle se conformer au processus historique qu'a suivi l'esprit humain ?

Sans résoudre la question, M. Worms signale les avantages et les défauts de chacune des méthodes *a priori,* les services qu'elles ont rendus et aussi leurs lacunes et leurs périls. Ceux-ci se résument dans le reproche qu'on peut leur faire à toutes qu'elles ont le défaut de partir d'une vue de l'esprit plus ou moins étroite et par suite insuffisante : et l'auteur montre bien que c'est là le caractère commun autant des sociologues qui ont procédé par analogies scientifiques, que de ceux qui ont appliqué ce que M. Worms appelle des méthodes sociales unilatérales, c'est-à-dire qui font jouer le rôle capital soit à un élément, soit à un fait social exclusif : milieu, climat, productions du sol, race, densité de la population, outillage économique, organisation de la production industrielle, organisation de la famille, de la religion, etc., etc. Sous chacun de ces éléments considéré comme primordial, il est facile de mettre un nom de philosophe social plus ou moins célèbre : car tous les systèmes ont été présentés avec des arguments séduisants en faveur du point de départ proposé. M. Worms les condamne tous sous cette sentence que : « Toute doctrine qui veut rompre l'absolue continuité de la réalité sociale pour isoler une de ses parties et lui donner une importance sans égale est forcément amenée à subir un jour un échec. Étant incomplète, elle est fausse par là-même. Par suite *la vraie méthode* des études sociales (voilà la raison du sous-titre) n'est aucune de celles qui cherchent un élément ou un fait générateur de tous les autres. C'est celle qui s'efforce de tenir compte à la fois de tous les éléments et de tous les faits ».

Est-ce possible ? — C'est ce que l'auteur examine dans sa deuxième partie. Il s'agit, après avoir éliminé les méthodes *a priori,* de définir et de montrer à l'application la méthode *a posteriori,* celle d'observation, qui procédera d'abord par analyse objective, puis après la récolte des faits, en tentera la synthèse.

Cette méthode d'observation elle-même se compose de plusieurs procédés d'investigation distincts qui se complètent dans une certaine mesure, et dont aucun, dans certains cas, ne peut se substituer totalement aux autres : ce sont en quelque sorte des moyens d'attaque parallèles de la matière sociale, et que l'observateur doit manier avec discernement, prudence et ingéniosité : statistique, enquête, monographie, recherche historique, expérimentation. Sur chacun de ces procédés ·d'étude, M. Worms a des réflexions justes, touchant soit ses limites, soit son efficacité. Mais ce n'est guère qu'en abordant sa troisième partie, *les procédés de synthèse,* que l'auteur peut sérieusement discuter ce dernier caractère. En effet dans une science qui veut être autre chose que de constatation, — ce qui est le premier degré, d'ailleurs indispensable et déjà difficile à réaliser, de toute élaboration scientifique — l'analyse n'a de valeur que si elle parvient à établir entre les faits des liens de causalité. Autrement elle institue des nomenclatures mais pas de séries enchaînées. Au sujet de la recherche de la causalité, M. R. Worms rappelle les quatre règles de S. Mill et examine après lui jusqu'à quel point chacune d'elles est applicable en matières sociales : de l'aveu même du philosophe anglais, aucune, vu la complexité des faits sociaux, ne peut, en sociologie, conduire à des résultats incontestés. M. Worms enregistre cette conclusion de Mill, mais il essaye de la combattre. Il le fait en n'évitant pas, à mon avis, suffisamment l'écueil où se heurtent tant de sociologues, les déductions tirées de la comparaison avec l'anatomie et la physiologie. Les institutions sociales, sous sa plume, comme sous bien d'autres, deviennent des *organes* sociaux entre les *fonctions* desquels il s'agit de rechercher des rapports de coexistence ou de succession ; mais cette définition, même si on veut la préciser, prête à de graves objections. « Un organe social, dit M. Worms, est un ensemble d'individus qui se consacrent à une même profession ou à un même métier : l'activité exercée ou le service rendu par un semblable organe est une fonction sociale. » — Je vois bien le corps humain divisé en organes chargés chacun d'une fonction et d'une seule, le cœur de battre, ou l'estomac de digérer : mais le même individu comme professionnel, électeur, croyant, membre à des titres divers d'une famille, etc., etc., fait partie de cinq ou six *assemblages* sociaux, au moins. Comment donner le nom d'organe à chacun de ces groupes composés d'êtres mobiles et qui en se déplaçant changent le caractère de chaque agrégat où ils entrent ? Et en tous cas, si on veut les considérer comme des organes, comment instituer entre eux des rapports de voisinage ou d'éloignement physique ainsi qu'on le fait en étudiant la physiologie d'un corps vivant ? Et c'est cependant sur cette métaphore de rapports de proximité relative des organes entre eux que M. Worms établit tout son système de recherche du lien de causalité. « La structure de la Société, écrit-il, apparaît comme celle d'une vaste organisation, où chaque organe n'est intelligible que par la considération des organes *voisins,* et même des organes *éloignés.* Tous se trouvent ainsi à la fois déterminés et déterminants. Le lien d'inter-action de causalité qui les unit, est un lien réciproque... » Oui, mais comment décider lequel de deux phénomènes détermine l'autre lorsque l'expérimentation est impossible, et que de plus il n'y a pas hiérarchie en quelque sorte physique entre eux, comme elle existe, de par la structure matérielle, dans un corps vivant?

Et si les impossibilités de détermination sont vraies dans l'état *statique,* combien le sont-elles plus encore dans l'état *dynamique,* c'est-à-dire dans les constatations de succession entre les phénomènes? On peut évidemment en faire de plausibles et d'ingénieuses, et M. Worms en fournit, à titre d'exemples, un certain nombre : mais chacune de ces déterminations n'est qu'une hypothèse plus ou moins probable, suffisante pour donner des règles de direction générales à la vie individuelle et sociale, mais n'offrant pas le caractère de la certitude. La meilleure preuve, c'est que M. Worms repousse lui-même la *déduction* comme pouvant fournir la prévision de l'avenir... « La prévision de l'avenir, dit-il, qui se fonde sur la connaissance du passé, ne se réalisera que si ce passé a été intégralement connu et si des causes nouvelles n'entrent pas en jeu pour bouleverser la situation existante. Or ce n'est que par la constatation directe des phénomènes qu'on peut savoir si ces conditions sont remplies. Les raisonnements les mieux formulés auront donc toujours besoin de la confirmation des faits. » C'est là une déclaration prudente et dont je loue M. Worms. Elle l'amène à être sévère pour *l'analogie* dont on tire tant de conclusions risquées en matières sociales. — Quel sera son jugement d'ensemble sur le contenu de la science elle-même dont il a dans ce volume examiné les méthodes ? Dès à présent il fait prévoir que dans la suite de son ouvrage il établira une échelle d'avancement plus ou moins complet où seront placées les diverses branches de la sociologie, suivant qu'elles embrassent des faits plus simples ou plus complexes. Je crois que le véritable critérium pour constater un état de perfection plus ou moins satisfaisant des unes ou des autres serait de vérifier, au bout d'une certaine période de temps, les résultats de prévisions assises sur les faits sociaux enregistrés et analysés suivant les méthodes sociologiques. Mais pour cela il faudrait attendre très longtemps. L'exemple des prévisions anciennes n'est pas encourageant. C'est la faute de méthodes mal appliquées, disent les sociologues. A eux de prouver qu'ils en ont de meilleures, ou qu'ils les appliquent mieux : sur ce point les affirmations ne suffisent pas. Ce n'est que par un certain nombre de prévisions justifiées, nombre de réussites assez grand pour récuser l'intervention du hasard, qu'ils convaincront les esprits impartiaux et doués de jugement philosophique, non seulement de la valeur de constatation de la sociologie, qui dépend de ses procédés d'analyse, mais de sa faculté d'établir des lois (au sens scientifique), faculté qui peut lui être refusée par la nature même des choses et surtout des hommes qu'elle a à observer.

« S'il est encore possible de s'entendre sur les principes généraux de la méthode en sociologie…, lorsqu'on arrive à formuler les conclusions de la science, les divergences éclatent nombreuses et, semble-t-il, irréductibles. C'est que les faits sociaux sont si divers, si multiples, si changeants, qu'ils révèlent à plusieurs observateurs, plusieurs mondes tout à fait opposés. Deux hommes de science d'une égale bonne foi, mais placés à des points de vue différents, verront de la réalité sociale deux faces distinctes et traceront d'elle deux tableaux bien peu concordants. Une semblable constatation est faite pour nous inspirer la modestie. »

Elle devrait l'inspirer à tous les sociologues en général, et M. R. Worms donne ici le bon exemple en proclamant lui-même la fragilité relative actuelle de la science à laquelle il a consacré « quinze ans de lectures, d'observations et de réflexion ». Non que cette science soit inutile ou ait été stérile. Elle a poussé ses pionniers à l'observation, aux recherches historiques, aux essais de coordination. Dans ses divers volumes, M. René Worms a clairement résumé ces vastes et touffus travaux, indiqué l'état d'avancement des diverses sciences sociales, montré ce qui leur manquait encore pour permettre la prévision certaine, ce qui est le critérium des sciences vraiment faites ; cherché, en attendant, « à dégager en quelque sorte la moyenne des jugements des hommes compétents et modérés » sans croire que les conclusions qu'il présente doivent valoir indéfiniment. « Elles refléteront en quelque mesure, écrit-il, l'état contemporain des sciences sociales. Elles ne sauraient devancer le développement de ces sciences. Or, celles-ci, nées d'hier, croissent rapidement. Il est possible par conséquent, que dans peu d'années leur face se soit entièrement renouvelée. Les conclusions à en tirer devront, dès lors, être modifiées en tout ».

Prenons donc le livre de M. Worms pour ce qu'il veut être, un inventaire résumé des chapitres essentiels de la sociologie actuelle. L'auteur en le dressant a évité quelques-uns des principaux défauts des écrivains sociologues, la bizarrerie ou l'obscurité dans le vocabulaire, l'excès dans l'emploi des métaphores, excès qui est à la base même de bien des théories sociologiques. Il n'a pu éviter autant qu'il l'aurait fallu un troisième défaut de la philosophie des sciences sociales, l'abstraction : car c'est elle qui permet d'instituer dans l'activité individuelle ou collective des hommes comme des compartiments étanches auxquels s'appliquent à la fois des observateurs différents et des noms de sciences différentes. Il en résulte que ce qui devrait être une simple facilité donnée à l'étude engendre souvent une sorte de mythologie artificielle, où l'unité de désir et d'action se voit morcelée en entités multiples et diverses, comme la nature unique le fut dans la variété des divinités antiques. L'infirmité de l'esprit humain à embrasser les ensembles, et la nécessité où il est d'y pénétrer par le détail et le partiel, le poussent ainsi à des vues unilatérales, d'où il a ensuite bien de la peine à revenir aux notions synthétiques. Une fois qu'il a constitué des théories de la race, du milieu, de la population, envisagé la vie individuelle, la vie familiale, la vie économique, l'influence de la religion, du droit, de l'art, de la science, etc.; il établit entre ces diverses formes de l'existence réelle des cloisonnements, des oppositions, des hiérarchies, comme s'il s'agissait de créatures positives différentes et non des différentes faces d'une même évolution globale. J'en prends un exemple dans le procès que M. R. Worms institue entre la Science et l'Art (dans le sens de l'art de l'action), pour décider lequel a précédé l'autre. C'est un bon modèle des logomachies auxquelles on se livre en sociologie faute d'une terminologie suffisamment précise, et par cette tendance à l'abstraction qu'une bonne nomenclature décèlerait immédiatement. — M. Worms met quelquefois trop de complaisance à profiter de ce manque d'exactitude dans le vocabulaire pour chercher à concilier des thèses de sociologues célèbres qui, au premier abord, semblent contradictoires, comme celles de H. Spencer sur le passage de l'homogène à l'hétérogène, et celle de G. Tarde sur l'évolution de l'opposition à l'adaptation. Pourquoi ne pas dire tout simplement que les deux auteurs ont eu également tort de vouloir créer des formules abstraites avec des mots mal définis ou mal employés?

Tout en se défendant de vouloir aborder l'Art, et se déclarant résolu à rester dans la Science, c'est-à-dire la constatation des faits acquis, M. Worms ne peut résister à la tentation qui est celle de tout sociologue, et qui, à vrai dire, est la raison d'être de la sociologie, celle qui l'a engendrée avec Saint-Simon et Aug. Comte : le désir de prédire l'avenir dans quelques-unes des grandes directions de l'activité sociale en religion, en politique intérieure, en politique internationale. Il est généralement plutôt optimiste dans ses prévisions, et conclut peut-être un peu vite parfois des grandes tendances générales de l'humanité à tout ce qui arrivera dans un délai relativement court. Il adopte cependant la théorie de la marche en spirale du progrès qui admet, sinon des régressions, du moins des retardements et des complications. De l'aveu même de l'auteur, le lecteur devra donc souvent prendre ses vues d'avenir plutôt pour de « grandes espérances », que pour des déductions vraiment scientifiques.

... Il semble qu'en sociologie les systèmes dépendent beaucoup de l'ordre de métaphores qu'on emploie pour définir et expliquer les phénomènes sociaux. Prise dans l'ordre architectural, l'image de la société aboutit facilement à l'idée d'un édifice avec base, infrastructure et superstructure. Comparée à un fruit, elle se présente à l'esprit comme ayant un noyau, un contenu, une enveloppe, etc. ; — et ce sont les deux images qui ont été employées concurremment et non sans beaucoup de discussions sur les détails, par les auteurs ou les partisans de la théorie du matérialisme historique ou économique. C'est une théorie forcément simpliste. Si on avait recouru à une comparaison avec un arbre et sa souche, on serait arrivé à l'idée de racines puisant dans des couches différentes les sucs nécessaires à assurer la croissance et le développement du végétal entier, qui par là même aurait eu pour sources des éléments de nature diverse : et par une métaphore de ce genre on se serait rapproché davantage de la réalité d'une organisation sociale nécessairement complexe.

Le plus sûr serait de renoncer à toute métaphore — (on sait combien l'*organicisme* a été à juste titre battu en brèche) — et de rechercher simplement par une étude purement historique et analytique l'ordre et la succession des phénomènes sociaux ; mais ce serait renoncer à cette apparence d'unité et de synthèse qui est si séduisante en matière sociologique. Ce serait renoncer du même coup à cet enchaînement logique d'aspect rigoureux qui, d'une conclusion sociologique, aboutit à une conclusion socialiste, et veut imposer celle-ci au nom d'une dialectique impérieuse. Au fond c'est ce passage qu'ont prétendu effectuer, en partant d'Adam Smith et des physiocrates, K. Marx et ceux qui lui ont emprunté sa doctrine du matérialisme économique. Adam Smith avait fait une observation (plus ou moins exacte) sur l'état social qui a précédé l'organisation capitaliste, Marx reprenant sa conclusion, l'étendant au moyen de la dialectique hégélienne, la projette en quelque sorte dans l'avenir, en prouvant que l'état capitalistique renferme les germes de sa propre destruction, et doit par conséquent, grâce au prolétariat constitué en parti d'action, revenir au communisme. Le matérialisme économique n'est plus dans ses mains une méthode désintéressée d'étude sociale, mais une chaîne hors de laquelle il n'est plus permis de sortir et qui, d'anneau en anneau, par un engrenage fatal, conduit forcément la société à un avenir prévu et démontré. On conçoit dès lors de quelle importance le matérialisme historique est pour les écrivains à tendances collectivistes. « C'est par ces deux grandes découvertes, a écrit Engels, la conception matérialiste de l'histoire et la découverte du secret de la production capitaliste au moyen de la plus-value, que le socialisme est devenu une science. »

Laissant de côté cette seconde théorie dont l'inanité a été plus d'une fois démontrée et qui remonte à une mauvaise théorie de la valeur, l'*Institut international de sociologie* a cru devoir consacrer son congrès de 1900 à la question du matérialisme historique. Pendant trois séances et demie le congrès a discuté cette question ; après le congrès, plusieurs membres absents ou silencieux ont envoyé leur opinion écrite : de cette double source est né le volume de comptes rendus qui nous est aujourd'hui présenté et qui ne manque pas d'intérêt, bien qu'il y ait forcément un certain désordre, beaucoup de répétitions et aussi de malentendus dans un recueil de ce genre. Le désordre vient de l'absence de définitions préalables précises. M. de Kellès-Krauz qui avait été chargé du rapport initial a tenté cependant de louables efforts pour préciser le sujet : mais il ne l'a pas fait sous une forme très accessible. On peut en juger par la phrase suivante, qui en même temps indiquera combien est conjectural et contestable le point de départ de toute la doctrine : « Le mode de production détermine toute la vie sociale, parce que à l'origine toute l'activité individuelle et volontaire des hommes dans la société, sans en excepter les manifestations comprises sous les termes « art », « philosophie » et « religion » primitifs, a pour unique but et objet la conservation de la vie et la satisfaction des besoins essentiels, et que, plus tard, lorsque apparaissent se diversifiant et se compliquant, l'un après l'autre, d'innombrables et toujours nouveaux besoins matériels et spirituels, d'une part (condition négative) chacun d'eux ne peut naître qu'au moment où la richesse matérielle de la société le permet, d'autre part (détermination positive et beaucoup plus importante) chacun de ces besoins ne peut être satisfait (et on peut considérer comme certain que la manière de satisfaire, ou de pouvoir, ou de ne pas pouvoir satisfaire un besoin, détermine sa qualité même), — chacun de ces besoins ne peut être satisfait que par les moyens mis à la disposition des hommes par le mode de production et de telle manière que la satisfaction des besoins matériels essentiels, du moins des besoins de ceux qui comptent dans chaque société donnée, n'en souffre aucun dommage appréciable, si indirect fût-il, mais qu'au contraire, dans la plupart des cas, dans tous les cas importants, elle en soit favorisée. » Et pour éclaircir sa pensée, M. de Kellès-Krauz use de l'image architecturale : « On peut se représenter la société comme un bâtiment à plusieurs étages se supportant respectivement... Chacune des couches de la vie sociale est *basique* vis-à-vis de l'ordre des phénomènes *formel* qui lui est superposé : on peut développer tous les phénomènes sociaux en une série suivant *leur ordre de formalité* (secondaire, tertiaire, etc.) vis-à-vis de l'outillage productif social. Cette série a été diversement construite par Engels, de Greef, Labriola ; il reste encore beaucoup à faire pour qu'elle soit bien étudiée... »

Des sociologues de différentes nationalités ont pris part au débat, les Italiens avec beaucoup de métaphorisme dans la forme, les Français avec clarté, mais en se faisant plus d'une fois reprocher par M. de Kellès-Krauz, dans sa réplique, qu'ils n'étaient pas dans le sujet. La plupart, notamment MM. Fouillée, Tarde, R. Worms, ont fait des objections, des réserves ou des critiques. M. Loria a surenchéri sur l'auteur du rapport en poursuivant la thèse de Marx dans toutes ses conséquences religieuses, morales, esthétiques. « Les grandes créations de l'art au moyen âge étaient dues aux sublimes impulsions de la foi : mais l'intimité et la puissance extraordinaires de la foi à cette époque étaient à leur tour le résultat de la nécessité de contenir les éléments antagonistes s'agitant au milieu d'un système social déséquilibré. Et après cela il n'est pas absurde d'affirmer que même dans les créations les plus sublimes de l'art chrétien, parmi les aiguilles fantastiques des cathédrales gothiques, ou sur les figures séraphiques des saints et des martyrs, on voit poindre les traits cabalistiques et le satanique sourire du facteur économique... » Engels, on le sait, et M. Loria le rappelle sans l'approuver, avait affirmé que la crémation des morts a été remplacée par leur inhumation, par cela seul que l'épuisement des forêts avait renchéri le bois !

M. Novicow, dans un jugement bref, mais juste, me paraît avoir défini exactement le matérialisme historique « une méthode de recherche féconde, pourvu qu'elle ne soit pas exclusive ni absolue. » Au fond c'est celle qu'ont suivie Montesquieu, Adam Smith, Buckle, que Saint-Simon et Aug. Comte ont, à des points de vue différents, essayé de systématiser. Marx tout en l'enrichissant par des vues de détail profondes ou ingénieuses, l'a gâtée en la convertissant en machine de guerre. Sous ce rapport les faits eux-mêmes l'ont bien affaiblie : ils ont été en général en contradiction avec ceux que Marx avait déclarés devoir sortir fatalement du capitalisme. Ceux qui aujourd'hui encore veulent tirer de la doctrine des conclusions absolues au sujet de l'avenir social se tromperont comme Marx s'est trompé. Il y a non seulement dans l'ensemble de l'organisme social, mais même dans son développement purement industriel et scientifique, celui-ci régissant celui-là, plus d'inconnues que n'en peut résoudre d'avance la prévision humaine. Le communisme, par exemple, qui apparaît à plusieurs socialistes la formule fatale de la société d'avenir, par une rétrogradation vers un état primitif, est-il conciliable avec le progrès des moyens de communication qui tend à l'établissement d'un marché

mondial? Les communismes locaux, ou même nationaux, ne remédieraient en rien aux soi-disant maux
du capitalisme et de la rentabilité. Les activités
individuelles en seraient engourdies, et les groupes
mal favorisés par la nature, le climat ou les conditions générales, seraient d'autant plus écrasés par les
groupes mieux partagés. Ou bien il faudrait imaginer
le communisme universel avec un état-major général
de production et de distribution, égalisant partout
par des compensations les supériorités et les inério-
rités Quelle tâche! et quelle Providence y suffirait?

... Au premier abord on pourrait être étonné qu'un
congrès ait été appelé à s'occuper des « rapports de
la psychologie et de la sociologie » et non du rôle de
la psychologie dans la sociologie, comme s'il s'agissait là de deux choses distinctes et indépendantes
liées seulement par certains rapports. L'un des con-
gressistes, M. Keller-Krauze, a bien marqué qu'un
tel débat était contradictoire : « L'existence d'une
école psychologique spéciale en sociologie, écrit-il,
est impossible tout simplement parce qu'il est incontestable et incontesté que tous les phénomènes sociaux
sont des phénomènes psychologiques, que dans la
sociologie il n'y a que psychologie ; psychologie d'un
genre spécial naturellement, celle de l'homme en
société. » Et M. Keller-Krauze montre sur quel malentendu repose la soi-disant opposition entre les psy-
chologues sociologues et les sociologues proprement

dits. « Si l'on considère la chose historiquement, on peut voir que c'est contre les économistes classiques qu'on se mit à défendre les droits méconnus des facteurs psychologiques dans la vie sociale. Cependant même ces économistes-là n'ignoraient certainement pas que les phénomènes qu'ils analysaient se passent dans les hommes et ne se passent que par les hommes : ... seulement la catégorie des phénomènes sociaux dont ils cherchaient les lois était à leurs yeux la catégorie de beaucoup la plus importante... Lorsqu'on se mit donc à défendre les droits des facteurs psychologiques, c'est en réalité les facteurs non économiques qu'on voulait dire (facteurs éthiques, scientifiques, idéologiques, artistiques)... Aujourd'hui on oppose cette psychologie-là surtout au matérialisme économique des marxistes, ces successeurs révolutionnaires des économistes... Le psychologisme est formellement opposé à l'économisme... » Sous des noms nouveaux le débat, on le voit, ne l'est pas. Il se ramène toujours à examiner si les phénomènes économiques, c'est-à-dire ceux où l'intérêt propre des hommes est en jeu, fournit, oui ou non, un domaine scientifique distinct, et où l'observateur a, ou n'a pas, le droit d'abstraire de son étude les mobiles autres que les mobiles économiques proprement dits, — non pas en niant l'existence ni même l'importance de ces mobiles désintéressés, mais en les éliminant volontairement et passagèrement du champ de son observation, et en constatant sans eux une coordination constante de phénomènes identiques à eux-mêmes, qui prouve dans un très grand nombre de cas au moins (un nombre de cas suffisant pour établir des règles) la prédominance certaine des mobiles intéressés dans les actes humains. Adam Smith a, le premier, procédé résolument à cette division de la science sociale en deux branches, sentiments et intérêts, et il a par là rendu possible la constitution d'une science économique proprement dite, quitte à en construire une autre parallèle (dont il n'a laissé que des fragments). Aujourd'hui il y a tendance à vouloir de nouveau mêler toutes les disciplines sociales dans un ensemble confus de sociologie : mais à peine sont-elles mêlées dans les programmes des livres ou des Congrès, forcément, pour y voir clair, on est obligé de réintroduire des divisions plus ou moins artificielles et qui font regretter les anciennes catégories. La « psychologie économique » à laquelle le regretté G. Tarde avait consacré un ingénieux mais souvent paradoxal ouvrage, me paraît être une de ces conceptions hybrides qui confondent des choses vraies par elles-mêmes, mais gagnant, pour la clarté de l'étude, à rester distinctes. On en a le sentiment bien net en parcourant les discussions du 5ᵉ Congrès de l'Institut international de Sociologie, où les mots mal définis jouent vraiment un trop grand rôle, et où les limites entre les différentes disciplines sont trop insuffisamment posées. « Les frontières, a dit justement M. Espinas, dans une critique plutôt vive des débats du Congrès, ne se dessineront entre les sciences connexes qu'au cours des conflits prolongés qu'il leur faudra soutenir l'une contre l'autre et des transformations internes qu'elles subiront pendant ce temps ».

Ajoutons que la sociologie ne gagne pas à emprunter à ces sciences connexes des termes de leur vocabulaire respectif pour les introduire confusément dans son propre langage. Il en résulte — surtout chez les sociologues étrangers écrivant ou croyant écrire en français, mais même aussi chez certains de nos sociologues nationaux — un style hérissé d'expressions vraiment incompréhensibles. Cela aide à prolonger les discussions, mais non à y voir clair.

... Il faudrait en effet souvent un lexique spécial pour comprendre les ouvrages sociologiques français. Il en faudrait un encore plus complet et plus étendu pour comprendre les ouvrages étrangers, traduits (?) en français. Celui que nous avons sous les yeux est de terminologie particulièrement obscure[1]. Il est plein de mots d'étymologie grecque ou latine non expliqués, comme « faculté conative », « développement sympodial », « karyokynèse sociale », etc., etc., qu'on pourrait essayer de remplacer par des locutions plus usitées. L'auteur américain, connu par de nombreux travaux qu'il rappelle dans son livre, semble, d'après le titre, avoir revu cette traduction : je suis surpris qu'il ait donné au mot *achievement,* qui joue un grand rôle dans ses premiers chapitres, le sens d'*achèvement,* qui en français n'a pas la même signification. Le titre même de *Sociologie pure* ne dit pas grand'chose à l'esprit. A propos de sociologie l'auteur parle d'ailleurs de tout, de la méthodologie, de la

1. *Sociologie pure,* par Lester F. Ward, trad. par F. Weill (1906).

classification des sciences, de la matière, de l'origine de la vie, du sentiment, etc., etc. Aug. Comte et Spencer ont donné l'exemple. Je ne sais s'il est bon à suivre. En tous cas M. L. Ward a sur ces obscures questions des idées intéressantes. Il les groupe autour d'une hypothèse générale sur la fin de la nature, à savoir l'augmentation de la vie. C'est un simple moyen de mettre un peu d'unité dans les phénomènes biologiques : mais cela ne mène pas très loin dans l'analyse du pourquoi des choses. L'auteur n'échappe pas d'ailleurs plus que ses prédécesseurs en général à la tentation et au péril des métaphores et de la mythologie, ce grand écueil de la sociologie. Citons au hasard : La nature devient une personne comparable à une mère de famille qui nourrit d'elle-même ses enfants jusqu'à l'âge du protoplasme — puis qui les intéresse individuellement à l'économie de l'univers en les douant du sentiment. Celui-ci s'est dressé « comme un géant », ce fut un véritable « sympode (?) », l'aurore de l'esprit dans le monde, etc. Tout cela n'est pas très précis. Quand dans sa *Métaphysique* Hamilton définissait le sentiment une « subjectivité subjective », il n'était pas plus clair. Mais est-ce bien la peine de changer d'obscurité ?

La partie vraiment sociologique de l'ouvrage commence avec le chapitre sur la mécanique sociale. Là l'auteur est sur un terrain plus circonscrit et mieux défini, et sauf la difficulté de lecture, son livre abonde en points de vue originaux — bien que plusieurs discutables — sur la formation et le jeu des divers organes sociaux. Ses distinctions entre le statique et le dynamique ne sont pas toujours très claires. Mais peut-il en être autrement dans une science qui n'a de vocabulaire que celui qu'elle emprunte aux autres sciences, et pour qui ce vocabulaire n'a pas encore été consacré par l'expérience? Quand par exemple M. L. Ward déclare que « le sexe est un moyen de conserver une différence de potentiel » il est — il le déclare lui-même — obligé de supposer le lecteur familiarisé avec la distinction entre l'énergie potentielle et l'énergie cinétique : il l'est peut-être ; mais quelques lignes plus loin il devra être familier avec des termes de chimie, puis de géologie, puis de botanique, puis de biologie, etc., et qui seront pris dans un sens plutôt métaphorique que précis au point de vue scientifique habituel. De là de grandes obscurités.

La sociologie sortira-t-elle de ces difficultés de vocabulaire qui la paralysent? Il faudrait peut-être qu'elle attendît que les sciences elles-mêmes aient classifié et unifié leur terminologie en élucidant ce qu'elles ont de commun et par où elles diffèrent. Jusque-là elle doit pâtir de l'incertitude de leurs conclusions générales, et de celle de la langue qui en résulte. Elle fera des essais d'unification intéressants comme l'ouvrage que nous analysons, mais où on sentira forcément l'hypothèse et le provisoire sous la puissance d'esprit et l'érudition, si considérables qu'elles soient.

Et on trouvera même de l'inexact quand, entraîné par de fausses ou incomplètes analogies, le sociolo gue n'analysera pas suffisamment dans leur réalité certains faits sociaux et se contentera de dangereuses assimilations. M. L. Ward me paraît être tombé plus d'une fois dans cette erreur, notamment en ce qui concerne l'État, à la fin de son 2ᵉ volume. Il y voit une entité, bien plus que ce qu'il est en fait, c'est-à-dire une réunion d'hommes, ayant des intérêts et des ambitions comme les autres hommes. Tout en repoussant le rapprochement complet avec le cerveau, il semble dominé par cette assimilation biologique qui a induit en erreur tant de sociologues.

Avant ce chapitre final, l'auteur s'est livré à de longs développements sur la gynécocentrie, sur laquelle il a, en l'opposant à l'androcentrie généralement acceptée, des idées originales et ingénieuses, mais encore bien paradoxales dans l'état actuel de la science. La genèse des facultés de l'esprit en partant du principe d'utilité, théorie qui remplit une portion du 2ᵉ volume, est la partie de l'ouvrage qui est la mieux déduite et offre le plus d'intérêt par l'enchaînement des idées et des faits.

L'ORDRE SOCIAL ET SES BASES NATURELLES [1]

Ce livre est un essai « d'établir sur les sciences naturelles les fondements de l'ordre social ». M. Ammon y a mis beaucoup de savoir, d'ingéniosité d'observation, de logique dans ses déductions, qualités qui expliquent le succès de son ouvrage en Allemagne où il a déjà eu trois éditions. Le lecteur français le lira avec intérêt. Cependant une objection se présente à l'esprit, dès les premières pages du volume, et va grandissant à mesure qu'on avance dans la lecture de l'ouvrage. Les sciences naturelles sont-elles assez avancées en ce qui concerne l'anthropologie, pour en déduire une « anthroposociologie » quelque peu solide ? N'est-il pas prématuré de vouloir appliquer des théories plus ou moins incertaines et nuageuses encore sur la sélection naturelle ou sexuelle, sur les lois de la conception et de l'hérédité, sur la prédominance désirable de telle ou telle forme du crâne, ou de tel ou tel trait de race, à la solution des questions sociales proprement dites ? Je

1. Par O. Ammon, trad. par H. Muffang (1900).

suis loin de prétendre que l'extension des unes aux
autres ne sera pas à un moment légitime, ni qu'elle
ne soit désirable ; mais actuellement elle me paraît
pleine de périls. M. Ammon trouve aujourd'hui
dans le darwinisme, et dans d'autres doctrines scientifiques du jour, des arguments en faveur d'un certain *conservatisme* social qui n'exclut pas d'ailleurs
des réformes, mais qui réfute victorieusement l'outrance des protestations collectivistes contre l'organisation dite *capitalistique*. Il est impossible de nier
l'ingéniosité ou même la plausibilité de beaucoup
de ces arguments. Je trouverais cependant l'ordre
social actuel mal armé, s'il n'avait pour se défendre
que des raisons tirées de la loi de sélection ou des
formules de Galton d'où résulte la « pyramide des aptitudes » (qui est d'ailleurs suivant M. Ammon « plutôt un bulbe d'oignon de tulipe qu'une pyramide »).
La science sociale a pour le moment ses expériences
propres, ses méthodes d'observation, ses faits anciens
ou récents. Elle a déjà de quoi puiser là sinon des
certitudes, du moins des règles de conduite qui
par la répétition même des phénomènes sociaux,
peuvent, au point de vue pratique, passer pour
des lois. M. Ammon ne craint pas d'ailleurs d'appuyer ses arguments tirés des sciences naturelles,
de statistiques purement économiques — par exemple quand il veut combattre le marxisme sur le terrain de ses conclusions pessimistes à l'égard de la
progression de la misère. Il a là des raisons de
chiffres qui valent beaucoup mieux que celles de la
sélection sexuelle opposée à la *panmixie,* ou de la

dolichocéphalie, qui devraient, suivant l'auteur, servir de base à la justification du maintien des classes sociales. Il constate par exemple que le système du « capitalisme » fait vivre sur le sol allemand et dans des conditions certainement meilleures que leurs prédécesseurs (quoiqu'encore bien insuffisantes pour le philanthrope), douze millions d'êtres humains de plus qu'en 1870. Voilà un fait qu'on peut mieux opposer à la *social-démocratie*, que le darwinisme, ou « l'application du calcul des probabilités aux qualités physiques de l'homme d'après Galton », ou les lois de l'hérédité physique et psychologique. La moindre erreur d'observation ou de déduction sur le terrain des sciences naturelles pourrait conduire à des conclusions aussi erronées au point de vue social que celles du collectivisme. Aussi j'ose à peine me réjouir que les résultats enregistrés par M. Ammon soient en général favorables à l'organisation sociale et économique telle qu'elle est résultée de l'évolution historique. J'aperçois trop aisément un autre logicien tirant des mêmes formules ou de formules un peu modifiées par des observations incomplètes, des conclusions entièrement différentes et aussi péremptoires. Laissons à l'anthropologie le temps de s'établir sur un terrain tout à fait solide — elle en est loin actuellement — avant que, comme le dit M. Ammon, « cette science jeune encore, que jusqu'à présent ses sœurs aînées regardent à peine comme une égale, soit appelée à un rôle de plus en plus important, et serve de base à diverses autres sciences : par exemple à la pédagogie, à la psychologic, à la philosophie, à l'histoire, à la science du droit et à la sociologie. » (1)

Ce sont ces réserves que nous opposerions, encore plus qu'à M. Ammon, au traducteur de son livre, M. Muffang. Celui-ci a fait précéder sa traduction d'un avant-propos dans lequel, plus affirmatif et plus catégorique que l'auteur original, il pose l'anthroposociologie comme une branche nouvelle des sciences sociales, ayant déjà eu ses quatre phases : 1° la phase historique (Gobineau); 2° la phase biologique et zootechnique (Darwin); 3° la phase biopsychologique (Broca, Lapouge, Jacoby) ; 4° la phase anthropométrique (Ammon et Lapouge) qu'il a l'air de considérer comme définitive. Son résumé historique de l'évolution de sa science favorite est certainement instructif et intéressant : mais comment ne pas garder quelques doutes sur la sûreté de la méthode quand on voit M. Muffang, voulant déterminer le rôle de ces deux derniers protagonistes, montrer dans M. Ammon « un conservateur éclairé, admirateur de la politique bismarckienne (il faudrait ajouter : de la prédominance germanique, et apologiste du fonctionnarisme et du militarisme prussiens), adversaire résolu du suffrage universel — puis établir que M. de Lapouge, parti des mêmes faits anthropologiques, en présente une interprétation toute différente. Pour M. de Lapouge, « les sélections sociales agissent à l'inverse de la

1. Voir sur celui-ci, auteur de l'*Aryen et son rôle social*, un article de M. S. Reinach, *Revue critique*, n° du 12 février 1900.

sélection naturelle dans un sens péjoratif, comme autant de fléaux acharnés après l'humanité[1]. — Pour M. Ammon au contraire, sélection naturelle et sélection sociale se confondent dans leurs effets, également heureux pour l'humanité. » D'où l'optimisme résolu de l'un et le pessimisme également résolu de l'autre en matière sociale.

N'est-ce pas dire que la sélection et l'hérédité sont, comme le veut M. Muffang, deux grandes forces naturelles — mais qu'il faudra en étudier longtemps encore les manifestations et les modifications possibles par l'organisation humaine, avant d'y asseoir légitimement un système social ?

---

1. Cf. sur les idées de M. de Lapouge relatives à la sélection l'article de M. Seillière dans la *Revue des Deux Mondes*, 1er mars 1909.

LE PROBLÊME DES SEXES[1]

Le livre de M. Lourbet est malheureusement gâté dans plusieurs de ses pages par ce qu'on pourrait appeler le « mauvais style sociologique » : car la sociologie contemporaine s'est, sous la plume de beaucoup d'auteurs, constitué un jargon qui nuit à sa propagation et qui ne lui confère aucun avantage visible, si ce n'est celui de pouvoir enfanter rapidement de gros volumes, insuffisamment élaborés, et qui auraient gagné à une plus longue gestation. M. Lourbet y joint de place en place un lyrisme un peu hors de propos et qui semble teinté du Michelet des mauvais jours.

Sous leur vêtement trop souvent pesant ou mal ajusté, les idées de M. Lourbet me paraissent en général acceptables, au moins dans leurs prémisses. On les retrouve résumées dans ses conclusions. Elles se divisent en deux parties distinctes : la partie scientifique comprend, dit l'auteur, l'examen impartial de la psychologie contemporaine touchant les facul-

1. Par M. Jacques Lourbet (1900).

tés respectives des deux sexes : l'autre renferme les hypothèses qu'il a cru pouvoir faire en s'aidant des grandes conclusions scientifiques présentes. « Malgré la prudence que nous avons adoptée dans la recherche du vrai et malgré l'impossibilité où nous sommes tous de promener avec sûreté notre clairvoyance en un avenir bien lointain, nous sommes obligés de poser des déductions à allure de principes. Nos conclusions participent donc de la certitude positive et de l'hypothèse scientifique que l'humanité impatiente et curieuse des temps futurs ne peut s'empêcher de faire. Un troisième élément apparaît comme facteur de ces conclusions : c'est l'intuition pure. Nous n'avons pas cru devoir rejeter avec dédain cette sorte d'illumination intérieure venant des profondeurs de l'inconscience et projetant autour de la logique raisonneuse du concept abstrait pur le souffle vivifiant du sentiment poétique. »

Je ne défendrai ici ni la méthode de l'auteur qui me paraît défectueuse au point de vue de la rigueur de l'investigation, ni son style qui, on le voit, manque parfois de cohérence. « Ne faites pas de métaphores, disait Gladstone à un orateur novice, car vous en commencerez une qui finira par une autre. » C'est une recommandation qui serait bonne à faire à plus d'un écrivain.

Je serais plus facilement d'accord avec M. Lourbet sur le point de départ de ses idées essentielles. Pour lui, l'infériorité intellectuelle des femmes, prises dans leur moyenne et comparées à la moyenne masculine, provient de ce que « pendant les stades inférieurs de l'évolution, la suprématie physique favorise la perfection de l'esprit ». Mais à mesure que la force musculaire individuelle est détrônée par le mouvement de la civilisation, cette cause d'infériorité s'atténue. « La science contemporaine ne peut, au nom d'aucun principe absolument établi, affirmer l'incurable infirmité mentale de la femme. » La liberté serait la condition et la mesure de la possibilité du développement intellectuel féminin. Tant qu'elle n'aura pas été complète et suffisamment prolongée, les conclusions de la science sur ce sujet seront provisoires et révocables.

Si ce point de départ est, comme nous le croyons, assez solide — (c'est, au fond, celui de S. Mill dans son ouvrage sur *l'Affranchissement des femmes*) — il faut bien reconnaître avec M. Lourbet que le « problème des sexes » est l'une des questions les plus difficiles et les plus complexes de la sociologie. Nous ne pouvons naturellement suivre ici l'auteur dans l'analyse qu'il entreprend des différentes parties d'un sujet aussi immense.

Il remonte dans cette analyse jusqu'au début même de la division sexuelle, jusqu'aux phénomènes de la fécondation et de la conception, qu'il reprend (c'est le cas de le dire) *ab ovo,* en les suivant dans leurs mystères encore mal éclaircis par la science, pour y chercher la cause de la supériorité de force habituelle des mâles. Il reconnaît que c'est là une recherche, dans l'état actuel de l'observation, encore prématurée. « Les savants ont montré, écrit l'auteur, que le spermatozoïde est plus mobile et plus chercheur que l'ovule. On a dit que celui-là va à la recherche de celui-ci qui attend tout à fait immobile. Cela n'est pas tout à fait exact. L'ovule n'est pas absolument passif. Lorsque les spermatozoïdes s'approchent pour faire leur cour (sic), l'ovule a des mouvements amiboïdes qui l'allongent vers un de ces prétendants, etc. » Ah si Molière ou Voltaire avaient entendu cela ! Attendons pour introduire ces matières dans la sociologie qu'elles soient devenues un peu plus précises. C'est d'ailleurs l'avis de M. Lourbet : « La science n'a pas encore élucidé ce point... Il n'est guère possible de répondre d'une manière satisfaisante », répète-t-il à plusieurs reprises, en posant ses pourquoi. « Combattons les impatients qui pensent tout expliquer avec les quelques données de la science à peine ébauchée. » Cette attitude est particulièrement nécessaire en face des études qui ressortissent à la biologie. Laissons celle-ci explorer tranquillement son domaine qui est encore bien obscur dans plusieurs de ses régions essentielles. M. Lourbet rappelle avec quelle précipitation on a tiré des conclusions tranchantes d'observations insuffisantes sur la sensibilité relative des femmes et des hommes, sur leur capacité crânienne respective, sur leur puissance génératrice, etc. Il montre le peu de solidité de ces conclusions ; il insiste avec raison sur l'influence des milieux, des mœurs dérivées de l'ancienne suprématie physique masculine. J'aurais voulu seulement un peu plus d'ordre et de méthode dans ces considérations dont plusieurs sont ingénieuses, mais qui, malgré la bonne division apparenté des chapitres, chevauchent souvent l'une sur l'autre, ou s'entremêlent en revenant sur des matières qui semblaient avoir déjà été épuisées précédemment. (On retrouve par exemple la question des ovules traitée deux fois presque dans les mêmes termes p. 16 et 125.)

M. Lourbet qui est très hardi dans ses propositions au sujet de l'éducation des femmes, des professions à leur ouvrir et des droits civils à leur accorder (même dans le mariage) est hostile à l'octroi actuel au sexe faible des droits politiques. Son opinion sur ce point — qui paraît contradictoire avec le reste de sa thèse — repose plutôt sur des questions d'opportunité que sur des principes. « Les femmes ont beaucoup mieux à faire qu'à courir aux urnes ou à aller tricoter des lois dans les Parlements... par l'imitation que les fortes habitudes parlementaires leur imposeraient, il est très probable que les élues verraient sombrer leur prestige dans la brutalité des polémiques... Sans doute il importe qu'elles s'élèvent rapidement à l'émancipation politique (M. Lourbet ne dit pas comment) ; mais nous pensons que dans leur propre intérêt même, elles doivent s'introduire avec beaucoup de prudence dans les assemblées politiques. »

Et non sans quelque illusion, l'auteur croit que la femme pourra se préparer à son rôle politique — qui consistera surtout à transformer profondément la politique — en s'imprégnant de science et en répandant par l'éducation la science dans les nouvelles générations. « La femme doit d'abord agrandir, ma-

gnifier son rôle de mère, l'élever jusqu'à l'abstraction, car jusqu'ici elle est restée la mère trop exclusivement concrète. Elle doit s'intéresser à tout ce
qui est humain, se pénétrer des grandes lois scientifiques, afin de rectifier son génie intuitif ; enrichir
son esprit pour faire équilibre aux trésors de son
cœur. Elle aura alors la vision nette des principes
impérissables de moralité que révèlent l'accroissement de la sympathie entre les êtres et la poursuite
constante du vrai dont la science marque les étapes.
Elle aura l'intellection vive que le monde évolue
vers la sincérité... Alors, — c'est-à-dire en des temps
fort prochains, — les femmes, ayant jeté les bases
solides de leur propre action sociale, se trouveront
dans d'excellentes conditions pour entrer dans la politique et y exercer directement leur influence réfor-
matrice bien originale. »

Souhaitons que ces temps « fort prochains » ne
soient pas trop éloignés. En attendant, malgré ses
graves défauts de forme et de composition, nous con-
sidérerons le livre de M. Lourbet comme une utile
contribution à la vaste enquête que le XIXᵉ siècle finis-
sant a ouverte sur la « question des femmes ». Il y a
quatre-vingts ans, de hardis novateurs, les Saint-
Simoniens, sincères même dans leurs erreurs, osè-
rent aborder ouvertement cette question, et pour s'être
aventurés sur un terrain brûlant — où ils firent plus
d'un faux pas — recueillirent la raillerie, l'injure et
même des condamnations judiciaires. Aujourd'hui du
moins la recherche est libre. La sociologie a compris
le « problème des sexes » parmi ceux qu'en dépit

d'innombrables et enracinés préjugés, elle peut et veut étudier scientifiquement et rationnellement. Quelle que soit l'insuffisance des résultats obtenus jusqu'ici, l'erreur dans les méthodes, ou la contradiction dans les conclusions, c'est un grand pas accompli[1].

1. Cf. par exemple les discussions sur le féminisme dans les *Libres entretiens*. Bulletin de l'*Union pour la Vérité*, 1909.

LES IDÉES ÉGALITAIRES[1]

« Nous ne nous proposons pas d'épuiser les causes diverses de ce phénomène historique qui est le succès des idées égalitaires : parmi les séries de conditions qui peuvent concourir à sa production, nous en choisissons une moins étudiée que les autres, mais non moins importante, pour mesurer l'influence qui lui revient : et c'est la série des phénomènes proprement sociaux... Des problèmes scientifiques de l'égalitarisme, nous ne retenons que le problème *sociologique*. » C'est dans ces termes que M. Bouglé définit le but qu'il s'est proposé en écrivant ses études sur les « *Idées égalitaires* ». Il déploie dans ses recherches l'ingéniosité qui distingue beaucoup de nos sociologues contemporains, et son esprit délié se meut avec une aisance remarquable au milieu d'arguments parfois assez subtils. Est-il vraiment possible, comme il l'essaye, de séparer l'histoire positive de la psychologie sociale, de déduire de celle-ci, basée sur des synthèses abstraites, des

1. Par M. C. Bouglé (1899).

conclusions logiques dont on ne recherchera qu'ensuite si la réalité des faits s'y est conformée et les a confirmées? Le volume de M. Bouglé, malgré son talent d'écrivain et ses très remarquables qualités de forme, ne me paraît pas le prouver. Quels sont dans les phénomènes dits « sociaux », ceux qui sont causes et ceux qui sont effets? Comment reconnaître dans leur enchaînement complexe la subordination logique des uns aux autres? L'analyse entraînée sur ce terrain peut conduire à des observations intéressantes, et elles abondent dans l'ouvrage de M. Bouglé: mais ses conclusions sont forcément incertaines. Pourquoi les idées égalitaires se sont-elles révélées dans la civilisation occidentale et non ailleurs, une première fois, encore vagues vers la fin du monde classique, une deuxième fois, plus précises, à l'aube de la période contemporaine? M. Bouglé tente de nous démontrer que c'est parce que les sociétés occidentales de ces deux époques ont été à la fois « les plus volumineuses, les plus denses et les plus mobiles, les plus homogènes et les plus hétérogènes, les plus compliquées et les plus unifiées. » Il y aurait bien à dire sur le détail même de la démonstration : mais la méthode même qui y conduit me paraît discutable. Supposez que l'histoire réelle ne l'ait pas par avance éclairé sur les liens de ces conditions sociales avec les faits d'égalité: M. Bouglé n'aurait-il pu, de l'analyse purement logique, déduire des conséquences entièrement contraires à celles qui ont été le fruit réel du développement social? Est-ce que beaucoup de sociétés « volumineuses » ne sont pas anti-égalitaires — au sens occidental du mot — la Chine ou l'Inde par exemple ? N'en est-il pas de même des sociétés homogènes, comme les peuplades africaines ? Quant à la « complication », elle est surtout le fait du progrès mécanique et de la division du travail qui en est la suite, et par conséquent elle ne peut exister que chez des peuples très civilisés : donc seulement chez les nations occidentales modernes : de ce caractère on déduirait à priori l'anti-égalitarisme qui est le fait habituel des organismes compliqués : — une armée par exemple, ou une usine — tout aussi bien et même plutôt que l'égalitarisme.

L'histoire est un tout complexe dans lequel il me paraît dangereux de séparer — même par un travail de l'esprit —, les faits d'évolution des résultats nés de cette évolution : et cela aussi bien dans la série des phénomènes moraux que dans celle des phénomènes matériels. Pour rester sur un terrain solide, il faut à tout moment chercher la concordance des uns et des autres, sans trop s'appliquer à démêler les causes et les effets : car dans l'engrenage de la vie aussi bien sociale qu'individuelle ils se confondent continuellement. A procéder autrement, on risque de s'attacher comme causes à des phénomènes secondaires, et de perdre de vue les essentiels. Dans ses considérations sur la densité ou la mobilité, l'homogénéité ou l'hétérogénéité, la complication ou l'unification des sociétés, M. Bouglé en est amené par son système même à consacrer à peine quelques lignes à l'influence des religions, et du christianisme

en particulier, sur le développement des idées égalitaires. Il passe sous silence le conflit des pouvoirs
temporel et spirituel, qui par l'appui que chacune
des puissances, pour lutter contre son adversaire, a
cherché dans le *Consensus populi,* s'est trouvé être un
des grands facteurs d'égalité. L'action de la royauté
s'aidant des communes contre les seigneurs féodaux
et semant sans le vouloir des germes de démocratie,
n'est pas plus signalée par lui, que tant d'autres éléments qui ont eu certainement plus de conséquences
au point de vue du progrès des principes égalitaires
que le nombre brut des éléments sociaux ou leur
groupement en organes professionnels ou corporatifs. (Parmi ceux-ci quelques-uns signalés par
M. Bouglé sont si récents — syndicats, trusts, etc.
— qu'on est étonné que l'auteur s'en occupe avec
tant de détail.)

Dans sa conclusion, M. Bouglé reconnaît avec
une grande franchise les objections qu'on peut
adresser à ses « déductions psychologiques ». Qui
sait, après tout, dit-il, si ces dernières ne se laisse-
raient pas convertir? N'est-il pas vraisemblable, par
exemple, que là où les hommes se jugent égaux, ils
s'assimileront mutuellement les uns aux autres, et
tendront à unifier leurs groupes?... Étendez à tous
les raisonnements de pareils renversements d'idées
et notre édifice entier est bouleversé. Mais notre
thèse en serait-elle nécessairement ruinée? » L'auteur, pour établir qu'elle garderait tout de même sa
solidité, est obligé de supposer que le « renversement » ne pourrait pas s'appliquer à toutes les con-

ditions sociales qu'il a posées comme engendrant l'esprit d'égalité. Il admet ce renversement comme possible pour l'unité et la concentration : mais il ne l'est pas, dit-il, pour la densité ou la différenciation. Celles-ci, ce n'est pas l'idée de l'égalité qui les a produites. Non, en effet — mais elles sont des causes bien incertaines d'égalitarisme, puisque beaucoup de sociétés qui les possèdent ne sont pas égalitaires.

L'ORGUEIL HUMAIN[1]

Malgré une apparente simplicité, la thèse de
M. Zyromski manque de clarté. Elle est exposée
assez nettement dans sa conclusion : mais même là
elle est insuffisamment définie : « Dans le livre que
nous venons d'écrire, nous avons cherché à comprendre les causes de nos infortunes et de nos discordes, et il nous a semblé que l'orgueil de l'homme
explique les erreurs de l'humanité. La nature lui
offrait ses dons et ses lois, c'est-à-dire la matière du
bonheur et l'ordre qui la discipline. L'homme s'est
égaré, quand il a méconnu ou déformé les leçons de
la nature pour chercher en lui-même sa loi ... : Ce
livre, qui est une plainte, est l'histoire d'une longue
erreur. Il dénonce les altérations apportées par l'orgueil humain au culte de la nature. »

Que de questions préliminaires soulève une pareille thèse, questions que M. Zyromski n'a pas
résolues ni même à vrai dire abordées ! Qu'est-ce
que « la nature », et comment s'oppose-t-elle à

1. Par M. Ernest Zyromski (1901).

l'homme? Celui-ci ne fait-il pas partie de la nature, et son orgueil lui-même, si orgueil il y a, n'est-ce pas le résultat de son organisation naturelle? Qu'est-ce encore que la *matière du bonheur* que la nature offre à l'homme et dont par un singulier refus, il n'aurait pas voulu, pour le chercher dans des combinaisons étrangères à la nature? Le bonheur est chose relative et n'a pas d'autre définition que le sentiment de celui qui l'éprouve. Si l'homme n'a pas apprécié comme définitif le bonheur que lui apportait directement la nature, c'est que probablement ce n'était pas pour lui tout le bonheur. A l'époque des Védas, l'auteur pense que « l'homme ne se détachait pas de la nature et trouvait dans cette union profonde avec la vie de l'univers... des assises de bonheur strictes, inébranlables... » Que voilà une assertion aventureuse! Il est vraisemblable que l'homme réel a été d'un autre avis : mais M. Zyromski veut lui démontrer qu'il s'est trompé : « L'orgueil est venu accomplir son œuvre de dissolution. Au lieu de se rattacher de plus en plus à l'univers par la force grandissante de la science, l'homme eut l'audace de prétendre que la pensée est le centre du monde. »

C'est là une erreur que les progrès de la science nous ont démontrée. M. Zyromski poursuit la constatation de cette erreur et la constatation de ses effets désastreux dans le cours des religions et des littératures depuis le Brahmanisme jusqu'au Christianisme, et depuis Homère jusqu'à nos jours. Il y voit la source de notre répugnance pour la mort, de notre mysticisme, de notre métaphysique, de notre rationalisme égalitaire, etc., etc. J'admire le talent d'analyse et la verve d'expression qu'il apporte dans certains développements de son examen critique: mais je ne suis pas satisfait par son point de départ. Si l'anthropocentrisme a été en effet la grande illusion de l'esprit humain jusqu'à une époque récente, est-ce la faute de l'homme, ou de la nature qui a fait l'homme primitif avec une curiosité suffisante pour vouloir connaître, et des facultés insuffisantes pour connaître complètement ; curiosité qui heureusement a été insatiable et a poussé au développement indéfini des facultés et de la prolongation des facultés par l'invention, mais qui tout d'abord s'est arrêtée au spectacle des choses directement visibles ou tangibles? Si le ciel lui a paru à quelques lieues de la terre, les étoiles des lampes d'or et le soleil un grand flambeau pour l'éclairer, c'est que la nature avait donné à l'homme des yeux à la fois trop attentifs et trop peu perçants. Si elle lui avait fourni en même temps le télescope, il eût aperçu de suite le véritable plan de l'univers et compris la place qu'il y occupait.

Cette place l'aurait-elle satisfait ? Là encore pour obtenir ce résultat, la nature aurait probablement dû faire autrement l'être pensant et sentant qu'elle a créé, qu'elle a doué de mémoire à la fois pour savoir, pour jouir et pour souffrir, pour se souvenir des maux ou de la mort des êtres aimés et y répugner à la fois pour eux et pour lui-même, pour constater l'horrible indifférence de la nature à la conservation de la vie individuelle, elle qu'il voit sacrifier, à toute seconde, des milliards de créatures à la faim ou au caprice d'autres dont il ne peut même pas apprécier la supériorité, elle qui lui apparaît comme un mystère incompréhensible, un autel de sang et de meurtre, comme le disait de Maistre, dont, s'il voulait appliquer ses lois à la cité humaine, il instituerait un simulacre repoussant pour la raison et funeste au bonheur de ceux qui la peupleraient.

L'idéal grec — et c'est celui auquel M. Zyromski, tout en le couvrant de fleurs, ne peut pas pardonner (il y insiste longuement) — a été d'organiser la cité sur un plan rationnel, c'est-à-dire d'accord non avec le spectacle général de la nature brute, mais avec les instincts d'une humanité adoucie, instruite et policée. Que la Grèce se soit trompée souvent, avec ses héros ou ses sages, avec Prométhée ou Socrate, il est facile après coup de le constater : il est plus difficile d'imaginer par la pensée un autre plan de développement intellectuel et civilisateur qui, autant que celui qu'elle nous a légué, aurait conduit les sociétés européennes de la barbarie primitive à leur état actuel. Nos pères ont pu pécher par orgueil de curiosité : mais c'est leur curiosité même qui nous a permis aujourd'hui, grâce aux progrès de la science, de constater leurs fausses directions et de les redresser dans nos esprits et dans nos visées d'institutions. Malgré ses déviations, l'instinct grec avait été si juste dans ses grandes lignes qu'il nous inspire encore et a le droit de nous inspirer, en dépit des changements qui se sont produits dans nos vues sur l'univers. Précisément en créant un règne humain au sein de cet univers qui restait confus à leur esprit amateur de clarté, les Grecs ont semé la bonne semence d'une cité devant se développer humainement, quels que fussent les rapports qu'une science plus approfondie de l'univers révèlerait entre l'homme ou les dieux ou le Cosmos. Tous nos progrès scientifiques, politiques et sociaux, sont venus de ce royaume de l'homme planté dans l'étendue de l'infini. Les limites de ce royaume ont pu varier par rapport à l'espace total du monde : mais plus il s'est trouvé petit à côté de la matière infinie, plus l'homme a cru à son droit d'avoir ses lois à lui, qui importaient peu peut-être au reste de l'univers, mais qui importaient beaucoup aux chétifs habitants de sa planète. Que ceux-ci aient conçu quelque orgueil de leur création, je ne leur en veux pas trop, quand je vois le point de départ et le point d'arrivée ou plutôt l'étape franchie. Que la route soit terminée, je ne le crois nullement, et j'aperçois comme M. Zyromski « nos discordes et nos infortunes » : mais le remède est-il, comme le pense celui-ci, dans ce qu'il appelle d'un terme vague le « retour au culte de la nature » et à « une morale imposée par la science et le culte de la nature » ? L'auteur à la fin de son livre, qui se termine par une étude élogieuse consacrée à Chénier considéré comme précurseur (en tant qu'auteur de l'*Invention* et de l'*Hermès*), annonce vouloir dans un prochain volume juger « l'œuvre du xix siècle, œuvre incohérente et encore égarée, mais déjà traversée par de magnifiques lueurs avec Gœthe et Vigny, Michelet et Sully Prudhomme, Hugo et Tolstoï », élaborer « la morale nouvelle dans sa plénitude », « collaborer enfin à l'édifice qui doit grouper les hommes dans la paix des certitudes ». Je suivrai volontiers l'auteur dans la suite de sa vaste enquête : mais je lui demande, s'il veut me conduire à des « certitudes », d'apporter plus de précision dans ses définitions. Telles qu'elles sont il m'est impossible de voir clair dans sa pensée fondamentale. Ses désignations de ce qu'il entend par la nature sont par trop superficielles. Je lis au début de son livre des descriptions enthousiastes de la lumière, de la montagne et de la mer qui prouvent une âme impressionnable à ce qu'on appelle les « beautés de la nature » et qui les décrit d'une façon lyrique. S'il s'agissait d'art, je comprendrais de suite ce qu'est le « retour à la nature », et j'applaudirais des deux mains : et de même s'il s'agit de science d'observation — et là la thèse devient un truisme. Mais M. Zyromski vise la morale et l'organisation sociale : or ni les beaux paysages ni les lois inexorables de la nature ne suffisent au bonheur des hommes. Ce sublime glacier engendre l'avalanche qui va engloutir des êtres vivants, aussi bien que le fleuve qui va les abreuver. Je veux bien admirer esthétiquement ou observer scientifiquement : mais ni l'admiration ni l'observation des forces naturelles ne me fourniront de base à une religion ni à une morale. Il reste à M. Zyromski de nous montrer que cette base existe et en quoi elle consiste. C'est ce qu'il n'a pas fait jusqu'ici. Il nous indique vaguement dans une alliance de la science avec le culte de la nature une sorte d'apaisement général de nos passions, de nos désirs, de nos répugnances surexcitées par un égarement séculaire et funeste : mais on peut donner à sa formule des sens si différents, que tant qu'il ne l'aura pas lui-même précisée, la discussion en restera forcément confuse et sans aboutissement fécond.

LA FRANCE AU POINT DE VUE MORAL[1]

M. Fouillée aborde cette fois, avec sa large abondance habituelle de points de vue et d'idées, ce grand problème : le moral de la France. Dès les premières pages du livre je sens naître dans mon esprit une objection : qu'est-ce que *la* France prise au point de vue moral ? Il y a une France matérielle, territoire, gouvernement, institutions politiques, judiciaires, administratives : y a-t-il réellement *une* France morale ? Est-ce que quand on veut étendre à la totalité de notre pays telle ou telle disposition d'esprit ou de caractère, tel penchant, telle faculté, tel défaut ou telle qualité, observée dans certains groupes ou dans certaines classes d'individus, on ne risque pas une généralisation périlleuse et contraire à la bonne méthode scientifique ? Les premiers chapitres du livre de M. Fouillée ne me rassurent pas complètement, je l'avoue, sur ce point : je le vois énoncer comme des aptitudes générales de la race, des tendances qui ne me parais-

1. Par M. Alfred Fouillée (1900).

sent appartenir qu'à des catégories restreintes.
M. Fouillée arrive à cette définition : La France
représente les grands principes de la révolution,
« l'idée des droits égaux de la justice, de la fraternité humaine, inspirée par le culte de la raison ».
M. Brunetière, dont M. Fouillée rappelle les paroles,
pour les combattre, avait déclaré, lui, que « la
France c'est le catholicisme ». Ni l'une ni l'autre de
ces affirmations absolues ne me satisfont : ceux qui
les émettent risquent, en étant trop catégoriques, de
prendre la partie pour le tout. En réalité, il y a, je
crois, en France, peut-être pour notre malheur, plusieurs Frances morales qui se combattent, se paralysent ou se poussent l'une l'autre aux excès. Et ce
pourrait bien être là le vrai mal moral, ou la vraie
crise morale, dont il faudrait rechercher à la fois les
causes historiques et les remèdes possibles.

Au fond c'est bien l'étude qu'entreprend M. Fouillée quand, laissant de côté les généralités, il aborde
successivement les différentes parties de son sujet.
Il tranche même tout de suite dans le vif en com-
mençant son exploration par la « crise religieuse ».
Après quelques sévérités adressées aux philosophes
qui se sont trop désintéressés du mouvement du
monde contemporain, ou qui ont vu dans le spectacle de celui-ci un pur objet de dilettantisme intellectuel, il n'est pas plus indulgent pour le catholicisme, dont il analyse avec beaucoup de finesse et
de courage les irrémédiables lacunes : — et il ne
déclare celles-ci irrémédiables qu'après avoir fait un
effort consciencieux pour ramener « l'esprit chré-

tien » à « l'esprit du siècle ». Mais il sait bien qu'à force d'élargir le premier il le change en « une religion morale et sociale » qui n'a plus que le nom de commun avec la religion traditionnelle. « La caractéristique du xix⁰ siècle fut l'effort, plus ou moins heureux, pour séculariser la religion en transposant les idées religieuses dans la philosophie et dans la science. Cette œuvre... c'est la France qui l'a accomplie, c'est elle qui a conçu et ébauché une religion de l'humanité : c'est elle qui, au xx⁰ siècle, doit s'efforcer d'achever sa tâche. » Et l'auteur, non sans quelque ironie, passe en revue les tentatives qui ont été faites soit pour libéraliser l'Église « au point d'y comprendre les mahométans ou les bouddhistes de bonne foi, et même les juifs qu'on brûlait jadis, de façon que nous sommes tous catholiques sans le savoir et sans le vouloir » ; soit les échecs du néo-catholicisme suscité par des littérateurs contemporains jeunes alors, et dont M. Fouillée dit avec raison qu'il « était en réalité superficiel et mondain, politique plutôt que religieux, étranger à l'élite des penseurs comme à la masse du peuple ». Certes, ajoute l'auteur, devant tous les dangers suspendus sur notre pays par les passions politiques et sociales, comme par le fanatisme anti-religieux, un bon nombre de familles ont accentué une sorte de retour aux pratiques religieuses, tout au moins un mouvement vers les établissements d'éducation chrétienne : « mais tout cela est à la surface et ne provient pas d'une foi véritable aux dogmes... foi politique qui recouvre l'incroyance théologique » ; — qui recouvre, je crois,

— et là j'aurais voulu voir le philosophe analyste qu'est M. Fouillée pousser plus loin et plus profondément son investigation, — qui recouvre trop souvent bien d'autres préjugés et d'autres instincts peu louables de *snobisme* aristocratique singulièrement développés dans notre bourgeoisie, depuis quelques années, non sans que l'Église, qui y trouve son intérêt, l'y ait poussée de diverses façons.

Après la religion, M. Fouillée en vient à la presse, et il a raison de la placer au plus haut rang parmi les influences sociales actuelles : ce qui ne veut pas dire : parmi les influences profitables au point de vue moral. Le procès de la presse contemporaine est facile à faire : M. Fouillée dresse l'acte l'accusation sans laisser de côté aucun des griefs légitimes qu'on peut formuler contre elle : la recherche du scandale, le mépris de la vérité, les concessions à la pornographie, la promptitude à la diffamation, la vénalité des informations ou des opinions qui distinguent un trop grand nombre de nos feuilles, au moins de celles qui sont le plus lues, et qui pour être lues font fi de tout scrupule moral : sur tous ces points M. Fouillée est un juge aussi bien instruit que sévère. Certes personne n'exagérera le mal que fait une telle presse dans un pays de suffrage universel où l'opinion est, nous l'avons trop vu, constamment corrompue ou trompée. M. Fouillée demande avec raison qu'on ne se repose pas sur l'excès du mal pour guérir le mal, et il réclame une modification de « l'état chaotique » où, en vertu de préjugés regrettables, est tombée notre législation sur la presse, surtout depuis la mauvaise loi de 1881, inspirée d'une fausse notion de la liberté démocratique : mais il se contente d'indications générales sur le sens des réformes à accomplir. Aussi bien ce n'était pas pour lui le lieu d'entrer dans un examen détaillé de la question peut-être la plus grave et la plus ardue de celles qui touchent à nos mœurs publiques : question qui sera probablement insoluble tant qu'il ne se sera pas produit une grande modification dans notre conception de la liberté et de la souveraineté populaire. L'un des premiers résultats de cette modification dans l'état des esprits serait une réorganisation des partis qui tiendraient, au moins les partis modérés et vraiment libéraux, à posséder à eux une presse respectable, et qui feraient, pour l'avoir, les sacrifices d'argent nécessaires.

Les autres problèmes auxquels touche M. Fouillée rentrent en général dans le cadre des questions de criminalité et des questions d'éducation — celles-ci devant, dans la pensée de l'auteur, exercer une profonde influence sur celles-là. Peut-être pourrait-on trouver que son livre, ici, s'éloigne un peu des vastes horizons qu'il avait d'abord semblé vouloir envisager, et auxquels il n'a en somme consacré que la moindre partie de son volume, pour y revenir, à la fin de l'ouvrage, dans une « Conclusion » assez rapide. Cependant il faut bien avouer que la criminalité est comme le miroir ou plutôt le thermomètre de la moralité pathologique d'une nation et il est bon pour un moraliste d'examiner à fond les indications qu'elle fournit. Elles sont bien loin d'être satisfaisantes pour notre pays. La criminalité juvénile notamment y a fait des progrès lamentables sur lesquels M. Fouillée s'étend longuement en en recherchant les causes, qui ne sont pas d'ailleurs — pas plus que le mal lui-même — particulières au peuple français. Ici encore il rencontre — parmi d'autres sources de l'infection — la presse qui a sa bonne part de responsabilité dans l'extension du fléau. Le développement de l'instruction et notamment de l'instruction primaire avait pendant longtemps passé pour devoir être le remède infaillible contre la démoralisation. Stuart Mill raconte dans ses Mémoires que son père pensait que tout irait bien dans le monde le jour où chaque homme saurait lire et écrire. Nous avons, sous le second Empire et au début de la troisième République, entendu à satiété ce refrain. Il a fallu en rabattre, comme de beaucoup d'autres préjugés qui n'ont pas résisté à l'expérience des faits. M. Fouillée combat avec raison ceux qui prétendent que l'École a été une source de vices : mais il combat avec une raison égale, à la fois, ceux qui pensent que telle qu'elle est constituée elle suffit à la véritable éducation de la démocratie, et ceux qui voudraient la réformer en *intégralisant* l'instruction. Il montre avec force que l'accumulation des notions positives n'est pas une éducation des caractères ni des volontés, et que celle-ci seule est une éducation morale. Il a confiance dans l'efficacité d'un enseignement « sociologique » insistant auprès de l'enfant sur les questions de solidarité sociale, d'interdépendance des êtres composant le tout dont chacun est partie et qui crée à chacun à la fois des droits et des devoirs. Je crois qu'il est dans la bonne voie en réclamant l'orientation de notre enseignement public, à tous les degrés, dans ce sens : il fournit d'utiles suggestions sur les moyens d'amener cette transformation qui devrait se produire dans les corps enseignants avant de descendre aux bancs de l'école : mais il faut reconnaître que le recrutement et l'organisation actuelle du corps enseignant sont de grands obstacles à la transformation désirée. Elle exigerait pour se réaliser un petit nombre d'esprits et de caractères d'élite qui agiraient ensuite avec autorité sur la masse : mais la démocratie a produit là comme partout son travail d'éparpillement, et sinon d'abaissement, du moins de foisonnement de la médiocrité. La quantité a été cherchée au lieu de la qualité. De plus, on a posé des barrières infranchissables entre les divers degrés d'enseignement. L'instituteur est devenu un personnage beaucoup trop politique et non universitaire. C'étaient là probablement des nécessités du suffrage universel : il faudra cependant remonter le courant sur bien des points si le suffrage universel veut vraiment réagir contre ses causes de destruction. Au lieu d'émietter son budget, l'État démocratique devra en garder quelques morceaux importants pour former des centres d'éducation qui attireront des éducateurs de premier ordre, pris aux plus hauts rangs du personnel enseignant et destinés à renouveler l'esprit du corps tout entier. L'Église offre, dans son passé, et même dans son présent, des exemples qu'il faudrait avoir sans cesse sous les yeux. Elle a toujours su organiser sa hiérarchie, en en renouvelant le principe quand la nécessité lui en était démontrée. Aujourd'hui même, nous la voyons, en présence du recrutement inférieur de son clergé séculier, user largement de l'influence des prédicateurs réguliers. Un problème du même ordre se présente devant la société laïque. Ce n'est pas sur les bataillons des maîtres d'école, même si on les supposait tout dévoués à leur œuvre scolaire, et nous avons pu voir qu'ils ont beaucoup d'autres préoccupations, qu'il faut compter pour renouveler la vertu morale de l'enseignement : il faudrait de plus en plus attirer vers les questions d'éducation de hautes personnalités, en leur assurant, par les distinctions désirables, la considération dans l'État. C'est d'elles que viendra, s'il doit venir, le souffle qui fécondera au point de vue moral l'enseignement nécessairement élémentaire donné dans l'école. Les hommes et non les programmes sont des sources de moralité. Nous avons déjà vu dans l'enseignement supérieur et dans celui des jeunes filles des exemples de ce que peut être le prestige de certaines individualités, et leur influence générale sur la jeunesse. Des personnalités du même ordre, en se multipliant et en associant leur apostolat, pourraient réchauffer et élever dans le sens moral l'enseignement primaire, et aussi l'enseignement secondaire qui n'en a pas moins besoin que son frère cadet. On connaît les idées de M. Fouillée sur la réforme de nos lycées. Il soutient avec une ardeur communicative le maintien des études classiques et le couronnement de ces études par une classe de philosophie, d'ailleurs transformée et élargie dans le sens que nous indiquions tout à l'heure. Mais là comme pour l'école primaire, tant vaudront les professeurs enseignants, tant vaudra l'enseignement au point de vue moral. Je ne crois pas, pour ma part, pas plus d'ailleurs que M. Fouillée lui-même, à la vertu moralisatrice des lettres classiques livrées à leur propre valeur et si un habile éducateur n'y sépare pas de la bonne semence l'ivraie qui y abonde. De même pour la philosophie, M. Fouillée montre mieux que personne ce qu'elle peut contenir, et ce qu'elle a contenu et contient encore, telle qu'on l'enseigne trop souvent, d'oiseux ou de périlleux, de stimulants à la subtilité, à la quintessence, aboutissant comme résultat final au dilettantisme ou au socialisme métaphysique. Là encore M. Fouillée voudrait avec raison l'extension de la « sociologie » et de « la morale sociale » : mais qui ne sent tout ce qu'il faudrait d'abord changer à la tête pour faire descendre le sang vivifiant dans les membres ?

QUESTIONS DE MORALE
ET QUESTIONS DE MORALE SOCIALE [1]

C'est ici comme l'indique d'ailleurs le titre, plutôt
des leçons *sur* la morale, que des leçons *de* morale.
Il faudrait à ces dernières une certaine unité qui
manque forcément à un recueil où sont rassemblées
des conférences faites par des professeurs s'inspirant
d'idées et de points de vue très différents. C'est ce
qui du reste constitue son originalité. Je regrette
seulement le nom d'École donné à l'institution où se
font ces conférences. Une école suppose forcément
sinon une orthodoxie, du moins un lien commun
entre les membres enseignants. Ici, le lien est bien
lâche, car il consiste simplement — comme l'a dit
M. A. Croiset à l'ouverture de cours, dans une allo-
cution qui sert d'avant-propos au volume, — il
consiste « dans l'accord qui existe entre des hommes
de bonne volonté sur l'importance des idées morales,

1. Leçons professées à l'École des sciences sociales, deux recueils,
1900 et 1901.

et sur la fécondité de l'initiative individuelle en toutes choses ».

Après tout, école ou salle de conférences libres, peu importe le nom de l'enceinte où ont été agitées ces questions concernant la morale, sans prétention, nous le répétons, de formuler un système, mais avec le simple désir d'approfondir les problèmes et de jeter quelque lumière sur leurs données principales. C'est un double fait intéressant pour l'histoire des idées que la préoccupation des solutions morales que j'appellerai libres, qui s'est emparée de tant d'esprits autrefois inclinés sous une orthodoxie, ou en proie à un scepticisme complet, et le renoncement d'un grand nombre de philosophes à une formule philosophique définitive, présentée comme une certitude et aboutissant à des conclusions catégoriques et absolues. Il apparaît bien, par la diversité des doctrines qui consentent à se trouver en présence dans un enseignement comme celui de l'*École de morale,* qu'aucune n'ait la prétention d'incarner la vérité complète, et qu'au fond chacune sente, comme le dit encore M. Croiset, « qu'il est douteux que la morale devienne jamais une science définitive ».

Plusieurs des conférenciers se sont placés à un point de vue purement historique pour étudier la diversité des systèmes. Dans d'excellents exposés, M. Darlu a parlé de la morale chrétienne, et M. A. Croiset de la morale grecque, qu'il a résumée d'une façon à la fois lumineuse et profonde : — j'aurais été plus sévère que lui pour Platon, qui nous a légué lant d'*a priori* où la raison humaine s'est perdue en même temps qu'éblouie pendant des siècles. — M. Darlu reconnaît que la morale chrétienne n'a pas cessé, comme toutes choses, de se transformer, de se compliquer et de se diviser pour s'accommoder aux temps, aux climats, aux hommes. Il signale les vastes affluents que presque à l'origine, elle a reçus de la civilisation païenne. Il cherche à en ressaisir les traits essentiels et à les comparer avec ceux de la conscience grecque. Ces résumés sont difficiles à faire, surtout lorsqu'il s'agit des Évangiles où les idées mystiques et les enseignements rationnels sont si souvent juxtaposés, et où chacun aperçoit plus volontiers ceux qui concordent avec son idéal. Pour M. Darlu l'Évangile est surtout le grand livre du cœur » ; et par là « l'idée chrétienne est le renversement de la nature » par opposition avec la morale grecque « si parfaitement raisonnable, si conforme à la nature ».

La conclusion par laquelle il aboutit à la nécessité pour nous de tirer du souffle chrétien l'amour qui résoudra en grande partie le problème social, cette conclusion n'est peut-être pas bien rigoureuse au point de vue logique : car l'amour est aussi bien dans la nature que la haine ou l'égoïsme, et les anciens l'y avaient bien vu. Seulement ils n'avaient pas donné à l'abnégation d'ici-bas la sanction du paradis, et l'un des grands mérites pratiques du christianisme — en même temps que sa faiblesse, au point de vue rationnel — a été de populariser par des vues de récompenses ou de peines, des vertus et des tendances sociales qui sans cela seraient restées le monopole de quelques sages. La sanction disparaît peu à peu de l'horizon moral : mais les habitudes séculaires restent, et quand la raison intervient pour les justifier par une exacte notion de la solidarité sociale, elle y trouve les cerveaux et les cœurs préparés par une croyance traditionnelle. Il y a là un côté du sujet qu'à mon vif regret, M. Darlu n'a pas abordé.

Je me contenterai de signaler une bonne étude de M. Belot sur le *Luxe,* où il examine celui-ci aussi bien au point de vue économique qu'au point de vue moral. Il apporte à le défendre au premier point de vue des arguments ingénieux : ils ne sont pas tous d'égale valeur à mes yeux : celui par exemple qui consiste à prétendre qu'il y a une limite à l'abaissement des prix de revient, et que cet abaissement n'augmenterait pas la consommation des objets de première nécessité. « On aurait beau fabriquer deux fois plus de chaussures et de chemises, écrit M. Belot : comme il y a un minimum au-dessous duquel ne peut descendre le prix de revient, vous n'aurez pas pour cela mis les chemises et les chaussures à la portée d'un nombre double de personnes. » C'est cependant l'abaissement du prix de revient qui a modifié l'état décrit il y a seulement un peu plus de cent ans par Adam Smith qui disait : « La chemise et les souliers ne font pas partie du salaire nécessaire de l'ouvrier français. »

M. E. Fournière, dans une leçon sur « la morale d'après Guyau » met en pleine lumière la valeur de celui qu'il appelle avec raison un des rares penseurs (trop tôt disparu) qui aient illustré la philosophie contemporaine. Il analyse les idées fécondes de Guyau sur la conciliation de l'altruisme et de l'individualisme. « Guyau n'oppose pas l'altruisme à l'égoïsme : il ne les accorde pas davantage en essayant inutilement de faire à chacun sa part... il les fusionne l'un dans l'autre... L'être moral ne pouvant trouver sa joie que dans la joie d'autrui, la morale devient véritablement une sociabilité supérieure, la sociabilité même. »

Le second recueil qui est sorti des conférences, a paru sous le patronage de M. Émile Boutroux.

Celui-ci, dans un *Avant-propos* mis en tête du volume, a dû reconnaître que « l'idée d'inviter des hommes d'origines philosophiques très diverses à s'expliquer en toute liberté sur les principes de la morale sociale, n'a pas été sans causer quelque étonnement. » M. Boutroux admet l'étonnement, mais il s'applaudit des résultats produits par l'ensemble de ces conférences. Son Avant-propos est une excellente dissertation morale, telle qu'on pouvait l'attendre d'un esprit et d'un talent supérieurs, dissertation dans laquelle il a cherché à synthétiser les traits élémentaires communs à tous les systèmes d'éthétique sociale, ceux par conséquent qu'il est facile de retrouver, dans les différentes idées émises par les conférenciers, sous les divergences de principes. M. Boutroux voudrait distinguer comme deux domaines très différents : l'enseignement proprement dit, et la recherche scientifique. Pour la première, à ses yeux, la morale « des honnêtes gens » suffit. « Les maximes qu'elle fournit ne sont pas toujours très précises ou cohérentes... Telles qu'elles sont... elles représentent l'expérience morale de notre race. C'est cette expérience seule qui peut servir de règle dans l'enseignement que nous donnons à nos enfants ».

Le moraliste peut et doit être plus hardi dans la recherche scientifique. « La morale, nous le voyons clairement aujourd'hui, n'est pas et ne sera jamais une science achevée. C'est un certain besoin de l'esprit humain, lequel le définit à mesure que nous travaillons à le satisfaire et provoque de nouvelles recherches à mesure qu'il se définit. »

Dans quel sens et suivant quelle méthode devront s'opérer ces recherches? « En se mêlant aux sciences positives, dit M. Boutroux, la morale changera-t-elle, de nature? Deviendra-t-elle, elle aussi, une science de fait? Renoncera-t-elle à l'idéalisme qui jusqu'ici a été son caractère?... — Il n'a pas encore été démontré clairement qu'il en doive être ainsi. Les sciences positives peuvent et doivent rendre à la morale les plus grands services : elles donneront une matière à ses principes... mais les sciences positives ne peuvent absorber la morale... elle doit se servir des sciences sans s'y asservir,... elle est infinie comme l'âme humaine [1]. »

Malgré l'importance des concessions, on sent dans

---

1. M. Boutroux a, depuis, développé ses idées dans un vol. *Science et religion* (1908).

ces dernières lignes comme une réserve posée contre l'esprit général de la plupart des conférences faites à l'École des sciences sociales. Ici l'auteur de l'Avant-propos aurait peut-être dû constater plus nettement le caractère commun à la grande majorité de ces leçons ; à savoir la disparition de l'*absolu* du domaine de la morale sociale telle que l'ont exposée devant leurs auditeurs sept professeurs d'Université et non des moindres, parlant à côté d'un pasteur protestant, d'un Révérend père catholique, et de plusieurs indépendants.

Car c'est un fait curieux à noter, que pas un des représentants de l'Université, reliant, comme il est naturel, la morale sociale à la morale individuelle, n'ait professé au *Collège libre* la morale spiritualiste, ni même kantienne ; — que pas un n'ait cherché à réfuter le positiviste M. Delbet qui avait fait dans la première conférence un exposé très net et très frappant des idées d'Aug. Comte sur la morale ; — que personne n'ait fait intervenir, pour les opposer à la morale évolutionniste, les préceptes catégoriques de l'ancienne orthodoxie philosophique. Certains professeurs ont même été très loin dans le sens positiviste : « Ma vérité de La Palisse, écrit l'un, vérité qui commencera, je ne l'ignore pas, par être rejetée des trois quarts des penseurs et des neuf dixièmes des gens du monde, c'est que la morale est une chose purement humaine, qu'elle a été progressivement formée par l'humanité pour l'humanité[1] ». Un

---

1. M. G. Belot, *Charité et sélection*, p. 105.

autre a eu conscience du danger de l'absolu appliqué à la morale : « La circonstance historique qui a le plus contribué à séparer et à opposer d'une façon irréductible le sentiment et l'idée dans les théories morales... qui a mis une antinomie apparente de l'individualité à la solidarité, c'est la séparation de la morale et de la vie... Je crois qu'au développement de l'action, et ce qui revient au même, à la poursuite d'un idéal, il n'est pas d'obstacle plus certain que la position d'un absolu, sous quelque forme que ce soit... L'unité morale ne saurait être qu'une unité de formation[1]. »

Il faudra bien, après avoir lu ce volume, partager l'opinion exprimée par M. Darlu dans sa belle conférence « que nos esprits sont envahis par les conceptions que les sciences de la nature élaborent depuis trois siècles, et qui ne s'accordent pas aisément avec les croyances traditionnelles[2]... »

---

1. M. Bernès, *L'Unité morale*, p. 57.
2. « *Classification des idées morales du temps présent* », p. 19.

MANUEL RÉPUBLICAIN DE L'HOMME
ET DU CITOYEN[1]

En publiant une nouvelle édition du *Manuel répu-blicain* de Renouvier (la dernière était de décembre 1848), M. J. Thomas paraît avoir poursuivi à la fois plusieurs objets : répandre quelques-unes des idées d'un maître pour laquelle il a une profonde admiration et dont les œuvres (compactes) ont, il le reconnaît, peu pénétré dans le public ; faciliter la lecture d'un de ses ouvrages devenu à peu près introuvable ; fournir à la jeune démocratie « un manuel des devoirs et des droits composé avec l'autorité d'une pensée philosophique aussi solide que réellement émancipatrice », manuel qui, de l'avis de M. Thomas « manquait encore à l'éducation civique des adultes ».

L'auteur a inégalement atteint ces divers objets : à un point de vue documentaire, il rend un véritable service en mettant sous les yeux du lecteur un écrit

_____

1. Par Ch. Renouvier, Nouvelle édition publiée par M. Jules Thomas (1904).

qu'on ne pouvait guère plus se procurer et qui est un précieux témoignage des opinions, des passions et des illusions d'une époque dont, par certains côtés, nous sommes au moins aussi loin que de 89. Ce petit livre a d'ailleurs joué un rôle important en 1848, puisqu'à la suite d'une interpellation de M. Bonjean, il motiva la démission du ministre de l'Instruction publique, Hipp. Carnot, qui avait demandé à Renouvier le *Manuel* et l'avait répandu parmi les instituteurs. M. Thomas a fait précéder sa nouvelle édition d'une instructive notice sur la vie et les ouvrages de Renouvier. Je reprocherai, cependant, à cette notice, d'être trop concise et de donner une idée insuffisante des théories du philosophe, dont j'ai lu souvent des éloges enthousiastes (notamment dans les livres de M. Henry Michel), mais dont je n'ai jamais rencontré une analyse suffisamment claire et précise. Je sais bien que la production intellectuelle de Renouvier, comme le dit M. Thomas, « ininterrompue pendant soixante-cinq ans, n'a pas été le progrès d'opinions d'abord embrassées et toujours accentuées par la suite, mais qu'elle eut des crises, des ruptures et des renouvellements »[1]. Je tiens compte de ce

---

1. Des soins pieux ont reproduit sous forme de brochure (Colin, édit.) les « derniers Entretiens du » philosophe dictés à M. L. Prat, quelques jours avant sa mort, à 88 ans. On y sent un cerveau resté vert jusque dans l'extrême vieillesse, un grand esprit et de nobles aspirations, mais on y trouve peu d'indications sur le système logique laissé par le penseur. Il dit, lui-même, probablement avec une sévérité outrée, qu'il a été « un manieur, un arrangeur d'abstractions » (p. 63). A la fin de sa vie, c'est le *Personnalisme* (titre de son dernier livre, 1903) qui est pour lui la vérité. » « J'y suis venu tard, mais tout ce que j'ai écrit, directement ou indirectement, m'y

manque d'unité dans les vues du philosophe pour excuser son commentateur de n'avoir pu, en quelques pages, nous en fournir un résumé net : mais j'en tire argument pour me demander s'il a atteint et s'il pouvait, en publiant cette nouvelle édition, atteindre son troisième objet : la production d'un *Manuel civique*, devant servir à la génération actuelle.

M. Thomas a bien senti combien pour réaliser ce but la simple réédition du livre de Renouvier serait insuffisante. D'abord il semble que le philosophe lui-même en avait eu pleine conscience, puisque, depuis cinquante ans, il n'avait pas eu la pensée de republier son ouvrage épuisé. Il y avait à cela plusieurs raisons : et la première, c'est que les idées de l'auteur s'étaient depuis 1848 profondément modifiées sur beaucoup de points. « Il faut reconnaître, dit M. Thomas, qu'à cette époque et à l'âge de 36 ans, le grand penseur que nous admirons n'était pas encore entièrement lui-même. » Rééditer le *Manuel* sans accuser les changements d'opinion ou de point de vue qui s'étaient produits dans l'esprit de l'auteur, c'eût été vraiment de la part de l'éditeur (non sollicité ni autorisé par l'écrivain) une sorte de trahison. M. Thomas s'en est rendu compte et a pris le parti d'accompagner le texte de notes fréquentes et développées qui indiquent des opinions de l'auteur qui contredisent ou qui complètent celles formulées en haut

a conduit pas à pas. » Il y a émis de bien singulières hypothèses sur les *trois mondes*, en vue « de comprendre le mal et d'expliquer qu'il résulte de l'injustice ».

des pages : il y a joint des idées personnelles à lui éditeur, sur les sujets traités par le philosophe. Il résulte de ce système de composition beaucoup de confusion. Les idées de M. Thomas ne sont distinguées de celles de Renouvier que par des guillemets difficiles à apercevoir et qui ne sont pas toujours régulièrement posés. De plus, presque à chaque ligne, l'esprit du lecteur se trouve en face d'un amalgame de vues très souvent discordantes et qui le laissent dans un assez grand embarras. Je comprends jusqu'à un certain point que M. Thomas ait corrigé les appréciations du Renouvier de 1848 par celles du Renouvier des années postérieures, bien que ces simples corrections portant sur des sujets de première gravité comme la souveraineté du peuple, la personne et l'intervention de l'État, le principe de la morale, l'appréciation du rôle social des religions, le droit à l'insurrection, etc., etc., soient déjà de nature à ébranler sérieusement la confiance d'un lecteur, apprenti de ses devoirs politiques, dans l'autorité d'un *Manuel civique* : mais je ne comprends pas qu'aux conceptions de Renouvier résumées depuis 1848 jusqu'en 1903, M. Thomas ait encore voulu joindre les conceptions de M. Thomas en 1904. Il avait un moyen plus simple et plus efficace de les faire connaître : c'était de rédiger lui-même un « *Manuel républicain* des devoirs et des droits de l'homme et du citoyen ». Il se serait ainsi placé franchement en face des difficultés de la tâche à remplir et aurait remplacé les critiques, divergences ou commentaires par un essai de construction.

Je ne me dissimule point d'ailleurs — et l'examen des matériaux, encore gisants sur le sol et à peine dégrossis par l'auteur, le fait éclater aux yeux les moins prévenus — que l'édification d'un manuel sur le vaste plan que M. Thomas semble avoir entrevu dans ses notes est à peu près impossible dans les données actuelles de la science sociale. M. Thomas relève certaines erreurs de point de départ ou de déduction de Renouvier : mais combien il faudrait en relever qu'il n'a pas constatées, et combien on pourrait faire d'objections à ses propres propositions ! Ce catéchisme civique en 200 pages me paraît prêter le flanc à autant de controverses possibles que le *Catéchisme* proprement dit. Renouvier renvoyait d'ailleurs à celui-ci pour l'énoncé de certaines vérités morales : M. Thomas pense que « l'honneur de la République en France sera de faire enseigner en son nom ses propres principes, c'est-à-dire ceux de la morale elle-même qui de sa nature est rationnelle, juridique et par conséquent laïque ». J'y consens : mais mettre cette morale-là à portée des enfants, ou des électeurs populaires, tout en lui conservant son appareil philosophique, n'est pas aisé. Je prends la définition du devoir : Renouvier disait : « Un devoir est un acte ou une règle d'agir auxquels nous nous sentons obligés par la conscience ou par le cœur. » M. Thomas aperçoit la faiblesse de cette définition (qui suppose une première définition de la conscience et du cœur) et il la complète par celle-ci : « La règle est d'abord posée par la raison pratique, dans la conscience de l'agent ; l'acte est l'aboutissement de l'effort volontaire fourni par l'agent pour obéir à la règle. » Voyez-vous *l'élève* — (le Manuel est un dialogue entre instituteur et élève) — en face de cette expression : « la raison pratique » et comme il sera éclairé ! Aussi dans l'énumération des devoirs, M. Thomas se résout-il à laisser Renouvier parler tout simplement de la justice comme ayant un caractère obligatoire, sans explication, ce qui revient à peu près au *Décalogue*. — « Il faut honorer ses parents et respecter le mariage, *parce que* cela est juste... il ne faut jamais tromper ni mentir *parce que* cela est injuste... » (p. 132). C'est encore la justice que Renouvier posait comme fondement au devoir d'obéissance à la loi, en tant que « volonté de tout le peuple s'imposant à la volonté de chacun ». Mais là, M. Thomas fait de sages distinctions et indique les conditions sur lesquelles repose le droit des majorités à légiférer. Parmi ces conditions figure celle-ci : « Les droits naturels des personnes seront respectés par la loi. » Voilà une juste restriction : mais allez donc dans un manuel élémentaire vous entendre sur les droits naturels des personnes. Renouvier lui-même les définit : « Les pouvoirs que les hommes ne veulent ou ne peuvent jamais abandonner entièrement, parce qu'ils tiennent de trop près à leurs personnes. » Et M. Thomas : « La liberté du corps et de la conscience. » Mais que de sujets à discussion dans ces définitions générales !

On pourrait étendre cet examen critique à toutes les parties du *Manuel* et de son commentaire, et partout on viendrait se heurter ou à l'extrême complication des raisonnements ou à des difficultés logiques qui ne sont pas résolues dans la superposition qui nous est offerte d'opinions de Renouvier et de M. Thomas. Dans la partie économique notamment ces difficultés sont nombreuses et inextricables, parce que l'auteur et le commentateur y ont constamment confondu l'économique proprement dite qui est l'étude des conditions pratiques de la production, et la justice sociale. Tout en repoussant le collectivisme avec Renouvier qui a écrit sur ce point des pages très nettes, M. Thomas aboutit à une sorte de transaction entre la liberté et l'Étatisme, qui consisterait, autant qu'on peut saisir son système sous la forme concise où il est exposé, dans l'aide de l'État assurée par des privilèges aux associations ouvrières. L'expérience, que Renouvier prenait sagement comme criterium des réformes légales (p. 58), s'est plusieurs fois prononcée contre ce régime, qui n'est guère défendable d'ailleurs au point de vue de la justice, bien que M. Thomas trouve tout naturel que l'État « retourne contre le travail libre non collectif les effets de la concurrence, l'amène à prendre de lui-même la forme collective, et résolve ainsi la difficulté sans recours à la *contrainte légale* (!) » Le tout est de s'entendre sur les mots.

Celui par lequel M. J. Thomas désigne l'état de liberté industrielle relative qui est le nôtre, et qu'il appelle l'*état de guerre,* ne me paraît pas juste. La compétition industrielle n'est pas la guerre. C'est une lutte dans des conditions toutes spéciales et dont précisément le caractère principal est d'être pacifique. Supprimez la compétition pour le gain : vous donnerez à celle qui visera la possession de l'autorité politique source de toutes les autres, un essor redoutable : et si vous voulez supprimer aussi l'ambition de l'autorité, je me demande en face de quelle humanité vous nous placez. Elle existe peut-être dans un paradis : mais la terre n'est pas mûre pour elle. Je le regrette.

LA NEUTRALITÉ POLITIQUE ET RELIGIEUSE
A L'ÉCOLE PUBLIQUE[1]

Il en est de la question de la neutralité politique et religieuse à l'école comme de beaucoup de questions sociales. Pour la résoudre au mieux des intérêts sociaux, il faut, entre plusieurs maux, choisir le moindre. Dans ces questions, si l'on veut opposer simplement des droits à des droits, on se heurte à des prétentions antagonistes également légitimes, et on ne donne satisfaction à l'une qu'en lésant l'autre. Il en est ainsi dans la question présente, des *droits* de l'enfant et des *droits* des parents. Évidemment l'enfant a *droit* à la vérité, et son instituteur a le *devoir* de lui enseigner ce qu'il considère comme la vérité, et cela sur tous les sujets, aussi bien religieux ou politiques qu'historiques ou philosophiques, quitte par conséquent, à lui démontrer que ce que d'autres lui ont enseigné sur les mêmes sujets, est faux; mais les parents ont également leur *droit*, qui est de transmettre à l'enfant de leur chair

1. Lettre au Bulletin de l'*Union pour l'action morale* (1901).

ce qu'ils considèrent comme la vérité, tout en ayant le devoir de le munir des moyens de découvrir par lui-même plus tard, s'il y a lieu, les côtés faibles de cette vérité qu'ils lui ont transmise, tandis qu'il était mineur. Le *devoir* de l'État n'est-il pas précisément de veiller à ce que ce *devoir* des parents, connexe de leur *droit* de parents, soit rempli ; et pour cela est-il nécessaire qu'il aille plus loin que d'enseigner à tout enfant les procédés de la méthode scientifique telle qu'elle est consacrée par des triomphes déjà plusieurs fois séculaires et auxquels notre époque a ajouté des pages glorieuses ? Est-il nécessaire qu'il applique directement ces procédés justement aux problèmes les plus délicats de la conscience et de la croyance, en abordant directement le terrain du dogme, de l'histoire religieuse et de leurs conséquences dans la vie politique ? Je n'y verrais aucun inconvénient, en ce qui concerne l'enfant, s'il était isolé, sans liens ni traditions de famille. J'y vois un grand danger dans les conditions sociales normales, danger aggravé dans de singulières proportions par nos divisions intestines actuelles. Aujourd'hui il faut choisir entre le maintien même du principe de la famille qui repose sur le respect des enfants pour les parents, et le principe de l'indépendance intellectuelle et morale de l'enfant poussée jusqu'au bout de son droit : ou plutôt il faut tâcher de concilier, dans la mesure du possible, deux visées qui me paraissent également importantes au point de vue social. Pour cela il faudrait, à mon avis, comprendre la « neutralité de l'école »

dans le sens que je viens d'indiquer, c'est-à-dire :
répandre largement et sans s'arrêter à aucune objection des partis rétrogrades, les méthodes scienti-
ques et critiques, soit par l'extension des études
scientifiques proprement dites[1], soit par l'application
de la critique à toute espèce de questions historiques ou analytiques, et ne pas craindre, dans cet
ordre d'études, de jeter dans l'esprit de l'enfant des
germes d'inquiétude en quelque sorte instinctive sur
les résultats d'enseignements de caractère différent
qui lui seraient donnés par ailleurs : en même temps
éviter de heurter de front ces notions antagonistes qui
peuvent représenter la donnée familiale et traditionnelle. Le travail de comparaison entre les méthodes
et le degré de sécurité qu'elles procurent à l'esprit,
se fera de lui-même dans le cerveau de l'enfant,
lorsque l'âge de la réflexion personnelle sera venu
et qu'il pourra juger par lui-même. On l'aura habitué à la fois au respect et à la libre recherche, ce
qui me paraît également indispensable au bien de
notre constitution sociale. Nous ne devons faire ni
des insurgés contre la famille, ni des opprimés de la
famille. « Ce qui fait le mérite de l'homme, écrit
Lessing, ce n'est pas la somme de vérité qu'il possède ou qu'il croit posséder, mais l'effort sincère
qu'il fait pour la conquérir. » Le devoir de l'État
enseignant c'est d'encourager et d'exciter chaque
enfant à cet effort pour conquérir la vérité et de le

1. Cf. l'excellent article de M. Liard, sur les *Sciences dans l'enseignement secondaire* (*Revue de Paris*, 1er février 1904).

mettre en possession des moyens scientifiques nécessaires à bien exercer cet effort, quand le moment sera venu, bien plutôt qu'à le munir d'une vérité toute faite qui viendrait s'opposer dans son jeune cerveau à une autre vérité toute faite, au risque de le rendre sceptique sur toute vérité, ou de déchirer brutalement des liens familiaux qui doivent être sauvegardés. Dans cette mesure, mais dans cette mesure seulement, j'accorde que « respecter une conscience, c'est d'abord la faire naître à la vie... et ensuite inspirer à cette conscience naissante un amour ardent de la vérité, de la vérité poursuivie librement pour elle-même... c'est enfin aider cette conscience à trouver le plus de vérité possible [1] ». Mais je voudrais qu'on n'oubliât pas que derrière la question de l'enfant il y a la question de la famille, et que celle-ci est nécessaire, aussi bien à « l'œuvre d'éducation », qu'à la constitution sociale, même en démocratie.

1. Mme Eidenschenk, dans un article de l'*Union pour l'action morale* (février 1904). — « Cherchons, écrit justement M. S. Reinach dans son *Orpheus*, p. 577, une loi morale dans nos consciences dépositaires de tous les enseignements du passé, y compris ceux du christianisme ».

JÉSUS ET L'IDÉAL HUMAIN ET SOCIAL

« Ma conception de la vie est toujours essentiellement chrétienne, a écrit récemment Gabriel Monod comme épilogue de la publication de sa correspondance de jeune homme avec Mgr Dupanloup —, trentesept ans après la dernière lettre adressée à celui-ci. Jésus est toujours pour moi le maître par excellence, le seul qui parle clairement et souverainement à mon cœur[1]. »

Si je cherche à démêler le sentiment qu'exprime dans ces lignes l'esprit indépendant et en même temps enflammé pour l'idéal qu'est Gabriel Monod, j'y vois un besoin d'incarner sous une forme individuelle et presque divinisée les aspirations les plus nobles de la nature humaine, une sorte de soif de mythologie supérieure qui est évidemment la survivance d'une longue tradition, mais qui, par le fait qu'on la trouve agissante dans une âme aussi affranchie, fait preuve qu'elle a conservé dans une grande portion d'humanité de profondes racines.

---

1. *Souvenirs d'adolescents*, brochure chez Fischbacher (1903).

Au premier abord il peut sembler étrange que des hommes éclairés aient besoin de donner un nom et des traits, à la fois humains et divins, à leur propre rêve de perfection. Il peut sembler étrange que, pour jouir de ce rêve et s'en inspirer dans les actes de la vie quotidienne, ils soient amenés à le réaliser pour eux-mêmes et à l'invoquer sous la forme d'un Être vivant et mouvant comme l'Homme, ayant des paroles et des gestes d'Homme, et cependant à une telle distance morale de l'Homme qu'il semble être issu d'une paternité divine, transmise sans tache au Fils, et le faisant rayonner comme un Dieu au-dessus de la chétive humanité.

Dans les longs siècles de son enfance et de son adolescence, celle-ci n'a pas pu se passer de Dieux faits à son image. Jésus a été seulement un Dieu plus parfait que ceux de l'Olympe antique. Son histoire a été la « Fable » la plus épurée qui ait parlé aux imaginations croyantes. Pour avoir pu se donner à elle-même un Être divin de cette essence, on comprend que l'Humanité ait cru au miracle. Elle a pu trouver miraculeux que par un effort de pureté et de beauté, elle ait tiré d'elle-même une image dépouillée de tout ce qu'elle a en elle de vicieux ou de difforme ; — comme une mère qui, en un jour de prodige, mettrait au monde une créature presque céleste dans laquelle elle oserait à peine se reconnaître, et s'étant enfin reconnue, jouirait de s'y voir plus belle et meilleure qu'elle n'est ni n'a jamais été en réalité.

Mais malgré sa perfection, la figure traditionnelle

de Jésus a été encore sous certains rapports une création de mythologie : mythologie primitivement même assez grossière dans plusieurs de ses parties, puisque le thaumaturge a tenu au début une si grande place dans le rôle de Jésus. La mythologie a été s'épurant et s'affinant à mesure que, par le progrès de la culture, s'affinait et s'épurait la raison humaine. Les progrès de celle-ci ont fait perdre à Jésus plusieurs des traits qui le rapprochaient d'un Orphée antique ; et cependant la mythologie ne disparaîtra complètement que lorsqu'aura disparu des âmes le besoin d'incarner en une figure humaine, baptisée d'un nom d'homme, un idéal qui devrait rester un idéal impersonnel et anonyme.

C'est là un dernier pas qui reste à faire à une portion de l'humanité, portion qui n'est pas la moins noble dans ses aspirations ou touchante dans ses tendresses, pour achever de se délivrer des survivances du passé. L'évolution qu'a suivie la figure du Christ telle qu'elle s'est successivement présentée à l'adoration de ses fidèles, est un encouragement à penser que le cycle se poursuivra ; qu'à force de s'intellectualiser sous forme d'un mythe de plus en plus dégagé de ses primitives conditions de miracle et de merveilleux, la croyance en Jésus deviendra celle en un idéal immatériel, n'ayant d'existence que dans les désirs et les imaginations des hommes, et les poussant vers la réalisation de cet idéal au prix de sacrifices momentanés, rendus plus doux par la contemplation même de l'idéal dont ils sont la condition.

Ainsi substituée à une figure, humaine dans ses

traits, si divine dans son essence — la joie et l'espoir
de tant de contemplateurs qui ont communié en elle
et puisé dans ses regards à la fois meurtris et récon-
fortants la force de vivre et d'aimer — la vision
d'un idéal né de la même source que la figure idéale
de Jésus, c'est-à-dire l'âme humaine, peut être pour
celle-ci encore une source de joie et d'espoir et répandre en elle la force d'aimer et de vivre. Elle
pourra même y puiser la joie et la force avec plus
de sécurité que dans une image qui par certains côtés
tient de l'enfance de la raison, et par laquelle, malgré l'épuration qui s'y est successivement produite,
la superstition a nécessairement laissé plusieurs de
ses empreintes. A un certain degré d'éducation
scientifique il est impossible, sans une révolte profonde et mortelle pour la croyance, d'adorer une
forme humaine, si ennoblie qu'elle ait été par les
qualités dont l'a parée la légende ou la tradition. Il
y reste nécessairement, de ce qu'elle est humaine,
trop de défaillances, et si on veut la faire à la fois
divine et humaine, trop de contradictions impossibles à accepter par la raison. Même en se déga-
geant de tout l'enchevêtrement dogmatique qui s'est
forcément créé par cristallisation logique autour de
l'illogisme primitif de la double nature, même en
réduisant au minimum, à une sorte de paternité
mystique entre Dieu et le Fils de l'homme, l'édifice
théologique chrétien, la raison n'en vient pas
moins se heurter à des impossibilités insolubles,
dès qu'elle veut concilier la divinité et l'humanité
de Jésus. Or si les hommes anciens ont pu vivre

dans le mystère imposé à la raison et jouir même du mystère sous le nom d'objet de foi, heureux d'adorer sans comprendre, les hommes d'aujour-d'hui, sachant qu'ils ne peuvent pas tout comprendre, veulent bien s'incliner devant ce qu'ils ne comprennent pas, et attendre pour-juger, de comprendre, ou, s'ils ne doivent jamais comprendre, s'abstenir de juger ; ils veulent bien accepter le mystère, mais refusent de l'adorer.

Le fait même qu'elle ait pu concevoir une figure comme celle de Jésus, en la tirant de sa propre conscience, est une preuve de la hauteur morale à laquelle l'humanité pourra parvenir lorsqu'elle se sera peu à peu dégagée de toutes ses survivances inférieures, lorsque surtout ce qui est l'idéal d'une élite de choix et singulièrement limitée en nombre sera devenu celui d'une masse sans cesse accrue de cœurs et d'intelligences. Lorsque cet idéal se sera élargi au point d'embrasser une partie notable de l'humanité, ce qui reste encore de mystique et d'ascétique dans la figure du Christ, ce qui devait nécessairement y subsister de contradictoire aux conditions d'une vie réelle trop en opposition avec l'existence supérieure rêvée, et se traduisait en une aspiration ardente vers le royaume qui n'est pas de ce monde, sera remplacé par un désir et un sentiment d'harmonie toujours plus réelle entre les visées d'une moralité supérieure et les données de l'existence terrestre, individuelle et sociale. Ce contraste, vraiment mortel par certains côtés pour le perfectionnement de la cité humaine, entre un désir d'idéal jamais assouvi et une réalité toujours décevante, disparaîtra peu à peu devant la satisfaction croissante que procurera l'amélioration sociale : et celle-ci pourra être poursuivie avec la même ferveur, mais avec plus de sécurité, que les joies de la vie d'outre tombe. L'esprit de sacrifice appliqué au mieux-être terrestre, plus difficile à développer parce qu'il sera accompagné d'espérances moins individuelles, pourra produire des bienfaits plus féconds pour l'ensemble de l'humanité, dès qu'il se sera réchauffé dans une conception suffisamment vivante de la sociabilité humaine, des sympathies qu'elle engendre, et des joies réciproques qu'elle procure.

Ainsi peu à peu se substituera, dans le culte de l'humanité, à la figure personnalisée de Jésus, l'idéal de perfection qui lui a servi d'origine et de modèle, et qui se réalisera non plus sous la forme d'un individu, semi-humain, semi-divin, définitivement parfait par origine, mais sous la forme d'un idéal se créant et se complétant successivement par l'amélioration progressive de chaque membre du grand corps collectif social, lui-même sans cesse épuré et ennobli. C'est un idéal d'évolution qui prendra la place d'un idéal de déification : et cet idéal-là sera plus fécond en joies et en émotions que l'ancien : car celui-ci ayant apparu une fois sous sa perfection définitive et complète, devait être admiré dans le passé comme une apparition, vivante au souvenir de ses fidèles, mais impossible à faire revivre suivant les lois de la vie réelle, qui est un renouvellement et par suite une disparition perpétuelle. L'adoration de Jésus ne peut pas ne pas être mélangée d'un regret de Jésus. L'Humanité a toujours autant pleuré au pied de la croix qu'elle s'est réjouie d'y voir rayonner un signe d'Espérance céleste. Au point de vue de la Terre, la douleur l'emportait même nécessairement sur l'Espérance. La mise au tombeau est un deuil qui ne quitte pas l'âme humaine. Les larmes des saintes Femmes viennent à tous les yeux croyants, et l'éblouissement d'un ciel rêvé ne peut les sécher entièrement. Il y aura toujours des cendres et des torches funèbres dans le souvenir de la Passion.

Rien de pareil dans un culte de perfection peu à peu réalisée, grandissante et universalisée. Chaque pas, si faible, si incomplet soit-il, est un pas vers la lumière, et le petit chemin parcouru hier rassure sur le pas d'aujourd'hui et sur celui de demain. L'âme du croyant au progrès marche dans les certitudes, et s'il lui faut de la patience elle sait du moins que l'aboutissement de cette patience ne risque pas d'être le néant. Cette claire notion de l'avenir facilite l'indulgence pour les taches du passé et la résignation en face des imperfections, ou même des tristesses du présent. La figure souriante de Jésus ainsi conçue devient une image de tolérance et même de liberté. Elle n'écarte pas les dissidents par la violence, mais les attire par la bonté, et s'ils hésitent à venir, elle donne confiance dans le temps et dans les progrès de la raison humaine pour les ramener. Elle est une leçon à la fois de sécurité et de sagesse.

ESTHÉTIQUE SOCIALE[1]

En appelant Ruskin un esthéticien conducteur de peuples, M. de la Sizeranne a bien marqué à la fois les visées et le caractère du fondateur de la « Religion de la Beauté. » C'est un esthéticien que le souci de la sociologie poursuit. Dans son culte ardent de l'art, il songe toujours aux répercussions que l'art peut avoir sur le bonheur des hommes, et notamment des hommes les plus nombreux, c'est-à-dire les plus dépourvus de richesse matérielle. L'admiration dans l'amour lui apparaît une source inépuisable, et plus à la portée de la main que d'autres, de félicité humaine. On pourrait dire que

1. A propos des ouvrages de MM. Robert de la Sizeranne: *Ruskin et la religion de la beauté.*
Léon Tolstoï: *Qu'est-ce que l'art?*
Guyau: *L'art au point de vue sociologique.*
J'emprunte ces quelques pages à mon volume: *Socialisme et problèmes sociaux.*

sur la religion du beau il fonde toute une économie
sociale nouvelle. Je n'oserais prétendre qu'il ait tort
et que sous certaines de ses idées un peu artificielles
ou un peu précieuses dans le détail, ne se cachent
de très réelles vérités.

I

Ou plutôt ces vérités reposent sur un postulat
qu'il faut bien signaler et qui n'a peut-être pas
encore été suffisamment confirmé par l'expérience,
à savoir : que le sentiment esthétique, « celui qui
nous fait vibrer aux heures les plus exquises de
notre vie, aux seules heures dignes d'être vécues »
peut être développé, hors de certaines conditions
d'instinct inné, ou de certaines façons de vivre qui
ne sont pas et ne peuvent pas être le lot de l'universalité ni même de la majorité des hommes. Je sais
bien que Ruskin déplace un peu le problème en en
changeant les données habituelles. Le sentiment
esthétique, pour lui, s'applique aux objets de la création les plus humbles, à ceux que tout vivant rencontre cent fois chaque jour sur son chemin, aussi
bien qu'aux œuvres de l'art proprement dit le plus
raffiné ou le plus compliqué. Il s'extasie également
sur un brin d'herbe mouillé par la rosée et sur un
bijou qu'aurait ciselé Benvenuto Cellini, et il prétend qu'un œil vraiment artiste doit jouir autant de
l'un que de l'autre. Son œuvre tout entière est
comme une révélation et un chant de gloire de la

beauté des choses vulgaires, pourvu qu'on les laisse telles que la nature les fait, — « les monts, les ailes, les eaux et les fleurs » — « Qui se douterait, à lire les philosophes, que le monde dont ils parlent en termes si abstrus, si gris, si froids, soit ce frémissement de feuillages, ce ruissellement de clartés, cette palpitation de chairs qui en font tout le prix ?[1] »

Le tout c'est de les y voir — c'est d'apercevoir dans l'univers matériel, ne fût-ce qu'une partie des choses merveilleuses qu'y constate l'œil du peintre ou du poète, et d'être en état de jouir de leur esthétique. C'est une question assez complexe, quoi qu'en disent ou en pensent Ruskin et son interprète : ou plutôt eux-mêmes indiquent bien quelques-unes des difficultés de la question, mais ils glissent souvent sur elles sans les résoudre.

Voici une première de ces difficultés : « Les choses n'attirent point également l'attention, ni ne font également le bonheur de tous les êtres... Comment se fait-il que devant les mêmes montagnes bleues dressées au bout de l'horizon comme des vagues immobilisées par la baguette d'un enchanteur, un homme s'émeuve et s'arrête, et qu'un autre continue, indifférent, son chemin ?... Tout ce qui a des yeux ne verrait-il pas de même ? » C'est là une interrogation qui s'impose. Il y en a d'autres : « Pourquoi, chez le même homme, les impressions radieuses et désintéressées sont-elles d'autant plus vives et plus profondes que son cœur est plus libre

1. *M. de la Sizeranne d'après Ruskin*, p. 181.

des passions basses et des mesquines envies?...
Explique-t-on la part que prennent à notre vie les
formes et les couleurs? » Autrement dit, et plus
prosaïquement, les dispositions morales, résultant
elles-mêmes en partie des dispositions physiques,
n'influent-elles pas d'une façon prédominante sur
notre « sentiment esthétique? » — « La seule philosophie complète serait celle qui ne fixerait pas seulement les lois de la création, mais aussi et surtout les
joies de la création, » et qui déterminerait les rapports de ces joies avec notre propre sensibilité. En
attendant que cette philosophie existe, on risquerait
bien de tourner dans un cercle vicieux, si l'on voulait être trop rigoureux sur les définitions.

II

Ce n'est pas là une tendance qu'on puisse reprocher à Ruskin ni à son commentateur : et de fait ils
nous rendent service en brisant le cercle de logique
où on pourrait facilement les enfermer et en acceptant comme certitude, pour point de départ, que
tous les hommes sont susceptibles d'une certaine
satisfaction esthétique et que la pratique et l'exercice peuvent en augmenter chez eux l'étendue et
l'intensité.

Pour Ruskin, ce qui distingue l'homme de l'animal, c'est que l'un se sert de la nature et que l'autre
admire la nature. « Devant la beauté, l'homme seul
tremble, s'émeut... la faculté qui perçoit le Beau

n'est donc pas la sensibilité brute. Quelque chose d'autre s'y mêle qui la sauve de ce qu'elle a d'animal et qui prolonge ce qu'elle a d'éphémère... Comme ces plaisirs n'ont pas de fonctions à remplir, il n'y a pas de limites à leur durée dans l'accomplissement de leur fin, car ils existent en eux-mêmes et ainsi peuvent être perpétuels avec chacun de nous, la répétition ne détruisant nullement leur charme, mais l'augmentant au contraire... Parce qu'elle ne relève pas de la raison raisonnante, n'allons pas nier cette faculté et surtout n'allons pas la dédaigner : car nous dédaignerions le plus beau de tous les dons que nous firent les bonnes fées qui se penchèrent sur le berceau de l'humanité! Cette faculté esthétique, c'est la faculté humaine par excellence!... Si l'on vous dit : voici une plante fine et svelte... On a vu un être ramper vers elle, l'arracher et la dévorer. Quel est cet être? Dites : je ne sais, c'est un acte impulsif. — Mais on l'a vu arracher cette plante et l'enfouir près de là pour la retrouver. Quel est cet être? Je ne sais. Il y a beaucoup d'animaux qui enfouissent leur butin ou leur nourriture. C'est un acte sur les confins de la raison. — Mais on l'a vu demeurer devant cette plante, longtemps, à l'admirer. Quel est cet être? — Je le sais. C'était un homme. »

Mais combien y en a-t-il parmi les hommes qui passent à côté de la plante sans la voir[1], ou qui l'ar-

---

1. « Que de couchers de soleil contemplés par des yeux indifférents qui ne les voient pas! » a écrit M. G. Séailles.

rachent sans l'admirer, ou qui ne comprennent pas pourquoi ni comment certains l'admirent? C'est ici que dans la thèse ruskinienne interviennent l'art et l'artiste.

« L'artiste remplit une des plus grandes tâches de l'humanité. Il se tient entre la nature et nous. Il en est le déchiffreur, le chanteur et le mémorialiste. Il a pour mission de nous arrêter et de nous dire : regarde ce caillou et ses veines, regarde ce brin d'herbe qui te fait des signes, regarde ce monde, regarde ce ciel. »

S'il ne faisait que nous dire de regarder, il nous rendrait service, mais un service insuffisant. Il nous en rend un autre qu'il importe d'analyser de plus près.

Quittant un moment Ruskin et son commentateur, jetons un coup d'œil sur l'évolution contemporaine des arts du dessin.

Le mouvement général nous en est souvent caché sous les exagérations et les prétentions, sous la brutalité et les fautes de goût de certains artistes, sous le besoin de réclame, qui là comme ailleurs pervertit les volontés et sème l'incohérence dans l'effort vers le nouveau. Il n'en reste pas moins manifeste que de nos jours les arts du dessin tendent à se rapprocher de plus en plus de la nature qu'ils cherchent à interpréter fidèlement, en négligeant les arrangements ou les conventions de jadis. Regardons dans un musée d'art contemporain, comme le Luxembourg, les toiles ou même les statues en les rangeant par la pensée dans un ordre chronologique : Nous verrons les artistes qui s'occupaient surtout il y a cinquante ans de sujets religieux et mythologiques, ou de compositions historiques, ou de sujets dits « de genre, » en venir peu à peu aux simples reproductions de la nature ou de l'homme tels qu'ils sont, tels qu'ils les voient dans la réalité. Le souci d'être un interprète fidèle de la réalité choisie dans quelqu'une de ses représentations, semble l'emporter sur les autres préoccupations de l'artiste. Le sentiment qui a toujours guidé les grands peintres de portraits et qui a fait de ceux-ci la part la plus vivante et la moins vieillie de leur œuvre, ce sentiment anime nos contemporains lorsqu'au lieu de portraiturer un homme ou une femme, ils portraiturent un morceau de nature. Le *pleinairisme* lui-même, ou certains abus de réalisme, sont dans leur succès relatif, la preuve que l'art est irrésistiblement entraîné dans cette voie. L'artiste devient bien ainsi « celui qui se tient entre la nature et nous, le déchiffreur et le mémorialiste du monde extérieur. » Il nous apprend à regarder et à comprendre : le travail de sélection que notre œil inexpérimenté ou distrait n'a pas su faire dans le spectacle général de la matière, il le fait pour nous ; rassemblé, simplifié, adapté en quelque sorte par lui, un coin de l'univers nous devient accessible : nous nous en pénétrons, nous nous assimilons ses aspects essentiels, ses harmonies fondamentales, et nous prenons de cette façon une leçon de choses qui nous permettra plus tard de jouir directement de la vue de la nature.

Sans l'initiateur nous ne l'aurions peut-être pas vue : s'il ne nous l'avait pas montrée extraite de la mêlée des choses visibles, mise en relief dans son milieu complexe de formes et de couleurs, nous l'aurions confondue dans l'indifférence générale des objets, dans la masse grise et mouvante de la vie ; nous n'aurions pas joui d'un aspect réjouissant ou impressionnant. Et de plus nous n'aurions pas appris à distinguer ensuite par nous-mêmes un contour, une teinte, un groupement de lignes et de formes dans l'ensemble qu'illumine le plein soleil, ou qu'il colore de ses rayons déclinants. « Qu'importe qu'un passant distrait et affairé ne remarque point la structure d'une feuille morte touchée par le soleil, à la porte d'une galerie, et qu'une fois entré dans cette galerie, il admire l'image de cette même feuille touchée par le pinceau mille fois plus faible d'un Véni-tien ? » Qu'importe, en effet, si le peintre vénitien a en quelque sorte créé pour la seconde fois la feuille morte, l'a même créée réellement pour nos yeux, puisqu'ils la voient dans le tableau de la galerie, mise sous un certain jour, isolée d'une certaine façon par l'artiste, et qu'ils ne la voyaient pas au dehors ; puisqu'après l'avoir bien vue une fois sur la toile, ils la chercheront d'eux-mêmes, à l'automne prochain, dans les tourbillons qui tomberont des arbres ?

Voir la nature, c'est là un premier pas nécessaire dans l'apprentissage artistique, et nous apprendre à la voir c'est un grand service que nous rend l'art plus ou moins naturaliste. Par là il est vraiment agent de sociabilité humaine. Même quand il ne songe pas à l'homme en contemplant la nature, c'est toujours par les côtés où elle plait aux hommes, et au moins à un homme qui est l'artiste lui même, que celui-ci reproduit la nature. Les œuvres d'art, même celles qui ne semblent au premier abord qu'une reproduction exacte de la nature, renferment donc nécessairement une part d'humanité. C'est le rapport de la nature avec l'œil humain et par suite avec toute la sensibilité humaine qu'elles mettent en relief. Elles s'inspirent fatalement d'une sympathie entre l'homme et le monde extérieur, et par là elles sont un des points d'appui et des réchauffants de la sociabilité.

En effet, nous ne pouvons aimer les hommes que si tout d'abord nous aimons la vie universelle qui les implique. En aimant la vie nous y cherchons une harmonie : car elle ne peut exister pour l'ensemble dans sa plénitude qu'en existant pour les parties, et inversement elle ne peut exister pour les parties que si celles-ci se subordonnent sur beaucoup de points à l'ensemble. De là une première révélation par l'art de la complexité de l'être qui est à la fois un et tout, qui se compose de vies locales assujetties à un ordre général, qui n'est esthétique qu'à condition de se déployer librement tout en se limitant suivant certaines proportions qui sont les règles de la beauté. Les contours d'un objet le bornent dans l'espace tout en le faisant communiquer avec ce qui lui est extérieur, et en le reliant au reste de la création. Il en est de même de sa couleur qu'il emprunte au ciel, au soleil, aux reflets des objets environnants, et qui cependant le diversifie d'avec tout ce qui l'entoure. Toute leçon d'esthétique figurée est une leçon de solidarité universelle.

Elle se complique, mais elle ne perd pas son caractère fondamental quand elle joint à l'étude des formes et des signes extérieurs l'étude des physionomies humaines et des expressions morales ou intellectuelles. Au contraire elle gravit un degré supérieur ; elle cristallise en quelque sorte dans un tableau ou dans une statue un sentiment profond de l'âme, sentiment qui exprime toujours la perception d'un rapport entre l'individu et les êtres extérieurs. Dans la réalité, ce sentiment est éphémère, combattu ou tempéré par d'autres, difficile à saisir et à isoler par un œil non observateur. Le regard de l'artiste en surprend la manifestation. Sa main la fixe sur la toile ou sur le marbre. L'humanité, grâce à lui, se revoit dans une sorte de panorama analytique, image complète et en même temps fragmentaire de sa vie : elle s'aime ou elle se critique dans la représentation de ses divers états d'âme incarnés dans un geste, un regard, une expression, doux ou féroces, calmes ou agités, tendres ou passionnés, aussi nombreux que les nuances les plus fines des mouvements psychiques dont ils sont la traduction. Par là un musée devient une sorte de galerie de sociologie illustrée, où s'animent, sous le pinceau du peintre ou le ciseau du sculpteur, toutes les catégories d'humanité.

C'est ainsi que depuis la contemplation du brin

d'herbe ou du caillou de la route, dont parlait Ruskin, jusqu'à celle d'une galerie qui renferme les œuvres d'art les plus délicates et les plus complexes, l'homme qui s'est habitué à observer trouve dans son observation même une occasion perpétuelle de sympathie avec les objets extérieurs rendus accessibles à son contact à la fois par l'immobilité et la fixité que l'art lui imprime, et par l'aptitude à l'analyse que la familiarité avec les œuvres d'art lui enseigne. Celles-ci deviennent donc de toutes façons des éducatrices.

III

L'éducation qu'elles donnent est-elle toujours profitable, — ou dans quelles conditions l'est-elle ? — C'est là un point de vue capital auquel il faut bien venir. C'est celui-ci qu'examine Léon Tolstoï dans son volume : *Qu'est-ce que l'art ?*

Il y a dans ce curieux livre [1] pas mal de confusion qui résulte de ce que l'auteur, dans sa fougue éloquente, n'a pas suffisamment distingué les différentes formes d'art. Littérature, poésie, musique, arts plastiques, il mêle tout dans une doctrine générale à conclusions un peu trop simplistes et qui ont d'ailleurs un caractère sociologique bien prononcé : « L'art est le moyen de transmission des sentiments

---

1. Un éminent écrivain, Gaston Paris, le qualifiait « d'à la fois génial et enfantin ».

parmi les hommes ; l'art n'est légitime qu'à condition de transmettre des sentiments profitables au but social, *qui est l'amour des hommes les uns pour les autres,* autrement dit de faire passer les conceptions religieuses du domaine de la raison dans celui du sentiment, étant donné que les « conceptions religieuses » veulent dire : la fraternité humaine.

Ce serait faire un cours d'esthétique complet que vouloir suivre Tolstoï dans l'argumentation par laquelle il arrive à ces conclusions par trop utilitaires, — le mot utilitaire étant pris dans le sens le plus élevé. — Il part en somme d'un postulat qui est la fraternité humaine, but de la société humaine, et tire de la conformité ou de la non-conformité de l'art, comme d'ailleurs de la science, avec ce but, la légitimité ou la condamnation de l'art. C'est, je crois, une façon de raisonner au moins incomplète. La fraternité humaine n'est pas un dogme qui s'impose, isolé, sans racines et sans liens avec le reste des conceptions relatives à l'univers et à la destinée humaine. Elle suppose un accord entre les hommes, d'abord sur une certaine fin optimiste de la création, puis sur la possibilité pour les hommes de contribuer par leur volonté à réaliser cette fin optimiste. Pour établir cet accord, le raisonnement est bien impuissant, s'il n'est pas né d'une croyance religieuse supérieure aux données de la raison. Il faut qu'en dehors d'une révélation surnaturelle, il sorte d'un sentiment généralisé parmi les hommes, de sympathie pour ce qui les entoure, pour ce qui vit auprès d'eux, objets et êtres animés. On peut dire *a priori* que tout ce qui développe en eux ce courant de sympathie contribue précisément à créer en eux ce besoin idéal dont Tolstoï fait un point de départ et qui est aussi un point d'arrivée. Or, qui peut mieux attirer les hommes vers ce qui leur est extérieur que le sentiment que cet extérieur est beau ? Donc tout art qui révèlera de la beauté dans l'univers, loin d'être, comme le voudrait Tolstoï, hors des fins que doit poursuivre l'art, sera au contraire absolument conforme à ces fins. Il ne s'occupera pas directement de rapprocher les hommes ou de les pousser à la vertu et de les éloigner du vice, mais en les attachant à la beauté de ce qui existe, il leur fera désirer le bien de ce qui existe, et par des détours où l'art n'est plus directement intéressé, mais où il aura donné le mouvement d'impulsion, il contribuera au progrès de la morale. Autrement dit, l'art doit être producteur d'amour: l'amour sera producteur de morale, et il le sera d'autant plus qu'échauffé par un art plus vaste dans ses prises, il sera lui-même plus universel. Ruskin, nous l'avons montré plus haut, avait, à notre avis, vu plus juste sur cette partie du sujet que Tolstoï.

Mais la création de la beauté, niée par Tolstoï, n'est pas le seul moyen de l'action de l'art sur les hommes. Tolstoï a eu tort d'enlever à l'art l'une de ses destinations: mais il rentre dans une voie féconde en analysant dans l'œuvre d'art « son caractère propre à mettre l'homme à qui elle s'adresse en relation, d'une certaine façon, à la fois avec celui qui l'a produite et avec tous ceux qui en reçoivent l'impression. Par la parole l'homme transmet à autrui ses pensées : par l'art il lui transmet ses émotions et ses sentiments. »

Ici les rapports de l'art et de la morale deviennent plus étroits et plus directs : mais sont-ils tout à fait aussi simples que le voudrait Tolstoï? Je ne le crois pas. Là encore il rétrécit trop le champ d'action de l'art. Son criterium est des plus simplistes et tout à fait absolu.

« Il suffit, dit-il en résumé, qu'un homme exprime devant un autre homme ses sentiments pour qu'aussitôt celui-ci les éprouve en lui... C'est sur cette aptitude de l'homme à éprouver les sentiments éprouvés par un autre homme, et exprimés par lui par des signes extérieurs, qu'est fondée la forme d'activité qui s'appelle l'art. Or, les sentiments que l'artiste communique à autrui peuvent être bons ou mauvais... la question est de savoir quels seront les bons et les mauvais, et par conséquent de pouvoir distinguer l'art véritable de celui qui en emprunte à tort le nom. Pour cela il faut toujours en revenir à l'idéal religieux, autrement dit à l'idée qu'on se fait du sens de la vie, *car la science qui distingue ce qui est bon de ce qui est mauvais porte le nom de religion.* »

Cela est vrai pour une religion révélée, et le raisonnement de Tolstoï s'applique bien exactement à une telle religion : en est-il de même si l'on considère la religion sociale comme une synthèse des raisonnements et des sentiments suscités chez l'homme par le spectacle de l'univers et par le rôle qu'il y joue soit comme individu soit comme société, — si l'on admet que cette religion se développe comme la science, avec moins de précision qu'elle, mais comme elle par étapes et par évolution, à l'aide d'une série d'observations, d'impressions, enregistrées par l'intelligence et la sensibilité humaine et transmises héréditairement? Dans ce cas, et la question étant ainsi posée, peut-on considérer une religion une fois formulée comme un criterium absolu de ce qui est bon ou mauvais dans l'art, c'est-à-dire dans les sentiments dont l'art est l'interprète et le transmetteur? Dans l'ordre civil et même dans l'ordre de la morale, il faut bien se fonder sur une règle pour déclarer que tel acte est légitime ou illégitime, sans quoi l'association humaine serait impossible : mais dans le domaine des sentiments et des émotions, est-il possible d'établir une norme aussi fixe? Au fond ce serait une pétition de principes. Ce serait supposer constitué définitivement et par une fixation antérieure un idéal moral qui est toujours en voie d'évolution, que précisément les sentiments et les émotions qui se traduisent par l'art modifient sans cesse. Supposez une loi en voie d'élaboration et qui doit se faire par le libre concours de personnes qui délibèrent ensemble pour la faire. Chacun doit ou peut donner son avis. Tout à coup vous supprimez la délibération et vous rédigez vous-même la loi en la déclarant définitive. C'est un coup d'état que la raison n'acceptera jamais : il est contraire aux conditions essentielles du régime délibératif. Une religion révélée pourrait procéder comme vous le proposez, par exclusion catégorique : mais une religion qui n'est, comme vous le dites vous-même, que « l'énoncé de la conception que se font de la vie les hommes les meilleurs et les plus intelligents *d'une certaine époque et d'une certaine société* », et qui par définition même doit toujours évoluer, une pareille religion ne peut prétendre que soient seuls « tenus pour bons les sentiments qui rapprochent les hommes d'elle, et mauvais ceux qui les en éloignent ». Sinon, elle deviendrait, dans ces conditions, une orthodoxie fermée et elle ne correspondrait plus à son essence.

On arrive ainsi à une conception de l'art qui se rattache à celle de l'idée religieuse, mais par un lien plus flottant que celui qu'indique Tolstoï : l'art, pour être à la fois fécond et sain, ne peut pas en effet être quelconque, autrement dit exprimer et transmettre des sentiments quelconques. Il doit exprimer, transmettre, et par suite suggérer des sentiments qui soient d'accord avec une certaine ligne générale de l'activité humaine, ligne qui ne sera constatée et fixée ni par un dogme, ni même par une formule absolue ; mais qui variera avec les époques, avec le mouvement général des idées, avec les sentiments mêmes auxquels l'art aura donné l'essor. Il y aura donc réaction perpétuelle de l'idéal moral sur l'idéal artistique et réciproquement. On ne pourra pas dire que l'un est indépendant de l'autre ; mais on ne pourra pas déterminer leur interdépendance par des termes précis. Il n'y aura pas de code moral s'appliquant à l'art : il y aura seulement des prescriptions d'aspirations, de goût, de bienséance, de convenances, qui ne peuvent pas être formulées ni appliquées par un législateur et qui seront éternellement discutables, leur sanction ne reposant pas sur un criterium absolu. Par suite il y aura cas de conscience perpétuel chez l'auteur de l'œuvre d'art qui, sachant que tout sentiment, toute passion qu'il transmet et suggère aux hommes a sa répercussion sur leur idéal moral, se demandera, à chaque création, s'il enrichit ou appauvrit le patrimoine de notions ou d'impulsions profitables au bonheur de l'humanité prise en masse. Il se sentira solidaire de l'ensemble social dont il.fait partie et ne se contentera pas, pour légitimer sa production d'art, de s'alléguer à lui-même qu'il exprime librement une libre fantaisie, ou qu'en flattant tel ou tel instinct, il est sûr du succès. Sa visée sera plus haute ; sans disposer d'un criterium catégorique du bien et du mal en fait d'art, il se renseignera auprès de l'histoire et saura quelles tendances d'art ont été favorables au progrès social et quelles lui ont été nuisibles. Il regardera autour de lui et jugera la qualité des cœurs ou des esprits à qui plaît telle école ou telle tentative d'art ; il sondera sa propre conscience et y scrutera quel genre de satisfaction lui apporte le succès obtenu à l'aide de tel ou tel moyen, si cette satisfaction est conforme avec un certain idéal de noblesse et d'élévation morale qu'il est plus facile de sentir et d'apercevoir que de définir, mais qui n'en plane pas moins devant les yeux de tout artiste digne de ce nom. Il ne fera donc pas d'art en vue de tel ou tel précepte moral : mais il n'admettra pas non plus que la devise « l'art pour l'art » couvre un mépris complet des visées morales.

L'œuvre d'art, quelle qu'elle soit et à quelque catégorie qu'elle appartienne, conçue et exécutée dans ces conditions, ne peut pas ne pas être une source d'émotions profitables pour la société humaine. En effet, elle est une révélatrice avant tout de sentiments réellement éprouvés par une sensibilité humaine, et par là elle crée entre un être intérieur sincère et ceux avec qui il s'est mis en communication, un moyen d'expression accessible aux sens. De plus elle est révélatrice d'une sensibilité tournée vers un certain idéal moral au contact duquel elle s'est échauffée : par conséquent elle est à la fois un moyen de connaissance des hommes et une révélation de ce qu'ils sentent en eux de plus vivant, de plus émotionnant, et aussi de plus apte à les mettre en sympathie avec ceux auxquels ils se communiquent ; or ce qui peut le mieux les mettre en sympathie avec autrui, ce sont des sentiments qui soient de large humanité, d'accord avec les visées éternelles de l'homme, avec ses instincts profonds et permanents, au-dessus par conséquent de ses jouissances passagères ou nuisibles. Dans toute œuvre d'art qui a un succès définitif, il existe un dessous de généralité sociale. Son mérite est de rendre cette généralité sociale perceptible aux sens par l'émotion. « L'émotion artistique, dit avec justesse Guyau, a pour résultat d'agrandir la vie individuelle en la faisant

se confondre avec une vie plus large et plus universelle. » — « Penser de la même manière, ajoute
M. Fouillée, c'est beaucoup sans doute, mais ce n'est
pas encore assez pour nous faire *vouloir* de la même
manière : le grand secret, c'est de nous faire sentir
tous de la même manière, et voilà le prodige que
l'art accomplit. » — « La loi interne de l'art, reprend
à son tour Guyau, c'est de produire une émotion
esthétique d'un caractère social. » Et il donne ainsi
une définition qui implique toutes les règles essentielles de l'art, en les délimitant mieux que Ruskin,
en les élargissant davantage que Tolstoï.

IV

Parmi les arts il en est un qui répond merveil-
leusement à ces définitions d'un *art sociable* ; et il
est remarquable que ce soit précisément celui qui,
grâce à des conditions diverses, a pris de notre
temps des développements inouïs : je veux parler de
la musique. Sous ses formes multiples, vocale, ins-
trumentale, orchestrale, chorale, collective, ou réduite à un seul exécutant, la musique est un admi-
rable interprète des sentiments ou des passions qui
influent le plus sur la sociabilité : on peut l'appeler
la langue des sentiments et des passions, dont elle
transcrit dans ses sons et dans ses rythmes, tantôt
en s'aidant de l'intermédiaire des images du langage
parlé, tantôt en s'en passant, tous les mouvements
les plus subtils, les plus délicats, ou les plus vio-

lents et les plus intenses. Les passions et les sentiments qui ne s'expriment dans les arts figurés que
par des associations d'idées quelquefois difficiles à
pénétrer, jaillissent directement dans la musique et
vont directement de l'âme de celui qui a conçu
l'œuvre musicale ou qui l'exécute, en se l'assimilant
comme la traduction de ses propres émotions, à
l'âme de celui qui écoute. La musique établit ainsi
une sorte de communion de sympathie entre tous
ceux qui y participent, soit comme exécutants sous
la direction d'un chef dont la personnalité s'imprime
à la fois sur l'œuvre et sur les interprètes, soit
comme auditeurs qui sont, ensemble et comme d'un
même flux, imprégnés de la même marée sonore
avec ses vagues rythmées et ses clameurs réglées :
mais cette marée sonore a d'abord été conçue par un
génie unique, qui en a puisé les éléments dans sa
propre sympathie avec les passions et les sentiments
humains dont il a senti l'écho en lui-même ; — de
sorte qu'en créant l'œuvre musicale c'est un morceau
d'humanité qu'il a fait vibrer en s'en pénétrant et en
l'incarnant dans son propre être, pour en pénétrer
ensuite d'autres êtres, et l'incarner dans d'autres
êtres.

Que la musique soit *sociable* aussi bien par son
essence que par ses conditions de réalisation, c'est
ce qui n'est pas niable : qu'elle soit toujours utile
dans sa sociabilité — au sens où l'entend Tolstoï ou
tel autre moraliste — c'est ce qui est beaucoup plus
discuté et discutable. Ici, le criterium de la moralité,
déjà si difficile à fixer en matière d'art figuré ou d'art

du langage, devient encore bien plus insaisissable. Les philosophes grecs avaient voulu fixer l'*ethos* des modes et des rythmes : à moins que nous ne comprenions pas ce qu'ils ont voulu dire[1] — ce qui est bien possible faute de monuments musicaux suffisants — il faut bien avouer qu'ils sont tombés dans la puérilité. Y tomberait également quiconque voudrait établir un tribunal de moralité pour la musique. Il faudrait commencer par faire un code général des sentiments et des passions, fixer la nature et la dose de ceux qu'il est désirable de développer dans l'humanité, marquer la borne où doit s'arrêter leur empire. C'est tout une philosophie de la nature humaine et de son application à l'œuvre de civilisation, qui devrait servir de base à une réglementation d'un art aussi souple et aussi élastique qu'est la musique. C'est dire que le moraliste doit avoir ici l'esprit très large et se contenter de louer ou de blâmer certaines tendances de l'art musical, suivant que celui-ci développe dans une juste mesure ou stimule avec excès le côté sensitif et passionné de l'être humain. Il n'y a pas là de mesure exacte, ni surtout à priori ; il y a seulement, par analogie avec d'autres arts, par observation des effets dus antérieurement à des tentatives d'art analogues, possibilité d'apercevoir ce qui est digne d'encouragement au point de vue social, et ce qui semble périlleux. Là

---

1. Déjà, d'après un papyrus récemment lu, un ancien faisait la même supposition au sujet de certains critiques qui « dissertent à tort et à travers sur les effets moraux de la musique sans en connaitre le premier mot ». Grenfell et Hunt, d'après la *Rev. des Et. grecques*, février 1909, p. 59.

encore le meilleur criterium de la moralité sera l'objectif ou l'idéal visé par le producteur de l'œuvre artistique. Si son inspiration a eu une source vraiment noble — et pour cela la première condition est la sincérité dans le sentiment ou la passion éprouvée — son œuvre aura sur les hommes une action plutôt bienfaisante, même si passagèrement elle excite en eux trop de sensibilité ou d'ardeur de passion. L'indétermination de la musique vient encore ici en aide à la morale. Ce qui serait dangereux, précisé par une image ou une forme matérielle exacte, comme en poésie, peinture, ou sculpture, se tourne, sous l'influence d'une musique passionnée, en simple échauffement de ce qu'il y a de plus vibrant dans l'homme et qui s'applique à de multiples objets dont beaucoup sont féconds pour la socialité. C'est lorsqu'elle se joint à la parole et encore plus à l'action théâtrale, que la musique doit être surveillée par le moraliste, comme pouvant engendrer du mal social : mais dans ce cas c'est encore plus à ses compagnes qu'à elle qu'il faut attribuer le ravage produit.

Mais si son indétermination même assure dans une certaine mesure l'inoffensivité morale et sociale de la musique pure, il ne faut pas oublier qu'elle renferme un autre péril : l'habitude, pour l'esprit qui s'y laisserait trop bercer, de perdre de vue le côté positif des choses humaines pour s'égarer et s'étourdir dans la sensation produite par un art très compliqué, qui combine, comme dans un kaléidoscope, des sons et des mouvements en vue d'une simple impression de sentiment ou de passion. Il y a forcément de l'oubli ou de la transformation de la réalité dans la musique : c'en est le bienfait, mais c'en est aussi le danger. Un individu ou une collectivité qui vivrait trop pour et dans la musique subirait une sorte d'hypnotisme, d'hallucination de l'idéal qui les rendrait peu propres aux besognes nécessaires de la vie et de la société. Comme excitant, comme inspiratrice de passion ou de poésie, comme calmant dans certains cas par la douceur de son action, la musique doit jouer un rôle essentiel dans l'existence individuelle ou sociale d'un groupe civilisé : et en effet depuis deux cents ans, inspirant des génies tendres ou puissants, répandue par l'instruction publique, généralisée par la vulgarisation des instruments et des éditions de musique, elle a pénétré de plus en plus dans nos âmes et dans nos chairs, substituant des sensations, des émotions, même des rêves nouveaux à ceux de l'humanité ancienne qui ne connaissait du chant ou de l'art instrumental que ses formes les plus simples ou les plus élémentaires. Elle est devenue une source profonde de joies ou de mélancolies, parfois de vertiges inconnus à nos pères. Il est désirable que le sens de la socialité influe sur ses développements ultérieurs, qu'elle pousse les génies musicaux aux œuvres qui suscitent des sentiments nobles plutôt qu'à celles qui surexciteraient seulement la nervosité en lui versant une ivresse passagère, ou qui flatteraient ses instincts vulgaires, sans satisfaire les penchants élevés de l'être intime. C'est encore plus dans ses alliances avec la parole ou la musique scénique, que le sens de la socialité doit la suivre et la contenir : car elle ajoute à ces manifestations de l'expression humaine, dans des proportions incroyables, et par suite, d'une façon tantôt désirable, tantôt périlleuse, l'intensité de sa propre vitalité : tantôt purifiant, élevant, élargissant, ennoblissant, tantôt au contraire, rabaissant à la vulgarité ou égarant dans une sorte de trouble bachique la poésie et l'imitation des gestes de la vie par le drame.

Dans ces limites, et tant qu'elle occupe une sorte de région d'élection dans la vie du plus grand nombre, la musique, sous ses diverses formes, est appelée à jouer un rôle considérable et bienfaisant dans notre sociabilité. A tous les degrés de l'échelle sociale, elle fournit soit une simple distraction plus saine et plus économique que les plaisirs factices de la table, de la boisson ou du jeu, soit un utile dérivatif aux passions politiques ou religieuses. Elle réclame pour être comprise et goûtée dans certaines de ses manifestations, qui pour rester simples ne sont point nécessairement vulgaires, moins d'éducation spéciale et raffinée que les arts de la forme ou de la couleur. Elle se met à la portée de tous, sinon toujours pour les élever et les émouvoir noblement, au moins pour leur procurer tout d'abord une jouissance inoffensive : et dans l'état de nos plaisirs sociaux actuels, c'est déjà une certaine supériorité sur bien des divertissements d'un caractère moins innocent. C'est un premier échelon que la sensibilité esthétique du grand nombre franchira, espérons-le, et que des exemples récents permettent de supposer qu'elle franchira assez rapidement. Le succès des concerts populaires d'où sont bannies toutes les musiques vulgaires, est un de ces exemples encourageants. On peut douter, en voyant la foule dans un musée, si c'est bien l'impression artistique proprement dite qui l'y retient, si elle n'est pas captivée par les sujets qui se déroulent sous ses yeux à l'état de simples images, ou même tout bonnement par l'éclat et les dorures des salles où sont suspendues les tableaux ou rangées les statues. Quand on constate l'attention d'une foule retenue au concert pendant des heures, sur de mauvais sièges qu'elle paye assez cher et dans une chaleur intense, pour le plaisir d'entendre des successions d'œuvres symphoniques, sans décors, sans acteurs, il faut bien admettre qu'elle goûte une véritable jouissance à ce qu'elle écoute : sans quoi elle ne viendrait pas ou s'en irait.

VI

La culture du sens esthétique sous toutes ses formes et à tous ses degrés offre des ressources incommensurables pour l'avenir des sociétés. Nous sommes encore sur ce point dans l'enfance et il n'en pouvait être autrement tant que le temps de loisir pour l'immense majorité du genre humain était à peine suffisant pour le reposer des heures de labeur. A mesure que le machinisme, tant maudit, raccour-

cit la journée de travail, il est permis d'espérer que
la pratique, fût-elle rudimentaire, de quelque art
d'agrément, dessin ou musique, remplira utilement
les heures de délassement qu'absorbent trop souvent
aujourd'hui le café ou le cabaret. A ce point de vue
les classes aisées et instruites ont un exemple à
donner aux classes moins favorisées de la fortune.
Trop souvent elles ne montrent pas plus de goût ni
d'élévation de sentiment dans le choix de leurs plaisirs
que les catégories sociales adonnées au labeur manuel.
L'habitude des exercices du corps, des jeux *sportifs,* qui
se répand parmi les jeunes générations est un premier
pas dans la voie de la réforme. Elle accoutume l'être
humain à l'effort, à la persévérance en vue d'un but
qui a son utilité sociale, le développement et l'équilibre des forces physiques, et qui ne devient regrettable que par l'excès, ou par l'exagération d'amour-
propre qu'on y apporte. La recherche des jouissances
esthétiques sera un second pas dans la voie de
l'ennoblissement général des sociétés, qui est après
tout le véritable but de la civilisation, et elle s'étendra peu à peu des classes plus aisées aux moins
aisées, en créant encore entre elles des liens d'obligation et de gratitude bien utiles à la solidarité sociale, les uns sentant le devoir moral de communiquer aux autres une partie de leur culture
esthétique, les autres sachant bon gré à ceux qui les
auront instruits et affinés de ce qu'ils leur auront
transmis du meilleur d'eux-mêmes. On a vu à d'autres époques, en Grèce ou en Italie, l'art servir de
lien social presque autant que la religion et créer

des courants de sympathie presque aussi puissants que ceux des croyances communes. Nous sommes assurément loin d'un pareil état de civilisation : mais il ne faudrait pas en conclure qu'il ne se réalisera jamais, ni surtout renoncer à faire les efforts nécessaires pour qu'il se réalise au moins partiellement. Toute tentative, individuelle ou collective, dans ce sens, sera féconde à la fois pour l'art et pour l'union sociale, à une double condition : que l'art attire à elle les foules par ce qu'il a d'élevé et de noble sans chercher la popularité dans la vulgarité ; que l'artiste songe au grand nombre non pour étendre sa renommée, mais pour élargir les sources de sa propre inspiration, et agrandir son cœur de plus d'humanité[1].

1. Cf. Roger Marx, *De l'art social*, Revue des Idées modernes, janv. 1909, Rosenthal, *L'Art à l'Ecole*, même Revue, Mars 1909, et *L'Art pour le peuple*, par Jean Lahor, 1902.

TABLE DES MATIÈRES

CHARTRES. — IMPRIMERIE DURAND, RUE FULBERT.